新能源汽车专业"岗课赛证"融通活页式创新教材

新能源汽车动力电池及管理系统检修

组编　行云新能科技（深圳）有限公司
主编　程　章　陆玲亚　黄伟青
参编　吴立新　杜　松　相象文
　　　王　冉　姚忠冉　葛源慧
　　　袁俊坤　苏学园　周晨旸

机械工业出版社

本书是针对新能源汽车相关专业"岗课赛证"进行编写的教材，主要内容包括单体电池、电池模组、动力电池包、动力电池管理系统、动力电池系统故障检修等方面的相关知识。全书以"做中学"为主线，以程序性知识为主体，配以必要的陈述性知识和策略性知识，重点强化"如何做"，将必要知识点穿插于各个"做"的步骤中，同时将"课程思政"融入课程的培养目标，在实训教学中渗透理论的讲解，边学习、边实践，使读者能够将所学到的知识融会贯通。本书可提高读者独立思考、将理论运用于实践的能力，使其成为从事新能源汽车相关工作的高素质技能型专业人才。

　　本书内容通俗易懂，可作为职业院校新能源汽车运用与维修、新能源汽车技术、新能源汽车检测与维修技术等相关专业的教材，也可供从事相关专业工作的工程技术人员参考。

图书在版编目（CIP）数据

新能源汽车动力电池及管理系统检修 / 行云新能科技（深圳）有限公司组编；程章，陆玲亚，黄伟青主编. — 北京：机械工业出版社，2023.8（2025.6重印）
新能源汽车专业"岗课赛证"融通活页式创新教材
ISBN 978-7-111-73567-0

Ⅰ.①新… Ⅱ.①行… ②程… ③陆… ④黄… Ⅲ.①新能源-汽车-蓄电池-检修-教材 Ⅳ.①U469.720.7

中国国家版本馆CIP数据核字（2023）第137226号

机械工业出版社（北京市百万庄大街22号　邮政编码100037）
策划编辑：谢　元　　　　　责任编辑：谢　元　丁　锋
责任校对：张晓蓉　张　薇　　封面设计：马精明
责任印制：单爱军
中煤（北京）印务有限公司印刷
2025年6月第1版第4次印刷
184mm×260mm·18.25印张·394千字
标准书号：ISBN 978-7-111-73567-0
定价：69.90元

电话服务　　　　　　　　　网络服务
客服电话：010-88361066　　机 工 官 网：www.cmpbook.com
　　　　　010-88379833　　机 工 官 博：weibo.com/cmp1952
　　　　　010-68326294　　金 书 网：www.golden-book.com
封底无防伪标均为盗版　机工教育服务网：www.cmpedu.com

新能源汽车专业"岗课赛证"融通活页式创新教材

丛书编审委员会

主　任　　吴立新　　行云新能科技（深圳）有限公司

副主任　　吕冬明　　机械工业教育发展中心
　　　　　　李林超　　深圳大学
　　　　　　胡剑平　　深圳市海梁科技有限公司
　　　　　　穆　毅　　深圳市海梁科技有限公司
　　　　　　庞浩博　　北京博伟东方科技有限公司

委　员　　邹　晔　　无锡职业技术学院
　　　　　　高晓琛　　淄博职业学院
　　　　　　张立荣　　淄博职业学院
　　　　　　杨秀芳　　扬州工业职业技术学院
　　　　　　张　力　　山东交通职业学院
　　　　　　程　章　　安徽交通职业技术学院
　　　　　　郑丽萍　　泉州职业技术大学

资源说明页

本书附赠 20 个富媒体资源。

获取方式：

1. 微信扫码（封底"刮刮卡"处），关注"天工讲堂"公众号。
2. 选择"我的"—"使用"，跳出"兑换码"输入页面。
3. 刮开封底处的"刮刮卡"获得"兑换码"。
4. 输入"兑换码"和"验证码"，点击"使用"。

通过以上步骤，您的微信账号即可免费观看全套课程！

首次兑换后，微信扫描本页的"课程空间码"即可直接跳转到课程空间，或者直接扫描内文"资源码"即可直接观看相应富媒体资源。

课程空间码

序

2021年10月，国务院办公厅印发《新能源汽车产业发展规划（2021—2035年）》，明确提出，深化"三纵三横"研发布局，提高创新能力。"三纵"是指纯电动汽车、插电式混合动力汽车、燃料电池汽车；"三横"是指动力电池与管理系统、驱动电机与电力电子、网联化与智能化技术，是新能源汽车的核心技术。在国家的产业规划与政策支持下，我国的新能源汽车产业蓬勃发展。2022年10月，党的二十大报告指出，建设现代化产业体系。坚持把发展经济的着力点放在实体经济上，推进新型工业化，加快建设制造强国、质量强国、航天强国、交通强国、网络强国、数字中国。这为推动新能源汽车发展、助力实体经济指明了方向。

2023年7月3日，随着一辆银色新能源汽车在广州驶下生产线，我国第2000万辆新能源汽车诞生，这标志着我国新能源汽车在产业化、市场化的基础上，迈入了规模化、全球化的高质量发展新阶段。从1995年我国第一辆新能源汽车"远望号"起步，到首个1000万辆的突破，历时27年；而从第1000万辆到第2000万辆下线，仅用时17个月。时间和数字的变化，展示了我国新能源汽车崛起的加速度，勾勒出我国汽车产业高质量发展轨迹。汽车被誉为"现代工业皇冠上的明珠"，是公认最能体现国家制造实力的重要标志之一。在燃油车时代，中国汽车工业努力从旁观者变成了参与者。随着百年汽车迈向电动化、智能化、网联化和共享化的"新四化"的新征程，我国敏锐捕捉全球汽车产业转型升级和绿色发展的主要方向，以前瞻性的战略判断和提前布局，成为新能源汽车领域的领跑者。

根据公安部统计，截至2024年底，我国新能源汽车保有量达3140万辆，呈高速增长态势，但售后维修领域的人才培养速度并没有跟上前端产业的发展。目前，中国有50万家汽车修理厂，真正能够维修新能源汽车的，还不到1万家。从事新能源汽修的技师，不仅要掌握维修原理，还必须要持有汽车维修工证和电工证。因此，传统燃油汽车的修理厂基本无法维修新能源汽车。《制造业人才发展规划指南》显示，到2025年，节能与新能源汽车的人才总量预计达到120万人，但人才缺口预计可达103万人。

比亚迪拥有一系列的核心技术，比如电池、电机、电控以及车身结构等技术，在燃料电池、氢能等领域，比亚迪也走在了行业的前列。2022年比亚迪新能源汽车销量186.3万辆，位居全球新能源汽车销量第一。行云新能作为搭接产业和教育的桥梁，自2015年就与比亚迪在院校中开展校企合作，最早将比亚迪新能源汽车技术、产品和人才培养标准引入院校中，并与比亚迪一起参与《汽车维修业经营业务条件 第1部分：汽车整车维修企业》《新能源汽车维修维护技术要求》两项国家标准制定。为解决新能源汽车行业人才短缺的现状，行云新能以比亚迪等新能源汽车企业技术、产品和岗位需求为根本，结合比亚迪的生产制造、检测维修、辅助研发设计等核心岗位的技能要求，开发出中—高—本（高技能）衔接的"新能源汽车全产业链人才培养技能树"，构建"岗课赛证"的综合育人体系，并以比亚迪"油转电"训练体系为基础，建立新能源汽车技能训练工作站培训体系，多元化解决新能源汽车售后维修领域人才短缺的难题。

为了响应高速发展的新能源汽车产业对素质高、专业技术全面、技能熟练的大国工匠、高技能人才的迫切需求，为了响应《国家职业教育改革实施方案》提出的"建设一大批校企'双元'合作开发的国家规划教材，倡导使用新型活页式、工作手册式教材并配套开发信息化资源"的倡议，行云新能科技（深圳）有限公司联合多名中高职院校中具有丰富教学实践经验的汽车专业教师与比亚迪汽车工业有限公司合作，历时两年，共同完成了"新能源汽车专业'岗课赛证'融通活页式创新教材"的编写工作。

结合目前新能源汽车专业教材的设置特点，"新能源汽车专业'岗课赛证'融通活页式创新教材"包括《新能源汽车电学基础与高压安全》《新能源汽车构造》《新能源汽车电机及控制系统检修》《新能源汽车动力电池及管理系统检修》《新能源汽车电气技术》《新能源汽车充电技术》《新能源汽车保养与故障诊断技术》共七本。

多年的教材开发经验、教学实践经验、产业端工作经验使我们深切地感受到，教材建设是专业建设的基石。为此，本系列教材力求突出以下特点：

1）以学生为中心。活页式教材具备"工作活页"和"教材"的双重属性，这种双重属性直接赋予了活页式教材在装订形式与内容更新上的灵活性。这种灵活性使得教材可以依据产业发展及时调整相关教学内容与案例，以培养学生的综合职业能力为总目标，其中每一个能力模块都是完整的行动任务。按照"以学生为中心"的思路进行教材开发设计，将"教学资料"的特征和"学习资料"的功能完美结合，使学生具备职业特定技能、行业通用技能以及伴随终身的可持续发展的核心能力。

2）以职业能力为本位。在教材编写之前，我们全面分析了新能源汽车的整车设计端、制造端、销售端、售后服务端这四个产业端，根据新能源汽车企业对机电维修工、新车销售顾问、售后服务顾问、质检工程师等岗位的能力要求，对职业岗位进行能力分解，提炼出完成各项任务所应具备的知识和能力。以此为基础进行教材内容的选择和结构设计，学以致用，实现人才培养与社会需求的无缝衔接，真正体现工学结合的本质特征。同时，在内容设置方面，还尽可能与国家及行业相关技术岗位职业资格标准衔接，力求符合职业技能鉴定的要求，为学生获得相关的职业认证提供帮助。

3）以学习成果为导向。新能源汽车内含多个系统，涉及维护、保养、检修、更换、标定等多种工作任务，这使得相关专业的学生在学习过程中往往会感到无从下手。我们利用了活页式教材的特点来解决此问题。活页式教材是一种以模块化为特征的教材形式，它将一本书分成多个独立的模块，以某种顺序组合在一起，从而形成相应的教学逻辑。教材的每个模块都可以单独制作和更新，便于保持内容的时效性和精准性。通过发挥活页式教材的特点，我们将实际工作所需的理论知识与技能相结合，以工作过程为主线，便于学生在实际的操作过程中掌握工作所需的技能和加深对理论知识的认知。

总体而言，本系列活页式教材以学生为中心，以职业能力为本位，以学习成果为导向，让学生在教师指导下经历完整的工作过程，创设沉浸式教学环境，并在交互体验的过程中建构专业知识，训练专业技能，从而促进学生自主学习能力的提升。在学习任务中，以学习目标、知识索引、情境导入、任务分组、工作计划、进行决策、任务实施、评价反馈等环节为主线，帮助学生在动手操作和了解行业发展的过程中领会团结合作的重要性，培养执着专注、精益求精、一丝不苟、追求卓越的工匠精神。在每个能力模块中引入了拓展阅读，将爱党、爱国、爱业、爱史与爱岗教育融入课程中。为满足"人人皆学、处处能学、时时可学"的需要，本系列活页式教材还搭配了微课等数字化资源辅助学生学习。

虽然本系列教材的编写者在新能源汽车应用型人才培养的教学改革方面进行了一些有益的探索和尝试，但由于水平有限，教材中难免存在错误或疏漏之处，恳请广大读者给予批评指正。

丛书编委会

前　言

党的二十大报告提出，统筹职业教育、高等教育、继续教育协同创新，推进职普融通、产教融合、科教融汇，优化职业教育类型定位。产教融合是培养智能网联汽车产业端所需的素质高、专业技术全面、技能熟练的大国工匠及高技能人才的重要方式，也是本教材体系建设的重要依据。

2007年，发展改革委发布了《产业结构调整指导目录（2007年本）》，新能源汽车正式进入发展改革委的鼓励产业目录。也正是从2007年开始，国内关于发展新能源汽车的呼声越来越高。乘着奥运会为新能源汽车带来的东风，2009年1月，科技部、财政部、发展改革委、工业和信息化部共同启动了"十城千辆"工程，通过提供财政补贴，计划用3年左右的时间，每年发展10个城市，每个城市推出1000辆新能源汽车开展示范运行，涉及这些大中型城市的公交、出租、公务、市政、邮政等领域，力争使全国新能源汽车的运营规模到2012年占到汽车市场份额的10%。2010年5月31日，财政部、科技部、工业和信息化部、国家发展改革委联合印发了《关于开展私人购买新能源汽车补贴试点的通知》，论证后对符合条件的城市开展私人乘用车的试点，对购买插电式混合动力汽车和纯电动汽车的车主予以补贴。在政策的大力支持下，我国的新能源汽车产业蓬勃发展，新能源汽车产销量飞速增加。中国汽车工业协会公布的产销数据显示，2015年新能源汽车生产340471辆，销售331092辆，跃居世界第一。2020年9月，我国新能源汽车生产累计突破了500万辆，实现了《节能与新能源汽车产业发展规划（2012—2020年）》中提出的目标。2022年2月，我国新能源汽车生产累计突破了1000万辆。2023年7月3日，我国第2000万辆新能源汽车在广州正式下线。从2009年的"十城千辆"工程到第1000万辆新能源汽车的下线，我国用时13年，从第1000万辆新能源汽车下线到第2000万辆新能源汽车下线，我国仅用了1年零5个月的时间。新能源汽车产业的飞速发展也带来了人才紧缺的问题，教育部、人力资源和社会保障部、工业和信息化部2016年联合发布的《制造业人才发展规划指南》指出，到 2025 年，节能与新能源汽车的人才总量预计达到 120 万人，但人才缺口预计可达 103 万人，其中，新能源汽车维修领域将面临 80% 的人才空白。为了缓解新能源汽车领域的人才紧缺问题，开设新能源汽车运用与维修、新能源汽车技术、新能源汽车检测与维修技术等新能源汽车相关专业的职业院校越来越多，为了融合信息技术、贴合产业发展，促进中职、高职、职教本科类院校汽车类专业建设，特开发本教材。

本教材围绕新能源汽车相关专业"岗课赛证"综合育人的教育理念与教学要求，基于"学生为核心、能力为导向、任务为引领"的理念编写。在对新能源汽车技术人才岗位特点、1+X 职业技能等级证书和"校—省—国家"三级大赛体系进行调研的基础上，分析出岗位典型工作任务，进而创设真实的工作情景，引入企业岗位真实的生产项目，强化产教融合深度，从而构建整套系统化的课程体系。

全书分为新能源汽车动力电池及管理系统认知、新能源汽车动力电池单体检修、新能源汽车动力电池 PACK 检修、新能源汽车动力电池管理系统检修、新能源汽车整车动力电池系统检修、新能源汽车动力电池模组检修、废旧动力电池梯次利用与资源化这七个能力模块并下设 21 个任务。

能力模块		理论学时	实践学时	权重
能力模块一	新能源汽车动力电池及管理系统认知	4	7	11.4583%
能力模块二	新能源汽车动力电池单体检修	5	9	14.5833%
能力模块三	新能源汽车动力电池包检修	3	11	14.5833%
能力模块四	新能源汽车动力电池管理系统检修	7	14	21.875%
能力模块五	新能源汽车整车动力电池系统检修	5	12	17.7083%
能力模块六	新能源汽车动力电池模组检修	4	11	15.625%
能力模块七	废旧动力电池梯次利用与资源化	4	0	4.1667%
总计		32	64	100%

本书由安徽交通职业技术学院程章、无锡职业技术学院陆玲亚、行云新能科技（深圳）有限公司黄伟青主编；行云新能科技（深圳）有限公司吴立新、安徽交通职业技术学院杜松、安徽交通职业技术学院相象文、安徽交通职业技术学院王冉、无锡职业技术学院姚忠冉、烟台汽车工程职业学院葛源慧、行云新能科技（深圳）有限公司袁俊坤、行云新能科技（深圳）有限公司苏学园、行云新能科技（深圳）有限公司周晨旸参与编写。

由于编者水平有限，本书内容深度和广度难免存在欠缺，欢迎广大读者批评指正。

编　者

活页式教材使用注意事项

 根据需要，从教材中选择需要夹入活页夹的页面。

  小心地沿页面根部的虚线将页面撕下。为了保证沿虚线撕开，可以先沿虚线折叠一下。注意：一次不要同时撕太多页。

选购孔距为80mm的双孔活页文件夹，文件夹要求选择竖版，不小于B5幅面即可。将撕下的活页式教材装订到活页夹中。

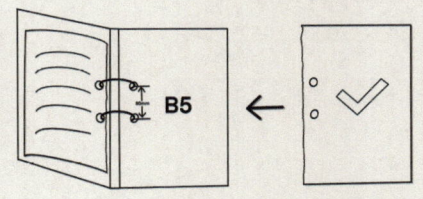

 也可将课堂笔记和随堂测验等学习资料，经过标准的孔距为80mm的双孔打孔器打孔后，和教材装订在同一个文件夹中，以方便学习。

温馨提示：在第一次取出教材正文页面之前，可以先尝试撕下本页，作为练习

目　录

序
前　言

能力模块一　新能源汽车动力电池及管理系统认知 / 001
任务一　调研分析新能源汽车动力电池 / 002
任务二　调研分析新能源汽车动力电池管理系统 / 026

能力模块二　新能源汽车动力电池单体检修 / 045
任务一　完成动力电池单体分容 / 046
任务二　检测动力电池单体一致性 / 056
任务三　完成动力电池充放电测试 / 064

能力模块三　新能源汽车动力电池包检修 / 083
任务一　检修动力电池包绝缘故障 / 084
任务二　检修及更换电池模组汇流铜排 / 094
任务三　完成动力电池包整包更换 / 106

能力模块四　新能源汽车动力电池管理系统检修 / 115
任务一　检修高压互锁故障 / 116
任务二　检修接触器故障 / 139
任务三　检修电流传感器故障 / 147
任务四　检修信息采集模块故障 / 158

能力模块五　新能源汽车整车动力电池系统检修 / 173

任务一　检修动力电池热管理系统故障 / 174

任务二　检修动力电池无法充放电故障 / 187

任务三　检修动力电池限功率故障 / 203

任务四　检修动力电池 SOC 跳变故障 / 214

能力模块六　新能源汽车动力电池模组检修 / 223

任务一　完成动力电池模组均衡 / 224

任务二　更换动力电池模组 / 235

任务三　完成动力电池标定 / 242

能力模块七　废旧动力电池梯次利用与资源化 / 253

任务一　了解废旧动力电池梯次利用与资源化 / 254

任务二　了解废旧动力电池的回收、拆解与相关政策 / 264

参考文献 / 278

新能源汽车动力电池及管理系统检修

能力模块一
新能源汽车动力电池及管理系统认知

任务一 调研分析新能源汽车动力电池

学习目标

- 了解动力电池的行业术语。
- 掌握动力电池的分类及使用情况。
- 了解动力电池的型号编码规则。
- 具备辨识秦 EV 车型动力电池主要部件的能力。
- 具备辨识单体电池种类的能力。
- 了解我国动力电池产业的发展历程,感受国内新能源汽车企业攻坚克难的探索精神。
- 探索我国动力电池产业的发展历程,了解其重要性,树立职业自豪感。

知识索引

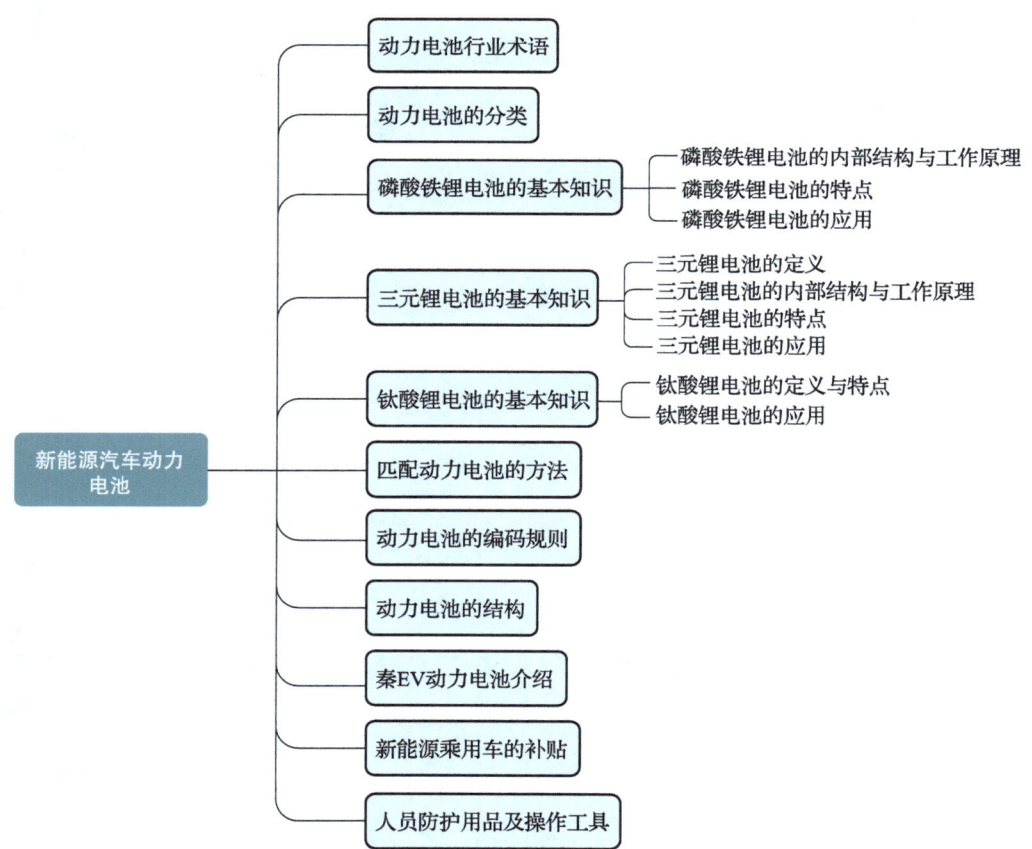

| 姓名 | 班级 | 日期 | 能力模块一　新能源汽车动力电池及管理系统认知 |

情境导入

某品牌车企计划研发一款紧凑型纯电动轿车，车辆设计最高车速不超过 130km/h，要求其在 NEDC 工况下的续驶里程达 400km。作为一名助理工程师，主管要求你为该款车型匹配动力电池，并拆解市面上某款竞品纯电动轿车的动力电池，给出分析报告。

获取信息

引导问题 1

在新能源汽车动力电池领域，存在着许多专业术语，了解这些专业术语的含义是初学者入门的第一步，请查阅相关资料，写出倍率、容量、循环这三个术语的含义。

_____
_____

竞赛指南

2022 年全国职业院校技能大赛——汽车技术赛项里的纯电动汽车技术模块就是围绕纯电动汽车"三电"系统的"低压上电异常""高压上电异常""车辆无法正常行驶""车辆无法（交流）充电"现象设置故障来对参赛选手进行综合考察的。

若想要在竞赛中取得优异的成绩，对新能源汽车的动力电池及管理系统的深入学习就是必不可少的。

动力电池行业术语

（一）电池管理系统

电池管理系统（Battery Management System，BMS）是电池组内部的控制系统，一般由一个或多个电子控制器组成。BMS 具有充/放电管理、电池热管理、接触器控制、功率控制、电池异常状态报警和保护、荷电状态（SOC）/健康状态（SOH）计算、自检以及通信等功能。在 BMS 中还有电池信息采集器，其主要作用是电池电压采样、温度采样、电池均衡、采样线异常检测等。

（二）电池热管理系统

电池热管理系统（Battery Thermal Management System，BTMS）的功能是维持动力

电池在适宜的环境温度中工作，最大限度地发挥动力电池的潜力。电池的表现和作业环境温度密切相关，要避免电池在极端情况下工作，或者在极端情况下能最大程度地保障系统的安全，防止或者降低电池因热失控带来的电池起火或爆炸。

（三）倍率

倍率（C-rate）是指电池在规定的时间充/放出其额定容量时所需要的电流值，也是衡量充/放电快慢的一种量度。例如：1C 充放电即 1h 内可以将电池包充满/放完电；2C 充放电即 30min 内将电池包充满/放完电。

（四）标称电压

标称电压（Nominal Voltage）是物理学的专业术语，是指稳压热敏电阻器在 +25℃时，标称工作电流所对应的电压值。动力电池的标称电压指的是其在 0.2C 放电时全过程的平均电压，是一个近似数值。磷酸铁锂电池的标称电压为 3.3V，NCM 三元锂电池的标称电压为 3.7V，镍氢电池的标称电压则为 1.2V。

（五）中值电压

中值电压（Mean Voltage）是指电池放到 50% 容量时的电压。中值电压是衡量大电流放电能力与电池高倍率放电能力的重要指标。

（六）峰值电压

峰值电压（Peak Voltage）是指电池充电截止电压，如 LFP 磷酸铁锂电池峰值电压为 3.65V、NCM 三元锂电池峰值电压为 4.2V 等。

（七）终止电压

终止电压（Final Voltage）是指电池放电截止电压，如 LFP 磷酸铁锂电池终止电压为 2.5V、NCM 三元锂电池终止电压为 2.75V 等。

（八）放电平台

放电平台（Discharge Curve）是电池放电曲线的一个直接的表征，即电池完全充满电后，以一定速率的电流放电时，电压下降相对缓慢的那段时间。如三元锂电池 NCM622 通常以 1C 放电至 3.6V 的时间表示放电平台。

（九）自放电

自放电（Self Discharge）是指电池在没有对外做功的情况下，其自身内部物质发生化学反应而致使电池能量（容量）损失的现象，如图 1-1-1 所示。自放电较严重的电池往往表现为贮存一段时间后出现低电压或零电压的现象，一般来说,锂电池的电量保持性能较好，自放电较少。

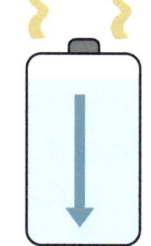

图 1-1-1　自放电

（十）容量

容量（Capacity）是指动力电池所能储存的电量，其单位是安培·小时（A·h）。它是一个与系统能量大小有关的单位。假设将电比作水，将电池比作水池，那么水池越大，装的水就越多，说明容量也就越大。

额定容量：额定容量是指电池在工作时，以 1C 的倍率完全充满电后，以 1C 的倍率恒流放电至下限终止电压时放出的电量。

实际容量：实际容量是指电池在工作时，放电至终止电压时所放出的电量。实际容量数值上等于放电电流与放电时间的乘积。

$$C_{实} = \int i dt \qquad (1-1)$$

式中，i 为放电电流；t 为放电至下限终止电压的时间。

（十一）循环

电池完成一个充电-放电的过程称为一个循环（Cycle）。电池可以在不同功率、电压或者恒定倍率下进行充/放电。充放电循环与电池寿命密切相关，一般来说，电池寿命以充放电循环次数进行评估。

（十二）放电深度

放电深度（Depth of Discharge，DOD）是指电池使用过程中，电芯或电池组已经利用的电量占额定容量的比例，如图 1-1-2 所示。

（十三）荷电状态

荷电状态（State of Charge，SOC）是指电池剩余的电量占电池完全充电状态容量的比例，范围为 0~100%，如图 1-1-3 所示。

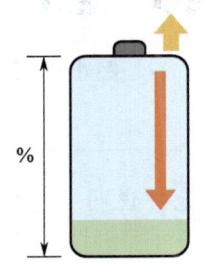
图 1-1-2　放电深度

图 1-1-3　荷电状态

（十四）健康状态

健康状态（State of Health，SOH）是指与电池寿命起始状态相比较的当前电池状态，即电池衰减率。

（十五）高压

根据 GB 18384—2020《电动汽车安全要求》规定，高压（High Voltage，HV）是指直流超过 60V、交流超过 30V 的电压。高压系统必须要装配合适的安全保护设施，例如高压互锁回路和手动维修开关（MSD）（图 1-1-4），并使用橙色线束或波纹管区分高、低压系统。

（十六）内阻

内阻（Internal Resistance）指的是电池在工作时，电流流过电池内部所受到的阻力。内阻由电极材料、电解液、隔膜的电阻及各部分零件的接触电阻组成，与电池的尺寸、结构、装配等有关。电池内阻增大会导致电池放电工作电压降低，放电时间缩短，对电池的性能和循环寿命等造成严重影响。

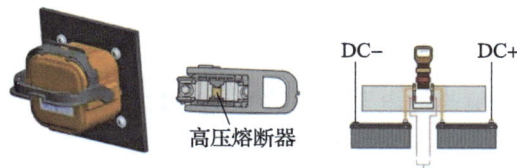

图 1-1-4　手动维修开关

（十七）串联

串联（Series）是通过正极与负极逐个首尾相连接而形成的结构，如图 1-1-5 所示。串联是为了增加电池包的电压。

（十八）并联

并联（Parallel）是电池平行连接，即正极接正极、负极接负极形成的结构，如图 1-1-6 所示。并联是为了增加电池包的容量。

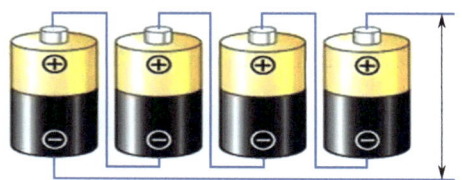

图 1-1-5　串联结构

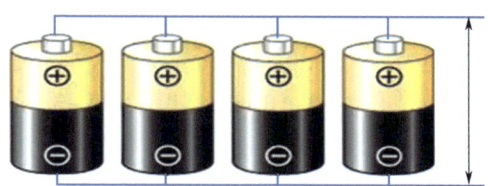

图 1-1-6　并联结构

引导问题 2

请查阅相关资料，列举几种常见的动力电池并说明它们的类型。

_____

_____

_____

动力电池的分类

按照动力电池的能量来源，可以将动力电池分为化学电池、物理电池、生物电池三大类，如图 1-1-7 所示。其中，化学电池是利用物质的化学反应发电的电池，物理电池是利用光、热、物理吸附等物理能量发电的电池，生物电池是利用生物化学反应发电的电池。

常见的动力电池可分为磷酸铁锂（LFP）电池、三元锂（NCM）电池以及钛酸锂（LTO）电池三种类型。它们都属于二次电池，二次电池也称蓄电池，电池放电后可用充电方法使活性物质恢复到放电前的状态，从而能够再次放电，充放电过程能重复。

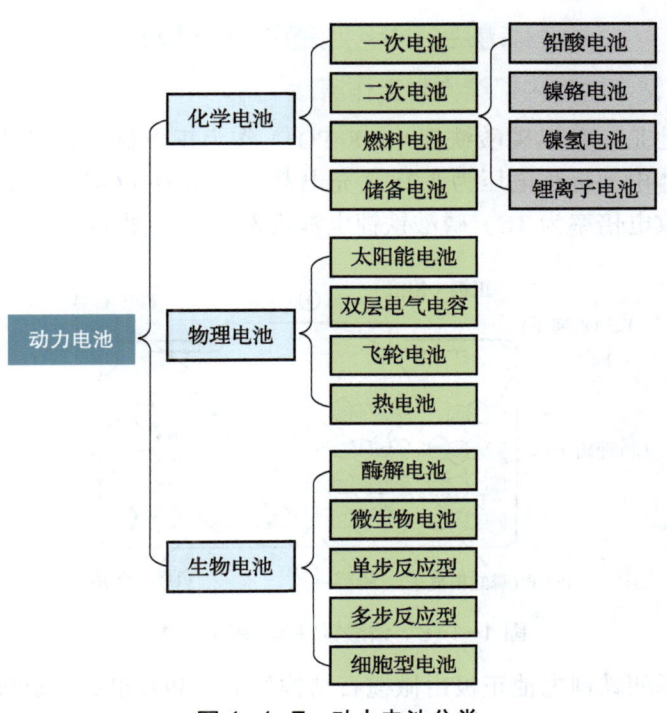

图 1-1-7 动力电池分类

引导问题 3

请查阅相关资料,了解磷酸铁锂电池的内部结构和工作原理,并说明磷酸铁锂电池的正负极材料。

_____

_____

引导问题 4

请查阅相关资料,了解并简述磷酸铁锂电池的特点。

_____

_____

引导问题 5

磷酸铁锂电池有着广泛的应用范围,请查阅相关资料,了解并简述磷酸铁锂电池的几个应用场景。

_____

_____

磷酸铁锂电池的基本知识

（一）磷酸铁锂电池的内部结构与工作原理

磷酸铁锂电池是一种以磷酸铁锂（$LiFePO_4$）作为正极材料，以碳作为负极材料的锂离子电池，单体电池标称电压为 3.2V，充电截止电压为 3.6~3.65V，放电截止电压为 2.5V，最大持续放电倍率为 3C。磷酸铁锂电池内部结构如图 1-1-8 所示。

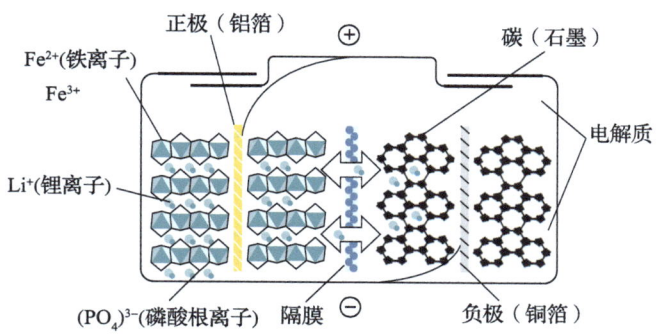

图 1-1-8　磷酸铁锂电池内部结构

此处选用的磷酸铁锂电池正极由橄榄石结构的 $LiFePO_4$ 组成，负极由石墨组成，中间是聚烯烃 PP/PE/PP 隔膜，用于隔离正负极、阻止电子而允许锂离子通过。在充放电的过程中，磷酸铁锂电池正极的离子、电子得失如下：

充电：$LiFePO_4 - xLi^+ - xe^- \xrightarrow{充电} xFePO_4 + (1-x)LiFePO_4$

放电：$FePO_4 + xLi^+ + xe^- \xrightarrow{放电} xLiFePO_4 + (1-x)FePO_4$

充电时，锂离子从正极脱嵌经过电解质进入负极，同时电子从外电路由正极向负极移动，以保证正负极的电荷平衡；而放电时，锂离子从负极脱嵌，经过电解质嵌入正极。

充电过程中，磷酸铁锂中的部分锂离子脱出，经电解质传递到负极，嵌入负极石墨材料；同时从正极释放出电子，自外电路到达负极，维持化学反应的平衡。放电过程中，锂离子自负极脱嵌，经电解质到达正极，同时负极释放电子，自外电路到达正极，为外界提供能量。

（二）磷酸铁锂电池的特点

磷酸铁锂电池相较于铅酸动力电池具有工作电压高、能量密度大、循环寿命长、安全性能好、自放电率小、无记忆效应以及环保无污染等优点。

磷酸铁锂电池也存在一些性能上的缺陷，如振实密度与压实密度很低，导致磷酸铁锂电池的能量密度较低。其低温性能较差，导致寒冷天气对使用磷酸铁锂电池的新能源汽车的续驶里程影响非常大，这也是制约新能源汽车在极寒地区推广的原因。目前搭载刀片电池的车型使用最新的热泵技术对电池进行保温，热泵技术有助于提升电池在低温下的放电性能。

磷酸铁锂电池的一致性差，因此在新能源汽车使用一段时间后，动力电池会出现电池压差过大的故障。目前主机厂会在电池管理系统中增加主动均衡功能，尽量让单体电池之间的电压保持在 30mV 内。4S 店同样要求消费者尽量多充电，即触发电池管理系统中的被动均衡系统，保证单体电池之间的电压一致性。

（三）磷酸铁锂电池的应用

磷酸铁锂电池由于其安全性高、成本低等优点，在2013年开始大量装车运用于新能源乘用车、商用车、物流车等领域。

以深圳为例，从2010年开始，公共交通逐步更新为新能源汽车，而所有的车型都搭载了磷酸铁锂电池。直到2016年底，消费者渴望长续驶里程的新能源汽车，同时国家补贴开始对续驶里程、能量密度等参数做考核，因此比磷酸铁锂电池能量密度更高的三元锂电池开始占据新能源市场。

2017—2020年，市场所销售的新能源车型搭载的动力电池基本以三元锂电池为主，但搭载三元锂电池的新能源汽车不断发生自燃现象，因此在2020年3月29日，比亚迪发布"刀片电池"（图1-1-9）。该电池技术以磷酸铁锂电池为蓝本，通过结构创新，在成组时可以跳过"模组"，大幅提高了体积利用率，最终达成在同样的空间内装入更多电芯的设计目标。相较传统电池包，"刀片电池"的体积利用率提升了50%以上，即续驶里程理论上可提升50%以上，达到了高能量密度三元锂电池的同等水平。从2021年4月开始，所有比亚迪新能源汽车电池都更新换代为"刀片电池"，从此之后，自燃从比亚迪新能源汽车上消失。首款搭载刀片电池的车型为比亚迪汉EV（图1-1-10）。

图1-1-9　比亚迪"刀片电池"

图1-1-10　比亚迪汉EV

比亚迪2016/2017款E5车型、汉EV车型等启动用蓄电池同样也使用磷酸铁锂电池。启动型磷酸铁锂电池具备瞬间大功率输出能力，用能量小于一度电的功率型锂电池代替传统的铅酸电池，用BSG电机代替传统的起动电机和发电机，不但具有怠速起停功能，还具有发动机停机滑行、滑行与制动能量回收、加速助力和电巡航功能，这就是目前很多车型上都搭载的48V轻混系统。

磷酸铁锂电池具有工作电压高、能量密度大、循环寿命长、自放电率小、无记忆效应、绿色环保等一系列独特优点，并且支持无级扩展，适合于大规模电能储存，在可再生能源发电站发电安全并网、电网调峰、分布式电站、UPS电源、应急电源系统等领域有着良好的应用前景。例如，深圳城中村在夏天时，为了降低配电端用户能量负载峰值，深圳东部公交集团的公交车充满电后通过AC 380V的交流充电桩，将动力电池中的直流电通过交流充电桩并入电网，起到削峰填谷的作用，减少夏天高峰期用电跳闸的现象。

大型电网由于其自身的缺陷，难以保障电力供应的质量、效率、安全可靠性要求。对于重要单位和企业，往往需要双电源甚至多电源作为备份和保障。运用磷酸铁锂池储能系统做成的分布式电站可以减少或避免电网故障和各种意外事件造成的断电，在保证医院、银行、指挥控制中心、数据处理中心、化学材料工业企业和精密制造工业企业等地的安全可靠供电方面发挥重要作用。

当前，5G 通信基站已成为最热门的"新基建"之一，各大运营商都在进行 5G 通信基站建设。截至 2022 年 5 月，我国已累计建成开通 5G 基站 155.9 万个，5G 网络已覆盖全国所有地级市和县城城区。但 5G 基站的运营也面临一个巨大的挑战，5G 基站的功耗远大于 4G 基站，需对电源系统扩容，也就意味着所有 5G 基站的开关电源、蓄电池、电源线等必须更新，才能确保 5G 基站的电力供给，磷酸铁锂电池是目前最优的选择。目前，运营商的招标也以磷酸铁锂电池为主，2019 年磷酸铁锂电池产品在 5G 通信领域出货量约 11.6GW·h，预计 2019—2025 年 5G 通信基站对磷酸铁锂电池总需求量在 155.4GW·h 左右。

电动船舶相较于传统船舶有不存在空气污染和水域污染的优势，在电动化的浪潮下，电动船舶的发展也在加速进行。电动船舶对电池性能要求的侧重点与电动汽车不同，电动船舶对电池性能要求高于新能源汽车电池，因为电动船舶带电量大，一旦发生起火爆炸，乘客将更加难以逃生。所有电动船舶动力电池都必须经过中国船级社（CCS）认证，目前，通过 CCS 认证的船舶动力电池只有方形磷酸铁锂电池，这是因为磷酸铁锂电池具有高安全性、低成本等优势，特别是随着磷酸铁锂动力电池管理系统（BMS）的进步和成熟，其充放电倍率大幅提升，使电动船舶的加速性能和操控性更好，磷酸铁锂电池具备了在电动船舶上推广应用的技术条件。随着国家对环保的逐渐重视和磷酸铁锂电池产品技术不断进步，相信未来电动船舶将进入高速发展阶段。

引导问题 6

请查阅资料，简述三元锂电池的特点。

_____

_____

_____

三元锂电池的基本知识

（一）三元锂电池的定义

常用的三元锂电池有镍钴锰（$LiNi_xCo_yMn_zO_2$，NCM）三元锂电池和镍钴铝（$LiNi_xCo_yAl_zO_2$，NCA）三元锂电池。其中，镍元素起到提升电池能量密度的作用；钴元素能提高材料的放电容量，且能稳定电池材料结构。NCA 电池中的铝元素能帮助提高电池的稳定性，还可以帮助提升镍含量，使电池具有更高的能量密度。然而，NCA 电池的晶体结构不稳定，容易在较高温度下发生崩塌导致热失控。NCM 电池中的锰元素能帮助提高充放电过程中电池的稳定性。相较而言，NCM 三元锂电池的续驶能力虽比不上 NCA 电池，但是它更为稳定和安全。考虑到电池的安全性和稳定性，大多数电池厂商采用 NCM 电池。

由于如上原因,通常情况下我们说的三元锂电池是指正极材料使用镍钴锰酸锂($LiNi_xCo_yMn_zO_2$)三元正极材料的锂电池,三元复合正极材料前驱体产品是以镍盐、钴盐、锰盐为原料,里面镍钴锰的比例可以根据实际需要调整,三元材料作为正极的电池相对于钴酸锂电池安全性高。三元锂电池在低温条件下表现更好,不容易出现降低续驶里程的情况,而且能量密度比磷酸铁锂电池更高,在同样的体积下电容更大。三元锂单体电池标称电压为3.6V,充电截止电压为4.20~4.25V,放电截止电压为2.75V,最大持续放电倍率为1C。

(二)三元锂电池的内部结构与工作原理

镍钴锰三元锂电池的充放电原理如图1-1-11所示,其工作原理是依赖于Li^+的浓度差,在这一过程中,由于隔膜本身是不导电的,阻碍了正负极电子之间的传输,导致电子只能通过外电路进行流动,而锂离子却可以通过隔膜和电解液在正负极材料之间不断地嵌入和脱嵌,从而实现能量的转移。在外部电源进行充电过程时,从正极材料脱嵌的Li^+跳入电解质中,在充电电源附加的外电场作用下,通过电解质爬过隔膜运动到负极,与早就通过外部电路跑到负极的电子相结合,正极材料脱嵌的Li^+越多,充电容量就越高;放电过程

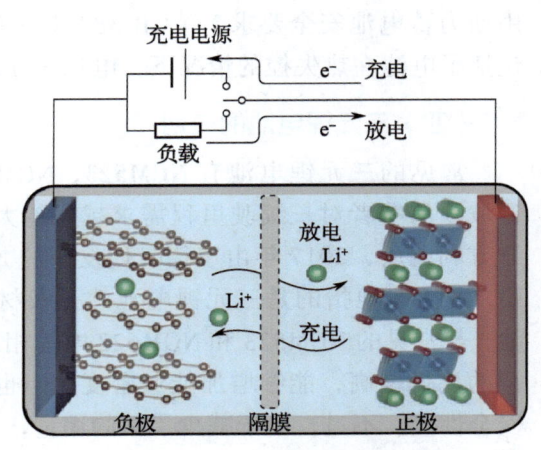

图1-1-11 三元锂蓄电池充放电原理

与之相反,正负极一直交替处于富锂态和贫锂态。因此,在充放电过程中,由于锂离子在正负极材料中的往复运动,锂电池也被称为"摇椅电池"。其化学表达式如下所示:

放电时:

正极反应:$Li_{1-x}MO_m + xLi^+ + xe^- \longrightarrow LiMO_m$

负极反应:$Li_xC_n \longrightarrow xLi^+ + xe^- + C_n$

充电时:

正极反应:$LiMO_m \longrightarrow Li_{1-x}MO_m + xLi^+ + xe^-$

负极反应:$xLi^+ + xe^- + C_n \longrightarrow Li_xC_n$

总反应:

电池放电反应:$Li_{1-x}MO_m + Li_xC_n \longrightarrow LiMO_m + C_n$

电池充电反应:$LiMO_m + C_n \longrightarrow Li_{1-x}MO_m + Li_xC_n$

以上公式中,M为Co、Ni、Mn。

(三)三元锂电池的特点

三元锂电池具有电压平台高、能量密度高、低温性能好等优点。单体能量密度超过250W·h/kg。电压平台是能量密度的重要指标,决定动力电池的基本效能和成本,因此电压平台的选用有重要的意义。电压平台越高,比容量越大,与同样体积、重量

甚至同样容量的磷酸铁锂电池相比，三元锂电池的续驶里程会更长。

三元锂电池的活性锂与电解液发生化学反应，释放热量，因此三元锂电池的低温性能比磷酸铁锂电池好。

虽然三元锂电池比磷酸铁锂电池有更高的能量密度，但三元锂电池的缺点也是非常明显的。例如，电池成组成 PACK 后，整体输出的效率较低，最大持续输出 1C 放电倍率；容量衰减较快，充电 SOC 经过 0~100% 循环 900 次后，衰减到 55% 左右，若 SOC 经过 30%~80% 循环充电 3000 次后，也会衰减到 70%，因此搭载三元锂电池的车辆不建议 SOC 充满至 100%，安全性差。三元锂电池的温度达到 170℃时，电池会分解，并释放氧气，加剧燃烧，因此国家标准化管理委员会在 2020 年重新修订了《电动汽车用动力蓄电池安全要求》（GB 38031—2020），增加了多项电池包安全试验。其中就包括了电池在热失控的情况下，电池 5min 内不允许冒烟、起火、爆炸。

（四）三元锂电池的应用

常见的三元锂电池有 NCM523、NCM622 和 NCM811 三种类型。随着国家补贴的退坡，消费者对长续驶里程需求越来越大，主机厂对电池成本的控制越发严格，衡量三方利益后，2017 年由宁德时代发布的 NCM811 三元锂电池得到各大主机厂的应用。NCM811 电池指的是三元锂电池的正极材料镍、钴、锰三种金属比例为 8:1:1 的电池，与常见的 NCM523 和 NCM622 电池相比，提高了镍的含量同时降低钴和锰的含量。镍的比例增高，能够增加能量密度，但也带来了更加激烈的电化学反应，影响电池的安全性能。不过，由于减少了钴的用量，NCM811 电池也将大幅降低电池的价格，对于车企来说，这样的电池极具吸引力。动力电池必须匹配提升电池管理系统的安全管控，留出更多的冗余，来保障整个动力电池系统的安全。

比亚迪汉 DM 插电式混合动力汽车的动力电池就是 NCM 三元锂电池，即镍钴锰三元锂电池（图 1-1-12、图 1-1-13）。

图 1-1-12　比亚迪汉 DM 插电式混合动力汽车　　图 1-1-13　镍钴锰三元锂电池

引导问题 7

请查阅资料，简述钛酸锂电池的特点。

> **引导问题 8**
>
> 请查阅资料，简述钛酸锂电池的应用场景。
>
> _____
> _____
> _____
> _____

钛酸锂电池的基本知识

（一）钛酸锂电池的定义与特点

钛酸锂电池是一种用钛酸锂作为锂离子电池负极材料，可与锰酸锂、三元材料或磷酸铁锂等正极材料组成 2.4V 或 1.9V 的锂离子二次电池。此外，它还可以用钛酸锂作为正极，与金属锂或锂合金负极组成 1.5V 的锂离子二次电池。由于钛酸锂的高安全性、高稳定性、长寿命和绿色环保的特点，钛酸锂成为新一代锂离子电池的负极材料而被广泛应用在新能源汽车要求高安全性、高稳定性和长周期的应用领域。钛酸锂电池工作电压为 2.4V，最高电压为 3.0V，持续充电倍率大于 2C。

钛酸锂（LTO）材料在电池中作为负极材料使用，材料与电解液之间容易发生相互作用并在充放电循环反应过程中产生气体析出，因此普通的钛酸锂电池容易发生胀气，导致电芯鼓包，电性能也会大幅下降，极大地降低了钛酸锂电池的理论循环寿命。因此常见的钛酸锂电池都会做成软包的形式。测试数据表明，普通的钛酸锂电池在经过 1500~2000 次的循环就会发生胀气的现象，导致无法正常使用，这也是制约钛酸锂电池大规模应用的一个重要原因。

（二）钛酸锂电池的应用

钛酸锂（LTO）电池性能改进是单个材料的性能的提升以及各关键材料的有机整合的综合体现。针对快速充电与长使用寿命的要求，除负极材料以外，还要改进锂离子电池的其他关键原材料（包括正极材料、隔膜以及电解液），同时结合特殊的工程化工艺经验，最终形成了"不胀气"的钛酸锂（LTO）电池产品，并首先实现了在电动客车上的批量应用。测试数据表明，在 6C 充电倍率、6C 放电倍率、100%DOD 的条件下，钛酸锂（LTO）单体电池的循环寿命超过 25000 次，剩余容量超过 80%，同时电芯产生的胀气现象不明显，不影响其寿命（图 1-1-14）。因此珠海的银隆公交车、北京的双层观光巴士都搭载了银隆钛酸锂电池。

图 1-1-14　工作人员对退役钛酸锂电池进行检测

引导问题 9

作为一名助理工程师,你要为情境导入中的目标车型匹配哪种电池?为什么?

_____
_____
_____
_____

匹配动力电池的方法

上文提到的三种锂电池都是能满足某新能源企业开发的紧凑型纯电动轿车所要求的 NEDC 续驶里程 400km 的动力电池。选用磷酸铁锂电池较为安全,特别是刀片电池,可以通过严苛的针刺试验。选用三元锂电池,同样的体积、容量,更能满足消费者所渴望的长续驶里程的需求。选用钛酸锂电池可以快速充电,充电效率高。

引导问题 10

动力电池的型号常由英文字母和数字叠加表示,这串字符就是动力电池的编码,请查阅相关资料了解动力电池的编码规则,并思考从 18650 这个电池编码上,我们能得出什么相关信息?

_____
_____
_____
_____

动力电池的编码规则

电池由英文字母、数字叠加表示,代表电池的类别及外部尺寸。如圆柱形电池 18650B 电池(图 1-1-15):18 代表电池的直径、65 代表电池的高度、0 代表圆柱形电池、B 代表 B 品电池。常见的圆柱形电池型号有:18650、21700、26650、32650、38650、46800。

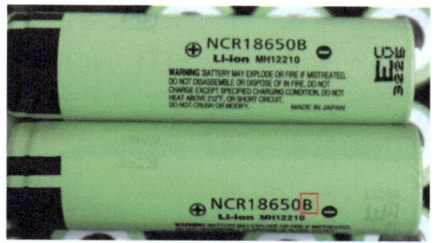

图 1-1-15 18650B 电池

方形铝壳锂电池由英文字母、数字叠加来表示,分别代表电池的材料类型及电池外部尺寸。比如,国轩高科电池 IF P27175200A-105Ah,其中 IF 代表电池的正极材料为磷酸铁锂,P 代表方形电池,271 代表电池的厚度为 271mm,75 代表电池的宽度为 75mm,200 代表电池的高度为 200mm,A 代表电池外壳为铝壳,105Ah 代表电池的容量(图 1-1-16)。

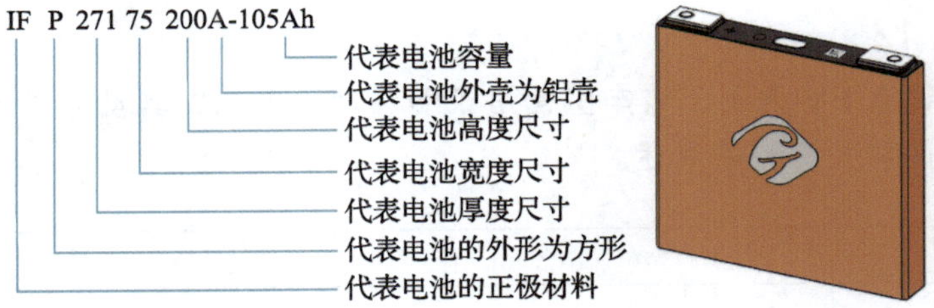

IF P 271 75 200A-105Ah
代表电池容量
代表电池外壳为铝壳
代表电池高度尺寸
代表电池宽度尺寸
代表电池厚度尺寸
代表电池的外形为方形
代表电池的正极材料

图 1-1-16 IF P27175200A-105Ah 电池

引导问题 11

动力电池是由多个单体电池组成的，存在相应的简称标明其组成方式，例如 165S2P 或者 3P5S，这两种简称的含义是什么？

____

____

动力电池的结构

单体锂电池的电压并不足以支持整车的高压部件工作，因此有必要将多个单体串联，组成一个高电压的电池包（PACK），如图 1-1-17 所示。而车辆有一定的续驶要求，电池包也要达到一定的容量才能满足需求，因此需要对单体电池进行并联扩容。

动力电池包有 3 种组成方式：串联、先串联后并联或先并联后串联。

2020 款比亚迪秦 EV 就是通过 112 个 130A · h 的三元锂单体电池串联组成电池包，此电池包是由 12 个电池模组串联组成的，此类成组方式是 1P112S，即“1 并 112 串”。

比亚迪的 K8 电动公交（直流版）就是将 165 个磷酸铁锂单体电池串联成组成 1 个电池包后，再由 2 个电池包并联组成电池包，简称为 165S2P。图 1-1-18 所示的电池模组是由 3 个 IF P27175200A-105A · h 的单体电池并联组成“电池砖”后再由 5 个“电池砖”串联组成电池模组。此类成组方式是 3P5S，行业内称为“3 并 5 串”。

×n=
单体电池
电池模组
×m=
电池模组
电池包
×p=
电池包
动力电池系统

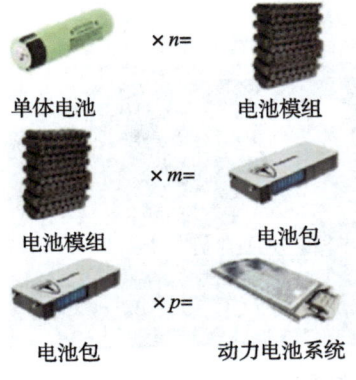

图 1-1-17 动力电池的结构类型

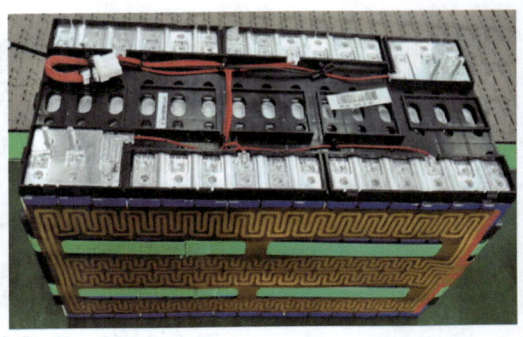

图 1-1-18 电池砖

引导问题 12

以比亚迪秦 EV 为例，该车型使用了哪种动力电池？其动力电池的结构是怎样的？请查阅相关资料并简述。

_____

_____

职业认证

智能新能源汽车职业技能等级要求（初级）中的动力电池包检查保养任务就要求报考人员能检查和记录动力电池包铭牌信息，并核对是否与原厂规格一致。报考人员通过智能新能源汽车职业技能等级（初级）考核可获得教育部 1+X 证书中的《智能新能源汽车职业技能等级证书（初级）》。

秦 EV 动力电池介绍

秦 EV 的动力电池安装在车辆底部，动力电池系统是纯电动车辆的动力来源，它为整车驱动和其他用电器提供电能。秦 EV 动力电池系统有 300km 和 405km 2 种续驶版本。电池系统由动力电池模组、电池信息采集器、串联线、托盘、密封罩、电池采样线组成。电池包内有一个高压配电箱，配电箱内包含正/负极接触器、霍尔电流传感器、熔断器。电芯采用三元锂电池 NCM622。

300km 续驶版本电池系统由 10 个电池模组和 10 个电池信息采集器组成，电池包额定容量为 105A·h，单体电芯的标称电压为 3.6V，电池包的标称电压为 386.9V，电池容量为 40.62kW·h，300km 续驶版本电池系统由 106 个单体电芯串联。

405km 续驶版本电池系统由 10 个电池模组和 12 个电池信息采集器组成，电池包额定容量为 130A·h，单体电芯的标称电压为 3.6V，电池包的标称电压为 408.8V，电池容量 53.13kW·h，400km 续驶版本电池系统由 112 个单体电芯串联。

图 1-1-19 所示为秦 EV 的动力电池铭牌位置。

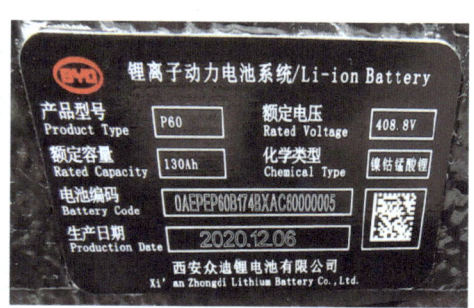

图 1-1-19　秦 EV 动力电池铭牌

秦 EV 的动力电池存放标准见表 1-1-1。

表 1-1-1　秦 EV 的动力电池存放标准

性能指标	规格（300km）	规格（400km）	备 注
电池包额定容量	105A·h	130A·h	（23±2）℃、1C 充电倍率、1C 放电倍率
标称电压	386.9V	408.8V	
充电截止电压	4.2V	4.2V	充电截止
放电截止电压	2.5V	2.5V	放电截止
充电温度	−20~+65℃	−20~+65℃	与 BMS 配套使用
放电温度	−30~+65℃	−30~+65℃	与 BMS 配套使用
贮存温度	−40~40℃，短期贮存（3 个月）25% ≤ SOC ≤ 40%		
	−20~35℃，长期贮存（< 1 年）30% ≤ SOC ≤ 40%		
重量	≥350kg		

引导问题 13

新能源汽车的发展是否与国家补贴政策有关？请简要叙述为何 2017 年是三元锂电池的崛起之年。

新能源乘用车的补贴

如今，新能源车的发展已进入市场化发展阶段，国家补贴政策起到了至关重要的引导作用。而磷酸铁锂电池的沉寂与三元锂电池的崛起就与国家对新能源汽车的购买补贴政策有着紧密的联系。

2017 年，国家出台的新能源汽车购买补贴政策中规定，电池的能量密度达到 150W·h/kg 和续驶里程 ≥ 400km 时方可获得 1.2 倍的国家补贴。磷酸铁锂受制于当时的技术，能量密度和续驶里程都难以达到补贴标准，因此 2017 年是三元锂电池的崛起之年。表 1-1-2 为 2022 年非公共领域新能源乘用车补贴标准。

表 1-1-2　新能源乘用车补贴标准（非公共领域）

（单位：万元）

车辆类型	纯电动续驶里程 R（工况法）/km		
	$300 \leq R < 400$	$R \geq 400$	$R \geq 50$（NEDC 工况）/ $R \geq 43$（WLTC 工况）
纯电动乘用车	0.91	1.26	—
插电式混合动力（含增程式）乘用车	—		0.48

注：1. 纯电动乘用车单车补贴金额 =Min{里程补贴标准，车辆带电量 ×280 元} × 电池系统能量密度调整系数 × 车辆能耗调整系数。
2. 对于非私人购买或用于营运的新能源乘用车，按照相应补贴金额的 0.7 倍给予补贴。
3. 补贴前售价应在 30 万元以下（以机动车销售统一发票、企业官方指导价等为参考依据，"换电模式"除外）。

新能源汽车动力电池及管理系统检修　　姓名　　　　班级　　　　　日期

引导问题 14

请查阅相关资料，简述动力电池拆卸过程中叉车的作用。

_____
_____
_____
_____

竞赛指南

2022 年全国职业院校技能大赛——汽车技术赛项里的纯电动汽车技术模块要求参赛选手在规定时间内对纯电动汽车系统进行故障诊断与排除，依据故障树诊断逻辑完整展示作业过程，完整准确填写《纯电动汽车技术选手报告单》，在作业过程中熟练查阅维修资料，规范使用工量具和仪器设备，准确测量技术参数和判断故障点，做到安全文明作业。

人员防护用品及操作工具

图片	名称	要求	用途
	手套	普通劳保手套	拆卸螺栓、搬运物品等过程中对手部的保护
	绝缘鞋	耐压 DC 1000V	拆卸高压部件时对作业者脚部防护
	电工胶布	普通型	高、低压插件端口防护
	绝缘防护手套	耐压 DC 1000V	操作高压部件时对手部、臂部防护
	护目镜	耐酸碱液体	拆卸漏液动力电池时对眼部的防护
	绝缘工具套装	耐压 DC 1000V	拆卸高压部件螺栓等
	龙门举升机	4t	举升新能源汽车

（续）

图片	名称	要求	用途
	电池举升平台	高度 1.2~1.7m	动力电池拆卸，移动动力电池
	扳手套装	常用工具	拆卸车辆除高压部件外的零部件
	叉车	1.5t 以上	移动动力电池及高压部件

拓展阅读

与传统汽车不同，新能源汽车最核心的技术在于"三电"，即电池、电机和电控。其中，电池可谓是新能源汽车的"心脏"，在整车制造成本中占比达40%。在全球新能源汽车爆发式增长的当下，业内人士直称"得电池者得天下"。

2022年的第一季度，全球动力电池装车量前10名的企业，其总市场占有率高达91.8%，其中6家我国企业合计市场占有率为55.7%。由于我国竞争对手的强劲增长，韩国主要电池制造商LG化学、SK On、三星SDI第一季度的市场份额同比下降6.9%。

回顾2010年，当时即使是我国动力电池技术最为成熟的公司，其成品率也只有60%，而日韩动力电池企业的成品率早已达到90%。该时期，韩国LG化学一口气拿下了上汽、一汽以及长安的订单，这三大国企占了当年国内销量的60%。不仅生产效率上悬殊，相比国内主流的磷酸铁锂，日韩主推的三元锂电池路线，能量密度优势明显，而我国在这方面的技术积累几乎为零。

但我国企业从未放弃，以比亚迪为例，自2005年涉足了汽车界之后，比亚迪就开始着手研究磷酸铁锂电池。那时日韩企业已经掌握了锰酸锂和三元锂的核心技术。尤其是三元锂，无论是技术、工艺还是设备，日韩行业龙头都已达到非常成熟稳定的阶段。特斯拉、宝马这些国际巨头在开发新能源汽车的时候也会选择日本松下、韩国三星这些电池厂商巨头的产品。因此，比亚迪选择了研究磷酸铁锂电池。

2006年，比亚迪第一款搭载磷酸铁电池的F3e电动车研发成功。F3e的电机、减速器、电池组件以及控制系统全部由比亚迪自行研发、自行生产，其续驶里程达到300km。随着进一步的投入研究，2008年，比亚迪推出了全球首款量产的插电式混合动力车型。2020年3月29日，比亚迪正式发布刀片电池，其体积利用率更高，能容纳更多的电芯，体积能量密度提升，续驶里程也随之得到很大提升，已经达到了与三元锂电池同等能量水平，同时还保留了磷酸铁锂电池耐高温的优势，具有很高的安全性。

从 2010—2022 年，正是攻坚克难的探索精神支撑起了我国的新能源汽车产业。时至今日，不仅是动力电池产业，大量"汽车之外"的技术（如新一代信息技术、人工智能、5G、物联网等）也应用于新能源汽车，新能源汽车产业已成为我国牵引其他产业加速创新的重要力量。

任务分组

学生任务分配表见表 1-1-3。

表 1-1-3　学生任务分配表

班级		组号		指导老师	
组长		学号			
组员角色分配					
信息员		学号			
操作员		学号			
记录员		学号			
安全员		学号			
任务分工					
（就组织讨论、工具准备、数据采集、数据记录、安全监督、成果展示等工作内容进行任务分工）					

工作计划

按照前面所了解的知识内容和小组内部讨论的结果，制定工作方案，落实各项工作负责人，如任务实施前的准备工作、实施中主要操作及协助支持工作、实施过程中相关要点及数据的记录工作等，工作计划表见表 1-1-4。

表 1-1-4　工作计划表

步骤	工作内容	负责人
1		
2		
3		
4		
5		
6		
7		
8		

| 姓名 | 班级 | 日期 | 能力模块一　新能源汽车动力电池及管理系统认知 |

进行决策

1. 各组派代表阐述资料查询结果。
2. 各组就各自的查询结果进行交流，并分享技巧。
3. 教师对各组的计划方案进行点评。
4. 各组长对组内成员进行任务分工，教师确认分工是否合理。

任务实施

引导问题 15

扫描二维码观看视频，了解如何认知单体电池和拆解动力电池，并简述操作要点。

_____
_____
_____

【微课】根据编码与电压辨识单体电池

参考操作视频，按照规范作业要求完成辨识单体电池和动力电池的操作步骤，并完成数据采集和记录。实训准备见表 1-1-5，比亚迪秦 EV 动力电池认知和单体电池的辨识见表 1-1-6 和表 1-1-7。

表 1-1-5　实训准备

序号	设备及工具名称	数量	设备及工具是否完好
1	比亚迪秦 EV	1 辆	□是　□否
2	工位防护套装	1 套	□是　□否
3	人员防护套装	1 套	□是　□否
4	电池举升平台	1 台	□是　□否
5	一体化工量具	1 套	□是　□否
6	NCM 电池	1 个	□是　□否
7	LFP 电池	1 个	□是　□否
8	圆柱形电池	1 个	□是　□否
质检意见	原因：		□是　□否

表 1-1-6　比亚迪秦 EV 动力电池认知

序号	步骤	记录	完成情况
1	**高压安全作业准备** 人员资质要求：对电动汽车高压系统维修操作，操作人员需满足国家法规要求的机电维修岗位要求或持有本人的电工操作证 1. 工作场地干燥无水渍 2. 在工作场地铺设橡胶绝缘垫 3. 工作场地设置警示牌和高压作业区域隔离标识 4. 配备紧急救援和灾害处理的相关设施，如干粉灭火器、急救箱等		已完成□ 未完成□

新能源汽车动力电池及管理系统检修　　姓名　　　班级　　　日期

（续）

序号	步　骤	记录	完成情况
1	5. 实现监护制度：一人监护，一人操作 6. 操作人员必须穿绝缘鞋、戴绝缘手套，其电压等级必须大于操作对象的最高电压，必要时带护目镜或防护面罩。所有用具使用前必须检查是否完好、干燥无异味，确保其使用安全。操作人员不允许佩戴金属饰品		已完成□ 未完成□
2	**高压安全下电** 1. 将车辆停入作业工位 2. 车辆下电，将车辆钥匙存放在安全处 3. 打开前发动机舱，铺设前发动机舱翼子板垫 4. 断开蓄电池负极，负极电缆插头用绝缘胶布包好。蓄电池负极接线柱用盖子盖好或用绝缘胶布包好 5. 放置车辆 5~10min，对新能源汽车的高压电容器进行放电 6. 断开前发动机舱动力电池包母线进行验电，断开动力电池母线后，需要对动力电池的母线进行验电，如果母线有残余电荷，则需用放电设备进行放电，确保动力电池母线无电 7. 验电完毕，将动力电池包母线插接器用盖子盖好或用绝缘胶布包好		已完成□ 未完成□
3	**举升车辆** 1. 调节举升臂位置，将臂上的垫块对准车辆的举升点 2. 按下举升按钮，当汽车被举起时，观察车辆是否水平托举 3. 当车辆离地面 5~10cm 时停下，检查车辆是否被平稳托举，晃动车辆是否牢固无偏差 4. 确认无问题后，将车辆举升到合适高度 5. 拉下锁定装置		已完成□ 未完成□
4	**动力电池包外观检查** 围绕动力电池总成四周检查外观		已完成□ 未完成□
5	**拆卸动力电池包附件及检测** 1. 拆下电池包托盘底部安装的四周的护板 2. 拆下电池包低压插接器及高压插接器（高压需佩戴绝缘手套） 3. 用万用表检测电池包是否漏电。检测方法（需佩戴绝缘手套）：将万用表正极分别搭在电池正负极引出，负极搭车身地。正常值为 10V 以下。若过大请不要拆卸，检查漏电原因和地方，排除问题后再进行以下操作 4. 排空动力电池总成冷却液 5. 拆卸动力电池总成搭铁线或等电位线 6. 在电池包正下方准备电池举升平台，举升平台需要升至电池包的高度托举电池包		已完成□ 未完成□
6	**拆卸动力电池包** 1. 在电池包正下方准备电池举升平台，举升平台需要升至电池包的高度托举电池包 2. 佩戴绝缘手套，使用套筒卸掉动力电池与车身固定螺栓，将电池包拆放至举升平台 3. 缓慢将电池举升平台降至合适高度后，拉出车辆举升工位并将电池包放置在专用工位，设置安全警示牌及隔离栏		已完成□ 未完成□
7	**拆卸电池包上盖** 1. 使用手持式电动枪钻，选用合适大小的钻头，沿电池一周取下电池上盖固定铆钉 2. 使用一体化工量具里的平面铲刀，沿电池一周把密封胶铲出，使电池上盖与电池底板分离 3. 选用一体化工量具里面合适的棘轮、接杆、套筒，活动电池高低压插接器处压板固定螺栓，取下固定压板 4. 将动力电池包上盖取下		已完成□ 未完成□

序号	步骤	记录	完成情况
8	**电池包结构认知** **1. 基本参数** 动力电池 | 续驶里程/km	300	400 | |---|---|---| | 节数 | 106 | 112 | | 标称电压/V | 386.9 | 408.8 | | 容量/A·h | 105 | 130 | | 电量/kW·h | 40.62 | 53.14 | | 模组 | 10 | 10 | | BIC（电池信息采集器）数量 | 10 | 12 | | 接触器 | 预充、正极、负极 | 预充、正极、负极 | **2. 结构组成（下例为比亚迪秦 PROEV 车辆）** 动力电池包总成 | 电芯	C08M | |---|---| | 电芯容量 | 130A·h | | 标称电压 | 3.65V | | 电池节数 | 119S | | 额定电压 | 434.35V | | 模组数 | 11个（3个8S、5个10S、3个15S）| | BIC | 5个（VDS采集器为8个）| | 编号	部件	数量	用途 | |---|---|---|---| | 1 | 托盘 | 1 | 车身固定 | | 2 | 密封盖 | 1 | 电池包密封 | | 3 | 维修开关 | 1 | 用于高压安全行修 | | 4 | 进水口 | 1 | 冷却液输入 | | 5 | 动力引出 | 1 | 放电时，输出电量至整车各用电设备，供整车行驶；充电时，输入电量存储于电池包内 | | 6 | 出水口 | 1 | 冷却液输出 | | 7 | 33pin低压插接器 | 1 | 给电池包供电、通信、控制 | | 8 | 铭牌标贴 | 1 | 包体信息标识 | 标注：密封盖、高压配电箱、动力引出、维修开关、模组、液冷系统、托盘 **3. 电池系统原理图** 1：霍尔传感器-BCF3-300ICV2H 2：正极继电器-EVR200CE_400V_200A 3：预冲继电器-AEC51012 4：预冲电阻-RST5-200Ω 5：FUSE-FS08H250_800V_250A 6：负极继电器-EVR200CIS_400V_200A 7：电芯-C41M 8：高压插接器-e6H-2105710G_公端插接器总成_M00666		已完成☐ 未完成☐

（续）

序号	步骤	记录	完成情况
8	4. 认识高压配电箱组成 5. 认识通信转换模块 6. 认识电池信息采集器组成和布局（分布式电池管理系统） 7. 认识电池采集线束及 FPC 8. 认识电池模组连接方式及布局 9. 认识电池包内部液冷系统结构 		已完成□ 未完成□
9	实训现场整理		已完成□ 未完成□
总结 提升			已完成□ 未完成□
质检 意见	原因：		已完成□ 未完成□

表 1-1-7　单体电池的辨识

序号	步骤	记录	完成情况
1	看电压：3.7V 是锰酸锂或钴酸锂电池，3.6V 是动力钴酸锂电池，3.2V 是磷酸铁锂电池		已完成□ 未完成□
2	看标识： 圆柱形：直径（mm）× 高度（mm） 方形：厚度（mm）× 宽度（mm）× 高度（mm）		已完成□ 未完成□
3	看外壳：分工程塑料、镀镍钢壳、铝壳三种		已完成□ 未完成□
总结 提升			已完成□ 未完成□
质检 意见	原因：		已完成□ 未完成□

评价反馈

1. 各组代表展示汇报 PPT，介绍任务的完成过程。

2. 请以小组为单位，对各组的操作过程与操作结果进行自评和互评，并将结果填入表 1-1-8 中的小组评价部分。

3. 教师对学生工作过程与工作结果进行评价，并将评价结果填入表 1-1-8 中的教师评价部分。

表 1-1-8　综合评价表

班级			组别		姓名		学号	
实训任务								
评价项目			评价标准				分值	得分
小组评价		计划决策	制定工作方案合理可行，小组成员分工明确				10	
		任务实施	能够正确检查并设置实训工位				5	
			能够准备和规范使用工具设备				5	
			能够正确地根据编码识别三种单体电池				20	
			能够正确完成秦 EV 动力电池的认知与拆解				20	
			能够规范填写任务工单				10	
		任务达成	能按照工作方案操作，按计划完成工作任务				10	
		工作态度	认真严谨，积极主动，安全生产，文明施工				10	
		团队合作	小组组员积极配合，主动交流，协调工作				5	
		6S 管理	完成竣工检验，现场恢复				5	
			小计				100	
教师评价		实训纪律	不出现无故迟到、早退、旷课现象，不违反课堂纪律				10	
		方案实施	严格按照工作方案完成任务实施				20	
		团队协作	任务实施过程互相配合，协作度高				20	
		工作质量	能准确完成拆解秦 EV 动力电池和辨识单体电池的任务				20	
		工作规范	操作规范，三不落地，无意外事故发生				10	
		汇报展示	能准确表达、总结到位，改进措施可行				20	
			小计				100	
综合评分			小组评价分 ×50%+ 教师评价分 ×50%					
总结与反思								

（如：学习过程中遇到什么问题→如何解决的/解决不了的原因→心得体会）

任务二　调研分析新能源汽车动力电池管理系统

学习目标

- 了解电池管理系统的行业发展现状。
- 掌握电池管理的原因。
- 掌握动力电池管理系统的结构组成与工作原理。
- 具备辨识秦EV动力电池管理系统主要部件的能力。
- 具备根据新能源汽车的需求匹配合适的动力电池管理系统的能力。
- 了解动力电池及管理系统的发展趋势和产业前沿信息，明确自身职业方向。

知识索引

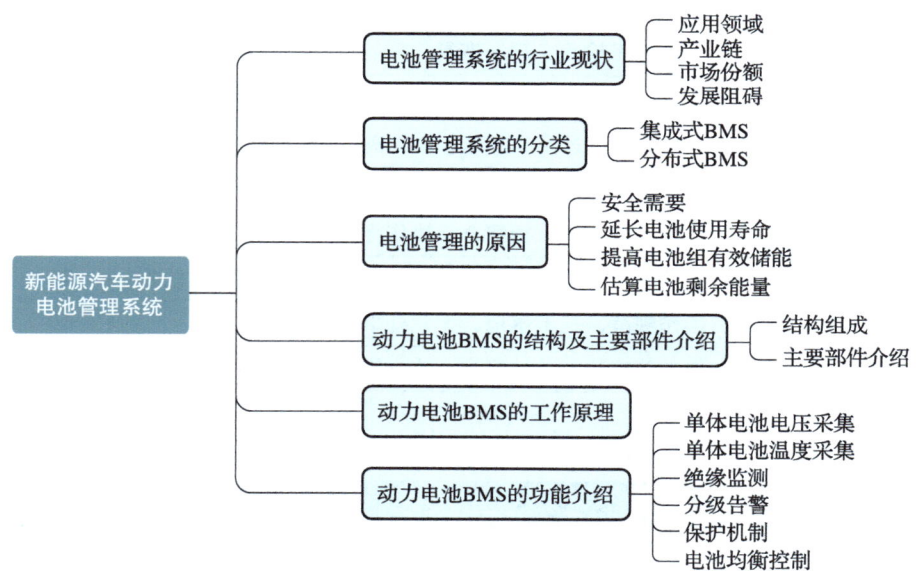

情境导入

某车企计划研发一款紧凑型纯电动轿车，要求其在NEDC工况下续驶里程达到400km。作为一名助理工程师，主管要求你为已经选好的三种主流动力电池匹配合理的电池管理系统（BMS）。

获取信息

> **引导问题 1**
>
> 请查阅相关资料,写出目前限制我国电池管理系统产业发展的因素。
>
> _____
>
> _____
>
> _____

电池管理系统的行业现状

(一)应用领域

电池管理系统(BMS)作为实时监控、自动均衡、智能充放电的电子部件,起到保障安全、延长寿命、估算剩余能量等重要作用,是动力和储能电池组中不可或缺的重要部件。

作为电池系统的"核心大脑",BMS 当前主要被应用在电能储能、新能源汽车、消费电子三大领域,我国 BMS 在各领域中的行业代表性企业业务布局见表 1-2-1。

表 1-2-1 我国 BMS 行业代表性企业业务布局

主要业务布局类型	企业名称	下游主要配套企业
新能源汽车 BMS	宁德时代	广汽、北汽、海马、东风、威马、长城、吉利等
	北汽新能源	北汽新能源
	比亚迪	比亚迪、杭州西湖比亚迪、华林特装
	国轩高科	大众、江淮、奇瑞、吉利
	亿能电子	江淮、一汽、北汽
	华霆动力	江淮、五菱、广汽
	欣旺达	新龙、宝马、北汽
	均胜电子	宝马、奔驰、大众
电能储能 BMS	协能科技	国电南瑞、山东电网等
	妙益科技	通信基站、办公楼等储能领域
消费电子 BMS	德赛电池	科健、康佳、TCL、南方高科等
其他类型 BMS	锐深科技	中国船级社等

(二)产业链

在 BMS 产业链中,上游为集成电路、印制电路板、电子元件、线束、辅助材料等;中游可细分为后备电池 BMS 和动力铅蓄电池 BMS、储能锂电池 BMS、3C 锂电池 BMS 和 EV 锂电池 BMS 等;下游则主要包括动力电池、储能电池、锂电池、数据中心,如图 1-2-1 所示。

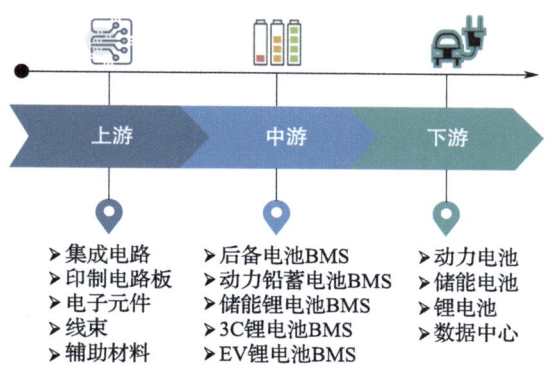

图 1-2-1　BMS 产业链

（三）市场份额

BMS 是新能源汽车的关键技术之一，中国电动汽车百人会、锂电大数据、中商产业研究院整理的数据显示，2021 年，在新能源汽车领域 BMS 的市场占比提升迅速，市场份额已升至 54%，消费电子领域 BMS、电能储能领域 BMS 的市场占比则有所下降，市场份额分别为 24%、23%。

（四）发展阻碍

1. 芯片技术

目前车规级 BMS 芯片技术门槛高，供应商主要为国外企业。新能源汽车产业的快速发展带动 BMS 整体市场规模持续扩大，BMS 芯片的重要性日益突出。然而 BMS 芯片的技术门槛相对较高，比如 BMS MCU 芯片需要大量专有技术（Know-how）经验积累，目前大量成熟解决方案被恩智浦等厂商掌握；BMS AFE 芯片的主要供应商为亚德诺、德州仪器等国外公司。企业没有长期的研发积累和大量的数据积淀，难以开发出真正满足下游应用需求的 BMS 芯片。

车规级 BMS 芯片认证要求苛刻、认证周期长。随着国家"碳中和"战略的持续推进，我国新能源汽车产业将迎来黄金 5 年，为 BMS 芯片的应用提供广阔的市场蓝海。

2. 标准规范

车规级半导体企业在进入整车厂的供应链体系前，一般需通过质量管理体系 IATF 16949 和可靠性标准 ISO 26262 等认证。在完成相关车规级标准规范的认证和审核后，还需经历严苛的应用测试验证和长周期的上车验证，才能进入汽车前装供应链。

> **引导问题 2**
>
> 在上一个任务中学习了动力电池的分类，动力电池管理系统也分为几个类型，请查阅相关资料分别说出动力电池管理系统的类型及优缺点。

电池管理系统的分类

根据其结构的不同，BMS 又分为集成式和分布式两种。就应用市场结构来看，目前集成式 BMS 占比更高，达到 55%。而分布式 BMS 可复制性较高，能够满足不同领域应用需求，将成为行业主要发展方向。

下面分别介绍集成式 BMS 与分布式 BMS 的结构差异及各自的优缺点。

（一）集成式 BMS

集成式 BMS 在电芯成组过程中将主控板与电池的检测板，甚至是绝缘检测模块都安装在一处，内部以线束连接成为一个整体，其结构如图 1-2-2 所示。

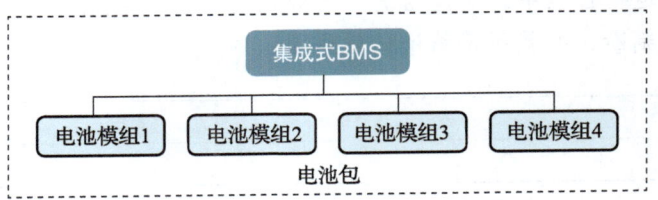

图 1-2-2　集成式 BMS 结构框图

集成式 BMS 可最大限度地减少硬件的数量，具有结构简单、开发成本低、算法应用相对简单的优点。

其缺点是集成式 BMS 增加了电池组中线束的数量，同时，仅使用一块主控板管理整车的动力电池，将会导致接线比较复杂，且只能对电池组的信息进行采集，不能对每块电池都进行管理，安全性相对较弱。

（二）分布式 BMS

分布式 BMS 有一个主控制器位于中央位置，还有多路分开的电路板监控检测电芯的情况，其结构如图 1-2-3 所示。

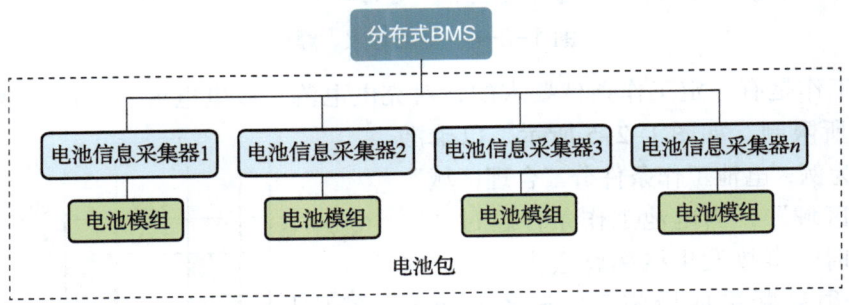

图 1-2-3　分布式 BMS 结构框图

分布式 BMS 的优点是各信息采集器之间通过 CAN 网络进行通信，可以减少线束的使用，每个模组上的柔性 PCB 对电池的电压、温度进行采集，同时也可进行被动均衡。每个柔性 PCB 最大可采集 12~16 个电芯的信息。分布式 BMS 对电池系统有更好的管控，因此被广泛运用。

分布式 BMS 的缺点是较集成式 BMS 增加了较多的硬件，成本相对较高。

引导问题 3

请查阅相关资料，思考在没有 BMS 的情况下动力电池会存在什么样的安全隐患，简述进行动力电池管理的原因。

_____
_____
_____

引导问题 4

在车辆的运行过程中，电池组的"有效储能"和"理论储能"是否相同？请查阅资料进行判断，并就所得结论说明原因。

_____
_____
_____

电池管理的原因

（一）安全需要

安全需要是进行电池管理最主要的原因。若电池中未装有 BMS，将会埋下诸如冒烟、起火、爆炸等安全隐患，如图 1-2-4 所示。

图 1-2-4　电池起火、爆炸

电池工作是有一定工作条件要求的，对充电电流、放电电流、工作温度、单体电压等都有所限制。如图 1-2-5 所示，以磷酸铁锂电池为例，电池工作条件分"合理区域"和"临界区域"，当电池工作条件越过"临界区域"时，事故发生概率就会大增。此时 BMS 就必须果断采取措施，以避免事故的发生。

（二）延长电池使用寿命

上文提到，电池工作都是有一定工作条件要求的。

此处仍以磷酸铁锂电池为例，如图 1-2-5

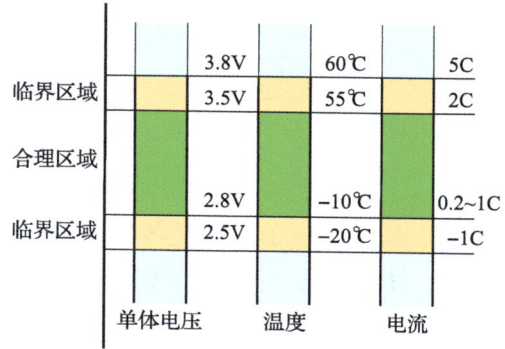

图 1-2-5　磷酸铁锂电池工作条件

所示，当电池工作状态位于"合理区域"时，电池寿命最大；进入"临界区域"后电池寿命会显著降低，越过了"临界区域"会有安全隐患。因此，为了提高电池的使用寿命，需尽量让电池工作在"合理区域"，当电池越过"合理区域"后，要给驾驶员报警提示，让电池回归"合理区域"。

需要注意的是，每个动力电池厂商的电池参数会有所差异。

（三）提高电池组有效储能

"电池组"不等于"单个电池"，单个电池能量有限，所以多数情况下是要将多个电池串联成电池组使用。在实际使用中，电池一定是会存在差异的，因此不同电池储存的能量也是存在差异的。而电池的过放电和过充电是电池的两种极度危险的状态。

放电时，当某个电池达到放电下限时，即使其他电池仍有能量，BMS 控制接触器也会断开，电池包终止输出电压。反之，在充电时，当某个电池电压已经达到上限，即使其他电池尚未充满，BMS 控制接触器也会断开，充电终止。因此动力电池放电受限于电压最低的单体电池，充电受限于电压最高的单体电池。由此可见，电池"有效储能"小于"理论储能"。

在没有 BMS 的情况下，电池间储能差异化会越来越大，因而"有效储能"会越来越少。电池的价值就在于其"有效储能"。如果 BMS 能抑制电池"一致性"变差的趋势，就意味着"有效储能"更加接近"理论储能"，可以延长电池放电时间。

（四）估算电池剩余能量

若电池没有匹配 BMS，那么驾驶员无法知道电池还有多少剩余能量。剩余能量未知，就无法预测车辆还能行驶多少里程，那么驾驶员就会有抛锚的风险。

 引导问题 5

请查阅资料，简述电池管理系统的硬件结构组成。

_____
_____

 引导问题 6

请查阅资料，简述电池管理器的功能。

_____
_____

竞赛指南

在 2022 年全国职业院校技能大赛——汽车技术赛项里的纯电动汽车技术模块的样题中，有一道题是围绕纯电动汽车"三电"系统的"车辆无法（交流）充电"现象设置的，这道题目为"掌握 BMS 的充电连接信号线断路的检测和维修方法"。

动力电池 BMS 的结构及主要部件介绍

（一）结构组成

电池管理系统包含硬件和软件两部分，该系统的硬件由一个或多个电子控制器组成，包含电池管理器、绝缘模块、电池信息采集器（图 1-2-6）、接触器、霍尔电流传感器/分流器、熔断器、手动维修开关（MSD）预充电阻等电子元件组成。

BMS 的软件分别对主控模块和测量模块的各功能单元编写软件程序，而后连接起来构成整个系统程序。

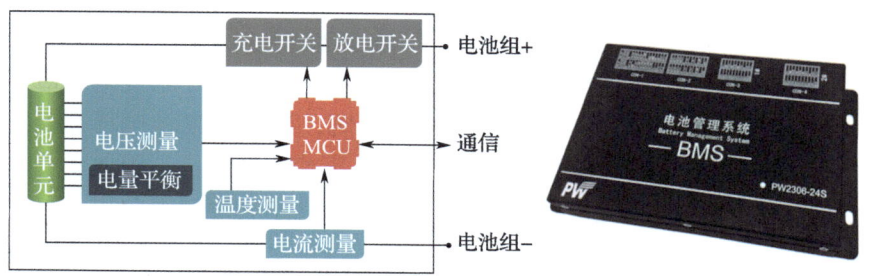

图 1-2-6　电池信息采集器

（二）主要部件介绍

1. 电池管理器（BMC）

电池管理器是一个连接外部通信和内部通信的平台，如图 1-2-7 所示。

它的主要功能有：

1）实时接收电池信息采集器采集的单体电压、温度、均衡等信息。

2）接收绝缘模块反馈的高压系统绝缘状态和电流情况。

图 1-2-7　电池管理器

3）电池管理系统与网关控制器和整车进行通信。

4）电池管理系统与直流充电桩进行通信。

5）BMC 控制接触器吸合或断开、控制充/放电电流和电池热管理控制。

6）充电等情况下发起网络唤醒的控制。

7）对电池组进行 SOC 和 SOH 的估算。

2. 充配电总成

充配电总成由车载充电器（OBC）、电源 DC/DC 变换器以及高压配电箱（PDU）组成。其中高压配电箱主要为电源 DC/DC 变换器、电动压缩机以及 PTC 分配高压电源。配电箱内安装有直流充电正极/负极接触器、接触器烧结检测模块及漏电检测模块，如图 1-2-8 所示。

漏电检测模块主要监控动力电池高压母线正极端或负极端与车身地之间的绝缘电阻值。若漏电检测模块检测到高压部件的绝缘电阻值低于 500Ω/V 时，绝缘检测模块通过动力 CAN 总线向电池管理器（BMC）发送一个绝缘故障，BMC 做出限功率或断开接触器的控制策略，保障车辆安全、平稳运行。

3. 电池信息采集器

电池信息采集器如图 1-2-9 所示。

图 1-2-8　充配电总成

图 1-2-9　电池信息采集器

其主要作用是电池电压采样、温度采样、电池均衡、采样线异常检测等，然后将采集到的数据通过电池子网反馈给电池管理器。

电池电压采样：单体电池通过串联的方式依次叠加，采样芯片的采样通道也按照次第的顺序往上叠加。对于单体电池采样通道上的滤波电路，基本上目前所有的采样芯片都是 100Ω 的串联电阻，然后加上一个滤波电容，通过经典的 RC 滤波电路来实现，如图 1-2-10 所示。

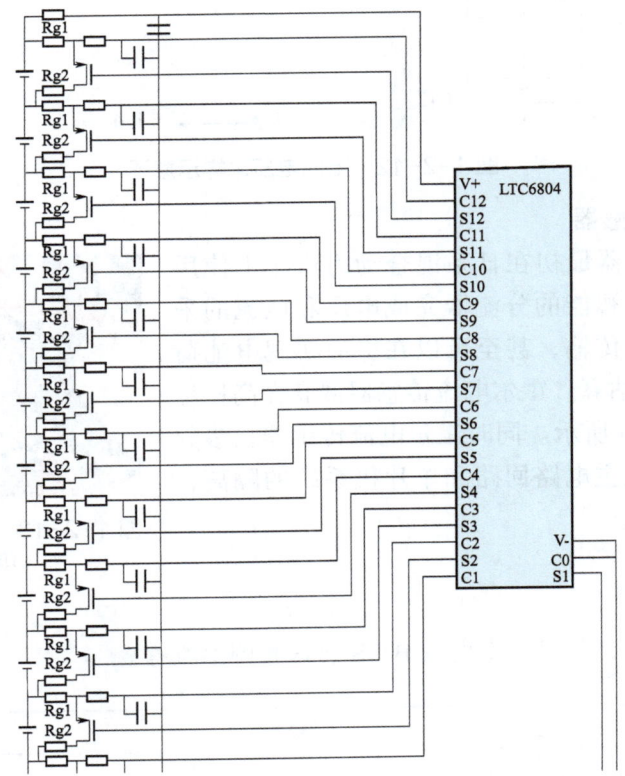

图 1-2-10　电池电压采样

目前市面上绝大多数方形电池，电池的采样线先是从芯片的极柱通过如柔性电路板（软排铜线）FPC 连接到电池模组的插接器，然后线束再通过这个插接器连接到 BMC 上去，如图 1-2-11 所示。

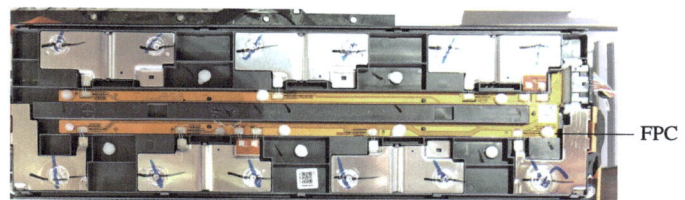

图 1-2-11　电池 FPC 采样电压、温度

实际上从电池连接到 AFE 采样芯片是经过了两段线束，一段就是 FPC 上的线束，另外一段就是电池采集器连接到 BMC 上的通信线束，如图 1-2-12 所示。

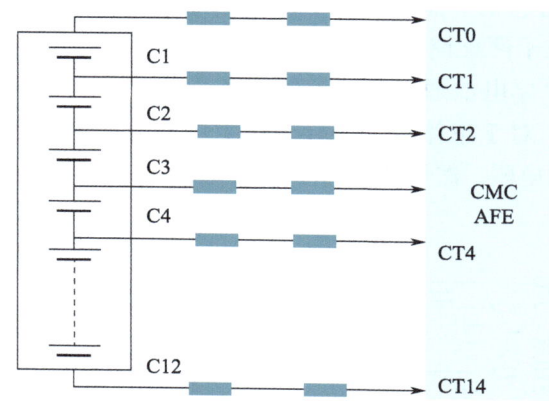

图 1-2-12　电池电压采样示意图

4. 霍尔电流传感器

霍尔电流传感器最初在日系混合动力汽车上使用较多，现在慢慢有智能的分流器完成电压和电流的采样，通过串行总线传输，甚至可以在里面实现电池荷电状态（SOC）的估算。霍尔电流传感器嵌套在高压母线上，如图 1-2-13 所示。同时霍尔电流传感器在参数测量过程中能实现主电路回路和单片机系统的隔离，安全性更高。

图 1-2-13　高压母线上嵌套霍尔电流传感器

引导问题 7

请查阅资料，简述动力电池 BMS 会采集哪些数据。

_____

_____

_____

动力电池 BMS 的工作原理

动力电池模组位于密封、屏蔽的动力电池箱内部,通过可靠的高低压插接器与整车的用电设备和控制系统进行连接。电池系统内的 BIC 可实时采集各单体的电压值、各温度传感器的温度值、电池系统的总电压值和总电流值、电池系统的绝缘电阻值等数据,并根据 BMC 中设定的阈值来判定电池工作是否正常,并对故障实时监控。此外,动力电池管理系统还通过 BMC 使用 CAN 总线在网关控制器与整车进行通信,进行充放电等综合管理。动力电池管理系统的工作原理如图 1-2-14 所示。

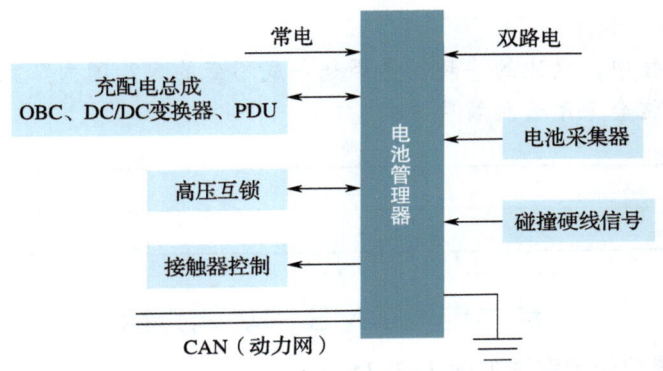

图 1-2-14　动力电池管理系统的工作原理

动力电池的 BMC 具有充/放电管理、电池热管理、接触器控制、功率控制、电池异常状态报警和保护、SOC/SOH 估算、自检以及通信等功能。动力电池信息采集器的主要作用是电池电压采样、温度采样、电池均衡、采样线异常检测等。

电池管理系统主要是通过电池信息采集器采集电池的温度、电压等信息传输给电池管理器进行管理和控制,电池管理器通过网关控制器与各模块进行通信。电机控制器根据动力电池的输出功率进行转矩控制。

❓ 引导问题 8

BMS 采集单体电池电压的作用是什么?

_____

_____

_____

❓ 引导问题 9

BMS 会采集单体电池的温度,动力电池的温度过高会造成哪些影响?引起电池温度升高的因素有哪些?

_____

_____

_____

引导问题 10

当电池的状态超过合理区域的边界时，BMS 会做什么？BMS 的保护机制会保护哪些方面？

_____
_____
_____

引导问题 11

在使用过程中，电池的一致性是否是一成不变的呢？国内厂家针对电池一致性这个问题通常会采用哪种解决方式？

_____
_____
_____

动力电池 BMS 的功能介绍

电池管理系统功能示意图如图 1-2-15 所示。

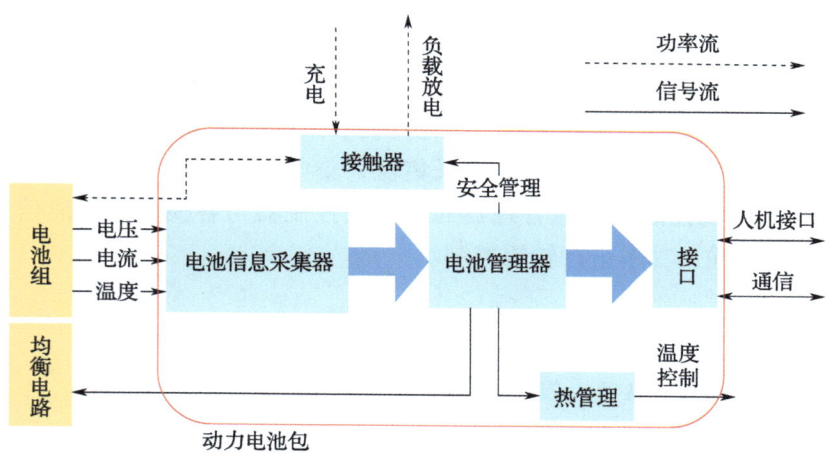

图 1-2-15　电池管理系统功能示意图

（一）单体电池电压采集

电压是表示电池状况最重要的参数之一。

电池荷电状态 SOC 与电压存在一定的函数关系，通过观测电压，可以大致了解电池的荷电状态：

$$SOC = f(V, I, T) \tag{1-2}$$

式中，V 为电池的电压；I 为充放电电流；T 为电池温度。

图 1-2-16 及图 1-2-17 分别为 40A·h 磷酸铁锂电池的充电曲线及放电曲线。

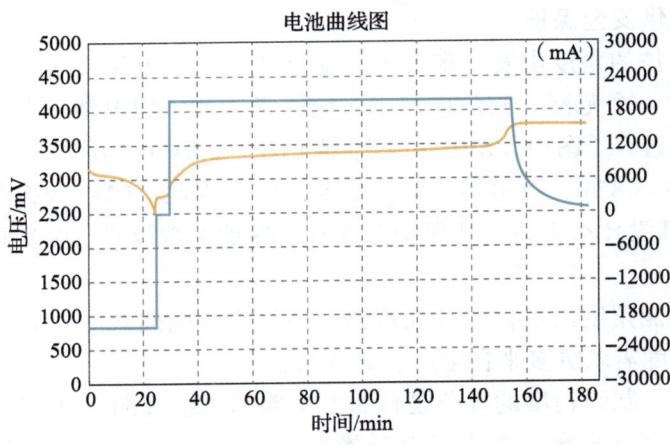

图 1-2-16　40A·h 磷酸铁锂电池的充电曲线

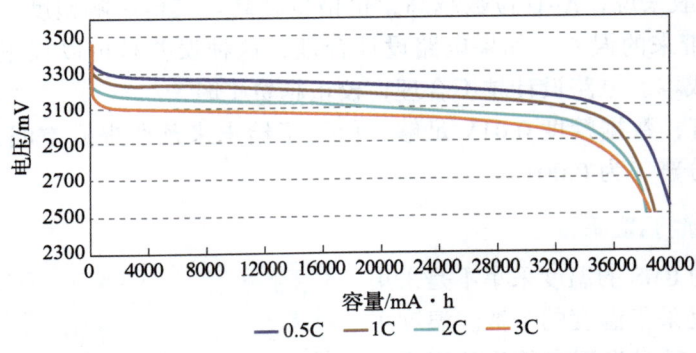

图 1-2-17　40A·h 磷酸铁锂电池的放电曲线

参照图 1-2-5 电池的工作条件，电池电压也存在"临界工作状态"，当电池电压越过"临界工作状态"时，危险性大增。因此必须实时监控电池的电压。目前，市场上大部分 BMS 制定的通信协议数据单位为 0.01V，由此可推断其展示的测量精度不会超过 0.01V。

目前市面上也有很多电池厂家对 BMS 提出了更高的精度要求，有的要求是 0.005V，有的要求是 0.002V。当然，从理论上来看，精度越高越好。

实际上，精度究竟要达到多少才能认为合适？

决定精度参数的因素有：①参数的作用；②技术条件；③成本。其中第一项是主要的。

在 BMS 里，采集单体电池的电压主要有两方面作用：

1. 由电压大概了解电池当前的充放电状态

为什么说通过电压可以大概了解电池的充放电状态？这是因为电池状态还与电流、温度相关，实际上不同单体电池间这种函数关系差异也是显著的，所以无法单纯通过电压估算出 SOC。因此电压精度太低了，没有意义，因为这个关系本来就已经是个"大概"了。实际应用看，0.02V 的差异可以大概分辨出电池充电状态。差异超过 0.05V，充电状态差异就比较大了。所以从 BMS 估算 SOC 的角度看，0.01V 的精度足够了。

2. 根据电压提供安全保护

从提供安全保护的角度出发，多大的精度合适呢？从图 1-2-5 可以看出，"临界区域"其实有很大一个范围。实际应用中，同样是磷酸铁锂电池，对于"临界区域"的两个边界——上边界（图中 3.8V）和下边界（图中 2.5V），不同厂家有不同的设置，上边界一般在 3.65~3.85V，下边界一般在 2.0~2.5V。因此，BMS 的控制策略提早或滞后 1 个 0.1V 保护都没有什么大碍。从保护角度看，保护参数设置 0.05V 的测量精度肯定能够满足需求。

从研究电池性能角度出发，尤其在观察、测绘充放电曲线时，0.001V 的精度还是需要的。所以高精度需求更多来自生产、研究场合。

从技术角度看，制约精度的环节是什么？主要是系统选的 A-D 转换位数的限制，测量数据的理论最高分辨率，就是 A-D 转换的 1bit 代表的意义。拿 10 位 A-D 来说，量程设定在 0~4.5V，最高数据精度就是 4.5mV。12 位 A-D 理论上获得的数据精度最大可为 1.12mV。一般来说，A-D 位数越高，价格也越高。其他影响精度的环节就是信号传递、放大回路带来的误差。如果电路设计合理，这种误差是可以校正的，但这种校正过程颇费人力成本。电路设计越不合理，校正越费工时。

就 BMS 而言，数据精度 0.01V 足够，但为了给未来预留提升空间，在 BMS 协议上可以规定数据分辨率为 0.001V。

（二）单体电池温度采集

目前市场上的 BMS 的温度采集不是采集温度的精度，只是采集温度的个数。温度采集有 2 种方式，一种是设固定数量的温度探头，将其分散在电池模组中；一种是将探头置于电压采集线束的接线鼻上（图 1-2-18）。电压和温度采集器安装在同一个单体极柱上。

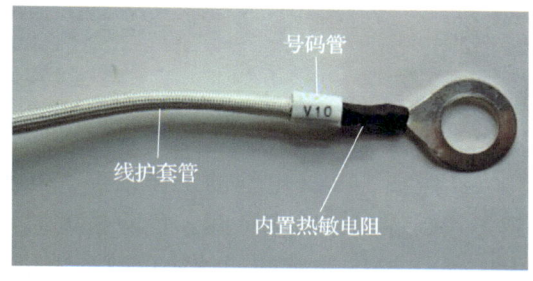

图 1-2-18 早期的温度采集线束

若动力电池温度过高，有可能带来电池热失控，即电池有冒烟、起火、爆炸的风险。在电池正极材料（磷酸铁锂或三元锂）和负极材料（石墨或石墨掺硅）间有一层塑料隔膜，"隔膜"阻断正极和负极的直接接触，但可允许锂离子从隔膜上的细孔来回穿越。当温度升高到一定程度，"隔膜"软化，易于被晶状正极材料磷酸铁锂刺破，造成正负极短路而引发电池内部微短路，电池可能会冒烟、起火甚至爆炸，磷酸铁锂电池内部结构如图 1-2-19 所示。

引起电池温升的原因有：
1）电池内阻增大引起的温升。
2）电池的极柱之间接触电阻引起的温升。

由欧姆定律公式 $P=I^2R$ 可知，内阻和接触电阻均会产生热功率。在电池长时间使用情况下，电池会逐步老化，即电池内阻会升高。如果接线柱不够牢靠，在车辆的运行颠簸过程中，接触电阻也会增大。在大电流放电情况下，会释放大量的热量，很有可能会造成电池自燃，因此很多 BMS 厂家仅把温度传感器安装在电池壳体上，或压根就不和电池的极柱接触。但这样的安装方式导致温度传感器只能监测到电池组的环境温度，而不是电池的实时温度，所以此类监测没有实际意义。

目前比亚迪、宁德时代等厂家的温度传感器是直接铆在电池极柱上，这样就可以避免接线柱不牢靠导致的后果。图 1-2-20 是吉利帝豪 EV450 电池温度传感器。

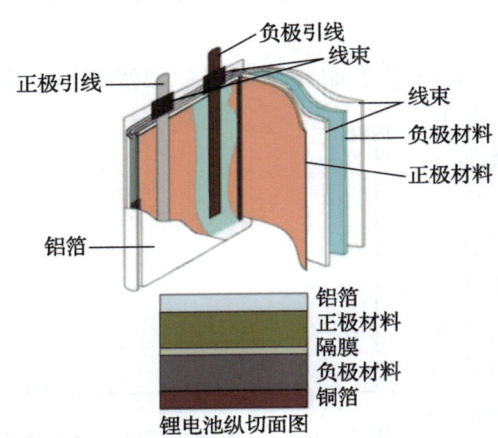
图 1-2-19　磷酸铁锂电池内部结构

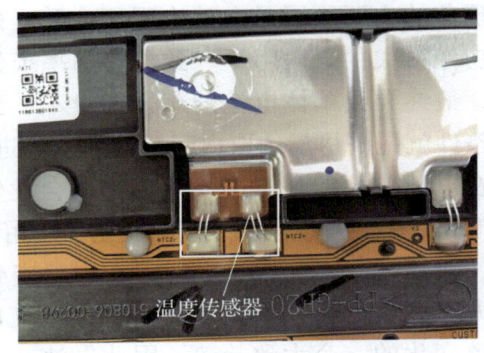
图 1-2-20　吉利帝豪 EV450 电池温度传感器

（三）绝缘监测

纯电动或油电混动车辆（包含增程式混合动力）与传统车辆显著区别之一就是前者工作时有高压电。目前，主机厂的做法是将高压回路与低压回路彻底隔离。低压回路沿用传统做法，车身为搭铁点，很多裸露在外的金属部件都和车身相连，因此高低压回路之间的绝缘就显得非常重要。若高压一旦窜到低压，就会有致人触电的安全隐患。那么，BMS 中的绝缘精度应该选择多少呢？

按照 GB 18384—2020《电动汽车安全要求》规定，绝缘电阻必须大于 100Ω/V 才算合格。只要所测绝缘电阻在国家标准规定的报警阈值内保持一定的精度即可，没必要做精度要求。举例来说，对某车型的动力电池由 160 个磷酸铁锂电池串联组成的纯电动车来说，其总电压范围是 400~584V（160×2.5V，160×3.65V），绝缘电阻应按其最高电压算，100Ω/V × 584V=58.4kΩ。故而在 58.4kΩ 周围，对其测量精度做出要求。

（四）分级告警

当电池的状态超过合理区域的边界时，BMS 二级告警（有些企业只做两级告警，如比亚迪），且告警时间限制在一定的时间内，驾驶员可以根据告警信息将车辆转移至安全区域。当电池的状态越过临界区域时，BMS 一级告警，告警时间比较短（一般控制策略是 10s），驾驶员在这段时间内尽快将车辆靠边停车，BMS 断开电池包整体电压输出。

（五）保护机制

BMS 的保护机制有过充电、过放电、过电流、过热等几方面保护。控制信号分过充电、过放电两路，或过充电、过放电合并成一路总控信号。

（六）电池均衡控制

电池均衡控制分为主动均衡和被动均衡2种。BMS设计均衡电路的原因是电池的一致性差异，这种差异来自电池负极材料的浓度差异、电池负极材料晶格形态差异、涂布均匀差异、隔膜厚薄差异、隔膜细孔均匀性差异等诸多因素。新电池可以靠筛选（所谓配组）来实现整车电池一致性。

串联的电池在充放电环境一样的情况下，最终剩余能量相差也会越来越大。造成该现象的主要原因是电池内阻不一致，内阻是有热功率损失的。内阻不一致，热功率损失就不一样，最终导致单体电池的剩余能量不一致。成组的条件就是要尽量选取内阻一致的电池进行成组，但在电池使用的过程中，负极材料会发生变化，电池的隔膜会发生阻塞，这些变化和使用情况（温度、振动、电流）相关联，因此内阻变化趋势只是大概估计。图1-2-21是电池内阻随充放电循环次数变化的一个大致趋势，因此电池一致性变差是一个必然的过程。

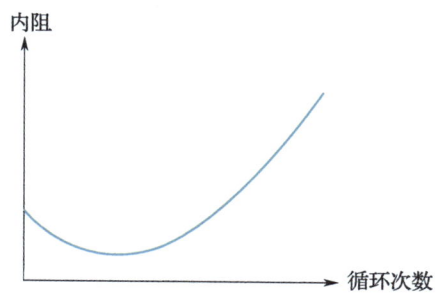

图1-2-21　电池内阻随电池充放电循环次数变化趋势

另一个引起电池一致性差的原因就是电池自身自放电率大。在充电或放电过程中，自放电率大的单体电池会提前结束充电或放电。因此，在设计BMS时就要考虑把均衡功能加入进去。

1. 主动均衡

主动均衡利用电池信息采集器中的电容作为中转站，以能量转移的方式进行均衡，其最大均衡电流为5A。

主动均衡，具有以下优点：

1）采用DC/DC双向有源均衡电路，均衡效率高。

2）主动均衡在车辆充电、行驶和停车过程中都做均衡。

3）均衡电流大，均衡速度较快。

同时，主动均衡也具有以下缺点：

1）技术复杂，成本高，实现困难。

2）频繁切换均衡电路，对电池伤害较大，从而影响电池的寿命。

2. 被动均衡

被动均衡通过电阻放电的方式，对电压较高的电池进行放电，以热量的形式释放电量。

被动均衡只在充电的过程中才起作用，整个系统的电量受制于容量最少的电池。充电过程中，当某一组电池达到恒压充电时，BMS会启动被动均衡电路，将电压高的单体电池通过电阻散热的方式进行放电。如果充电时的电压超过3.85V，也就是俗称的"过充电"，锂电池就有可能起火或者爆炸。

主动均衡的控制策略更为烦琐,而且电路设计复杂,成本较高,节省的能耗未达到预期,因此目前国内的主流新能源汽车所搭载的 BMS 以被动均衡为主。

📖 拓展阅读

继 2019 年 4 月特斯拉、蔚来、比亚迪先后引发自燃事故,同年 5 月份特斯拉和蔚来又接连发生安全事故。电动汽车安全问题成为社会关注的焦点,虽然上述事故均未造成人员伤亡,但却引发了消费者对于电动汽车的不信任和恐慌情绪。

2019 年,随着国家对购买新能源汽车的补贴减少,电池生产企业开始向 NCM811 电池发展。NCM811 电池指的是三元锂电池的正极材料镍、钴、锰三种金属比例为 8∶1∶1 的电池,与常见的 NCM523 和 NCM622 电池相比,提高了镍的含量,同时降低钴和锰的量。镍的比例增高,能够增加能量密度,但也带来了更加激烈的电化学反应,影响电池的安全性能。不过,由于减少了钴的用量,NCM811 电池也将大幅降低电池的价格,对于车企来说,这样的电池极具吸引力。动力电池必须匹配提升电池管理系统的安全管控,留出更多的冗余来保障整个动力电池系统的安全。

👥 任务分组

学生任务分配表见表 1-2-2。

表 1-2-2 学生任务分配表

班级		组号		指导老师	
组长		学号			
组员角色分配					
信息员		学号			
操作员		学号			
记录员		学号			
安全员		学号			
任务分工					

(就组织讨论、工具准备、数据采集、数据记录、安全监督、成果展示等工作内容进行任务分工)

📋 工作计划

按照前面所了解的知识内容和小组内部讨论的结果,制定工作方案,落实各项工作负责人,如任务实施前的准备工作、实施中主要操作及协助支持工作、实施过程中相关要点及数据的记录工作等,工作计划表见表 1-2-3。

表 1-2-3　工作计划表

步骤	工作内容	负责人
1		
2		
3		
4		
5		
6		
7		
8		

进行决策

1. 各组派代表阐述资料查询结果。
2. 各组就各自的查询结果进行交流，并分享技巧。
3. 教师对各组的计划方案进行点评。
4. 各组长对组内成员进行任务分工，教师确认分工是否合理。

任务实施

引导问题 12

扫描二维码观看视频，了解比亚迪秦 EV 动力电池管理系统，并思考该车型的 BMS 是属于哪一种类型，如何根据车型选配 BMS，并简述操作要点。

_____

_____

【微课】BMS 模块认知

参考操作视频，按照规范作业要求完成比亚迪秦 EV 动力电池管理系统认知和 BMS 选配的操作步骤，并完成数据采集和记录。实训准备见表 1-2-4，比亚迪秦 EV 动力管理系统认知和 BMS 的匹配分别见表 1-2-5 和表 1-2-6。

表 1-2-4　实训准备

序号	设备及工具名称	数量	设备及工具是否完好
1	安全帽	1 套	□是 □否
2	耐磨手套	1 套	□是 □否
3	绝缘手套	1 套	□是 □否
4	一体化工具	1 套	□是 □否
5	电池举升平台	1 台	□是 □否
6	比亚迪秦 EV	1 辆	□是 □否
质检意见	原因：		□是 □否

表 1-2-5　比亚迪秦 EV 动力电池管理系统认知

序号	步　　骤	记录	完成情况
1	指出电池管理器 1. 按下车辆钥匙解锁按钮进入车内 2. 打开车辆前发动机舱盖 3. 在前发动机舱大支架下方找到电池管理器（BMC）并指出		已完成□ 未完成□
2	指出电池信息采集器 1. 拆下电池包并打开电池包上盖和保温石棉布 2. 选用一体化工具里面合适的棘轮、套筒，打松配电箱固定螺栓，将配电箱上盖取下 3. 找到 4 个电池信息采集器（BIC）并指出		已完成□ 未完成□
3	认识霍尔电流传感器	位置：	已完成□ 未完成□
4	认识充配电总成	位置：	已完成□ 未完成□
5	实训现场整理		已完成□ 未完成□
总结提升			已完成□ 未完成□
质检意见	原因：		已完成□ 未完成□

表 1-2-6　BMS 的匹配

序号	步　　骤	记录	完成情况
1	在选择 BMS 的时候，要匹配电动轿车的需求		已完成□ 未完成□
2	分布式 BMS 有较多的硬件，成本相对较高 集成式 BMS 可最大限度地减少硬件的数量，成本相对较低		已完成□ 未完成□
3	分布式 BMS 的各信息采集器之间通过 CAN 网络进行通信，可以减少线束的使用，每个模组上的柔性 PCB 对电池的电压、温度进行采集，同时也可进行被动均衡，对电池系统有更好的管控 集成式 BMS 增加了电池组中的线束的数量，同时，仅使用一块主控板管理整车的动力电池，将会导致接线比较复杂，且只能对电池组的信息进行采集，不能对每块电池都进行管理，安全性相对较弱。但集成式 BMS 结构简单，算法应用也相对简单		已完成□ 未完成□
4	两种 BMS 各有长处，视需求进行匹配		已完成□ 未完成□
总结提升			已完成□ 未完成□
质检意见	原因：		已完成□ 未完成□

评价反馈

1. 各组代表展示汇报 PPT，介绍任务的完成过程。
2. 请以小组为单位，对各组的操作过程与操作结果进行自评和互评，并将结果填入表 1-2-7 中的小组评价部分。
3. 教师对学生工作过程与工作结果进行评价，并将评价结果填入表 1-2-7 中的教师评价部分。

表 1-2-7　综合评价表

班级		组别		姓名		学号	
实训任务							
评价项目		评价标准				分值	得分
小组评价	计划决策	制定工作方案的合理可行，小组成员分工明确				10	
	任务实施	能够正确检查并设置实训工位				5	
		能够准备和规范使用工具设备				5	
		能够正确认知秦 EV 的动力电池管理系统				20	
		能够正确完成 BMS 的匹配				20	
		能够规范填写任务工单				10	
	任务达成	能按照工作方案操作，按计划完成工作任务				10	
	工作态度	认真严谨，积极主动，安全生产，文明施工				10	
	团队合作	小组组员积极配合，主动交流，协调工作				5	
	6S 管理	完成竣工检验，现场恢复				5	
		小计				100	
教师评价	实训纪律	不出现无故迟到、早退、旷课现象，不违反课堂纪律				10	
	方案实施	严格按照工作方案完成任务实施				20	
	团队协作	任务实施过程互相配合，协作度高				20	
	工作质量	能准确完成认知秦 EV 动力电池管理系统和匹配 BMS 的任务				20	
	工作规范	操作规范，三不落地，无意外事故发生				10	
	汇报展示	能准确表达，总结到位，改进措施可行				20	
		小计				100	
综合评分		小组评价分 ×50%+ 教师评价分 ×50%					
总结与反思							

（如：学习过程中遇到什么问题→如何解决的 / 解决不了的原因→心得体会）

新能源汽车动力电池
及管理系统检修

能力模块二
新能源汽车动力电池单体检修

任务一 完成动力电池单体分容

学习目标

- 了解单体电池分容的概念与作用。
- 掌握动力电池各参数的含义。
- 掌握单体电池正负极识别及电压测量的方法。
- 具备正确测算单体电池容量的能力。
- 具备正确测算单体电池恒流比的能力。
- 了解中材锂膜科技科研团队、设备供应商、中国建材集团攻克锂电池隔膜生产技术的事迹,感受其团结协作的工作态度。
- 在分工协作完成实训任务的过程中感受团队协作的重要性,树立团队意识。

知识索引

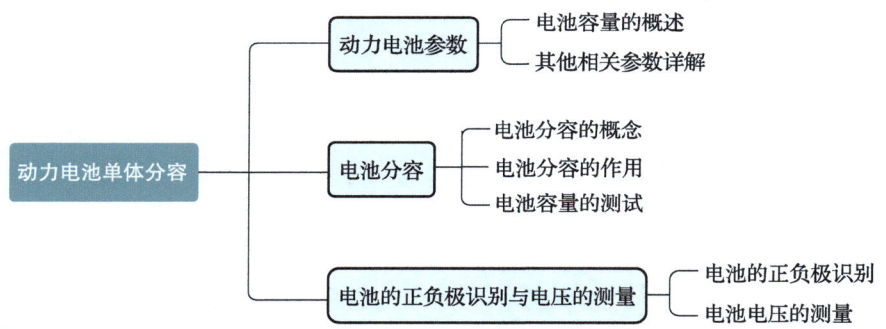

情境导入

供应链部门的同事给了你3家电池生产企业提供的电池样品,你作为一名电池助理工程师,需要完成对这3家企业提供样品的检测,并筛选出合适的电池。

获取信息

引导问题 1

请查阅相关资料，简述电池实际容量的概念，说明影响电池实际容量的主要因素。

_____
_____
_____

引导问题 2

动力电池有许多相关参数，这些参数会影响到电池甚至电动汽车的性能，请查阅相关资料，简述动力电池的功率密度会影响到电动汽车的什么性能，电池自放电又会影响电池的什么性能。

_____
_____
_____
_____

引导问题 3

请查阅相关资料，简述电池组的一致性指的是什么。

_____
_____
_____

动力电池参数

（一）电池容量的概述

电池容量概述见表 2-1-1。

表 2-1-1 电池容量概述

参数	含 义
标称容量	锂电池在不同的放电制度下所给出的电量不同，在这种未标明放电制度的情况下的电池实际容量称为标称容量
额定容量	在设计和生产电池时，规定电池在一定的放电条件下应该放出的最少电量
理论容量	设计生产出来的电池，假设其活性物质被 100% 利用时的容量称为理论容量
实际容量	按照规定条件，锂电池实际输出的容量称为锂电池的实际容量
设计容量	在设计锂电池时，考虑到各种影响因素后所采用的容量值叫作设计容量。设计容量一般都比额定容量大。一般情况下，电池的实际容量比设计容量多 10%，即设计额定容量为 100A·h 的电池，实际生产出来的电池容量是 110A·h

注：电池的额定容量是指电池在环境温度（23±2）℃、以 5h 倍率放电至终止电压所提供的电量，用 C_5 表示。
电池的实际容量主要受放电倍率和温度的影响。

（二）其他相关参数详解

能量密度（W·h/L 或 W·h/kg）：单位体积或单位质量电池释放的能量。如果是单位体积，即体积能量密度（W·h/L），大多数时候被直接简称为能量密度；如果是单位质量，就是质量能量密度（W·h/kg），很多地方也叫作比能量。

$$能量密度（W·h/kg）= 电压 \times 容量 / 质量$$

如一节锂电池的质量为 300g，额定电压为 3.7V，容量为 10A·h，则其能量密度为

$$3.7V \times 10A·h/0.3kg = 123W·h/kg$$

功率密度（W/L 或 W/kg）：将能量除以时间，便得到功率，单位为 W 或 kW。同样道理，功率密度是指单位质量（有时也叫作比功率）或单位体积电池输出的功率，单位为 W/kg 或 W/L。比功率是评价电池是否满足电动汽车加速性能的重要指标。

放电倍率（C-rate）：放电倍率是指在规定时间内放出其额定容量（Q）时所需要的电流值，它在数值上等于电池额定容量的倍数。即充放电电流（A）/额定容量（A·h），其单位一般用 C 表示，如 0.5C、1C、5C 等。比如，将一块容量 40A·h 的单体电池以 1C 倍率放电，即该电池以 40A 的电流放电 1h 即可释放完电量，2C 即以 80A 的电流放电 0.5h 可释放完电量。电池的放电倍率决定我们可以多长时间将电池里面的电量充满或释放完。

内阻：内阻是指电池在工作时，电流流过电池内部受到的阻力，包括欧姆内阻和极化内阻。欧姆内阻包括电极材料、电解液、隔膜电阻及各部分零件的电阻；极化内阻包括电化学极化电阻和浓差极化电阻。内阻的单位一般是毫欧（mΩ），内阻大的电池，在充放电的时候，内部功耗大，发热严重，会造成电池的加速老化和寿命衰减，同时也会限制大倍率的充放电应用。因此，内阻做得越小，电池的寿命和倍率性能就会越好。电池内阻的测量方法通常有交流和直流测试法。

电池自放电：电池自放电是指在开路静置过程中电压下降的现象。一般而言，电池自放电主要受制造工艺、材料、贮存条件的影响。自放电按照容量损失后是否可逆划分为两种，第一种是容量损失可逆，指经过再次充电过程容量可以恢复；第二种是容量损失不可逆，表示容量不能恢复。电池自放电原因分为物理原因（贮存条件、制造工艺、材料等）和化学原因（电极在电解液中的不稳定性、内部发生化学反应、活性物质被消耗等），电池自放电将直接降低电池的容量和贮存性能。

电池寿命：电池寿命分为循环寿命和日历寿命两个参数。循环寿命指的是电池可以循环充放电的次数。即在理想的温度、湿度下，以额定的充放电电流进行充放电，计算电池容量衰减到 80% 时所经历的循环次数。日历寿命是指电池在使用环境条件下，经过特定的使用工况，达到寿命终止条件（电池容量衰减到 80%）的时间跨度。日历寿命与具体的使用要求紧密结合，通常要规定具体的使用工况、环境条件、贮存间隔等。循环寿命是一个理论上的参数，而日历寿命更具有实际意义。但日历寿命的测算复杂，耗时长，所以一般电池厂家只给出循环寿命的数据。即目前市场上所有的新能源汽车共有的动力电池保修条款规定，8 年或 15 万 km 内，动力电池的衰减率不超过 20%（即保证动力电池在 8 年或 15 万 km 内，电池的容量在 80% 以上）。

电池组的一致性：电池组的一致性是指同一规格型号的单体电池在成组后，电池

组的电压、容量、内阻、寿命等性能有很大的差别。在电动汽车上使用时，性能指标往往达不到单体电池的原有水平。初始的不一致随着电池在使用过程中持续的充放电循环而累积，再加上电池组内各单体电池的使用环境也不尽相同，导致各单体电池状态出现更大的差异，在使用过程中差异逐步放大，从而在某些情况下使某些单体电池性能加速衰减，并最终引发电池组过早失效。动力锂电池组的性能决定于单体电池的性能，但绝不是单体电池性能的简单累加。单体电池性能不一致的存在使得动力锂电池组在电动汽车上进行反复使用时，出现各种问题而导致寿命缩短。

化成：化成是指电池制成后，要对电芯进行小电流充电，将其内部正负极物质激活，在负极表面形成一层钝化层——固体电解质界面（Solid Electrolyte Interface，SEI）膜，使电池性能更加稳定，这一过程被称为化成。电池经过化成后才能体现其真实的性能。化成过程中的分选过程能够提高电池组的一致性，使最终电池组的性能提高。化成容量是筛选合格电池的重要指标。

引导问题 4

请查阅相关资料，简述电池分容的过程。

_____
_____
_____

引导问题 5

请查阅相关资料，简述电池分容的作用。

_____
_____
_____

电池分容

（一）电池分容的概念

电池分容：简单理解就是容量分选、性能筛选分级。

锂离子电池分容时通过计算机管理得到每一个检测点的数据，从而分析出这些电池的容量和内阻等数据，确定锂离子电池的质量等级，即将动力电池分成 A、B 品电池，这个过程就是分容。锂离子电池首次分容后，需静置一段时间，一般不少于 15 天，在此期间，有些存在内在的质量问题的单体电池就会表现出来。

锂电池生产之后，虽然尺寸相同，但电池的容量是有差异的。因此，必须在设备上面按规定充满电，而后按规定的电流放电（放完）。放完电所用的时间乘以放电电流就是电池的容量。只有测试的容量满足或大于设计容量时，锂离子电池才是合格的，而小于设计容量的电池不能算是合格的电池。

（二）电池分容的作用

锂电池分容不仅有利于 SEI 膜的稳定，还能够缩短整个分容工序所花的时间，降低能耗的同时还能够提升效能；锂电池分容也是对电池进行分类编组的过程，在这个过程中会筛选出内阻和容量相近的单体电池，只有性能很接近的单体电池才能够组成电池组。

比如，动力电池组为了能够满足电动汽车的能量需求，一般需要数十支甚至是数千支电池组成。受到系统复杂性的影响，电池组的行为有其独特性，并不是单体电池做一个简单的加减法就能够获得电池组的性能的。

（三）电池容量的测试

关于电动汽车行业，根据 GB/T 31486—2015《电动汽车用动力蓄电池电性能要求及试验方法》，电池的额定容量是指室温下（23℃±2℃）电池以 1C 电流放电，达到终止电压时所放出的容量（A·h），其中 1C 为 1h 完全放电的放电电流，其数值等于电池包的容量，如 75A·h 的电池包以 1C 倍率放电，放电电流为 75A。电池容量测试方法如下：

1）（23±2）℃环境温度下，以 1C 的电流恒流充电至公司技术条件中规定的充电截止电压时转恒压充电，至充电截止电流降至 0.05C 时停止充电，充电后搁置 1h。例如，磷酸铁锂电池一般充电至 3.60V 转入恒压充电，三元锂电池在 4.20V 转入恒压充电模式。

2）（23±2）℃环境温度下，电池以 1C 的电流放电，直到放电至公司技术条件中规定的放电截止电压。例如，磷酸铁锂电池放电至 2.50V 为放电截止电压。

3）计量放电容量（以 A·h 计）和放电比能量（以 W·h/kg 计）。

4）重复 1）~3）的步骤 5 次，当持续 3 次试验结果的极差小于额定容量的 3%，可提前结束试验，取最后 3 次试验结果的平均值。

❓ 引导问题 6

请查阅资料，简述如何测量电池的电压。

_____

_____

_____

电池的正负极识别与电压的测量

（一）电池的正负极识别

方形电池的正负极在电池的上表面标有正极、负极标示，如图 2-1-1 所示。圆柱形电池未标注正负极，一般上表面有凸起为正极，下表面为负极，如图 2-1-2 所示。如遇标示损坏，正负极无法识别的特殊电池，可以用数字万用表检测并确定其正负极。锂离子电池正负极检测和电压测量步骤如下：

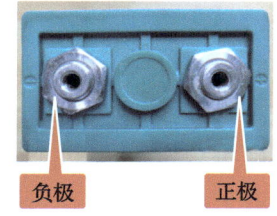

图 2-1-1　方形电池正负极

检测1：使用万用表测量圆柱形电池的正负极，万用表调至直流电压档，红表笔接触上表面，黑表笔接触下表面。测得电池电压为正数，则证明红表笔接触的为正极，黑表笔接触的为负极。若电压显示为负数，则恰好相反，如图2-1-3所示。

图2-1-2　圆柱形电池正负极

检测2：使用万用表测量方形电池的正负极，万用表调至直流电压档，将红、黑表笔分别接触上表面标有"+""-"符号旁的接线端。测得电池电压为正数，证明正极、负极判断正确。若电压显示为负数，则恰好相反，如图2-1-4所示。

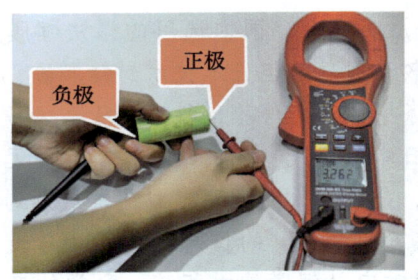

图2-1-3　测量圆柱形电池的正负极

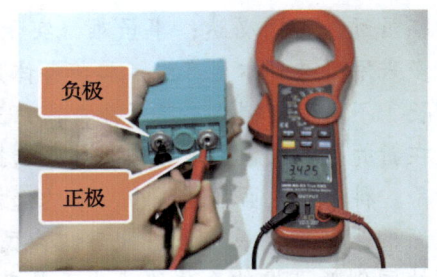

图2-1-4　测量方形电池的正负极

（二）电池电压的测量

确定正负极后，使用电池内阻测试仪测量电池的开路电压，红色表笔接在电池的正极，黑色表笔接在电池的负极。读取电池内阻测试仪上显示屏的读数即电池的电压。

电池的中值电压是指电池的SOC放电至50%时的电压，中值电压是衡量大电流放电、电池高倍率放电能力的重要指标。

峰值电压是指电池充电截止电压。如磷酸铁锂电池充电截止电压为3.65V、三元锂电池充电截止电压为4.25V等。注意：不同的电池生产企业生产的电池峰值电压会有偏差。

终止电压是指放电截止电压。如磷酸铁锂电池放电截止电压为2.50V、三元锂电池放电截止电压为2.75V等。

📖 拓展阅读

一颗单体电池无法让车辆运转起来，只有当许多颗单体电池通过种种方法联合在一起，组成一个动力电池，才能提供车辆运转所需要的能量。我们在日常的学习生活中也是如此，只有注重团结协作的精神，才能充分发挥自己的聪明才智，做出更大的贡献。

过去，锂电池的四大核心材料中的正负极材料、电解液都已国产化，唯独"隔膜"一直是短板。隔膜是锂电池结构中的关键内层组件之一，主要材质为多孔质高分子膜，对安全性、渗透性、孔隙度及厚度都有极为严苛的要求。一层薄膜，两重天地。受国外核心专利、技术壁垒、先进生产装备的限制，过去隔膜不仅是我国锂电池产业发展难以承受之痛，也一度成为我国新能源产业前进的桎梏。

基于对我国未来新能源产业的信心，以及作为央企肩负引领我国新材料产业发展的重任，面对当时主要被美国、日本、韩国等国家少数厂商垄断，代表全球最高技术水平、开发难度最大的湿法双向同步拉伸工艺技术，中材锂膜科研团队应对封锁、迎难而上。2011年，他们在南京建成首条年产720万m^2湿法双向同步拉伸隔膜中试生产线；2013—2014年，在南京，两条年产1000万m^2锂膜中试线接连投产运行。

基于锂膜对设备依赖程度极高，但我国设备生产商尚未能满足生产要求的现状，中材锂膜科研团队开始了寻觅之旅。然而，要寻找到一条能够适应自己已有技术和路线要求的生产线难上加难。

路虽远，行则必达；事虽难，实干必胜。当时，国内选用的湿法锂膜生产厂家多采用的是日本生产线，其装备体系较为成熟，但日本技术封锁严重、交货周期长、不采用定制化。基于此前南京三条中试线的经验，科研团队有很多想法希望在新的生产线上体现出来。如果选择日本生产线，他们跟在人家后面无法跑赢对手。科研团队面临着一个艰难的选择，是跟在人家后面走，还是从无到有、开发新的生产线。最终他们抱着"为民族工业争气"的信念，选择了与设备供应商协同创新开发的合作路线。正是基于对中材锂膜技术积淀、科学的产业发展规划及我国广阔的市场前景的认同，中国建材集团的全力支持与高瞻远瞩的战略决策，最终促成了当时世界上单线规模最大的锂电池隔膜生产线的建成。

在攻克锂电池隔膜生产技术难题的过程中，有数百个中材锂膜科研人日日夜夜的坚守，有设备供应商的协助，有中国建材集团对新材料产业转型的支持。正是由于这些团队与团队中的每一个人的**团结协作**，大家携手攻克了这个技术难关。在平时的学习与实践中，若是遇到一人无法克服的困难，不妨去寻求帮助，俗语云："一人计短，二人计长"，众志成城，总能攻克难关。

任务分组

学生任务分配表见表 2-1-2。

表 2-1-2　学生任务分配表

班级		组号		指导老师	
组长		学号			
组员角色分配					
信息员		学号			
操作员		学号			
记录员		学号			
安全员		学号			
任务分工					
（就组织讨论、工具准备、数据采集、数据记录、安全监督、成果展示等工作内容进行任务分工）					

工作计划

按照前面所了解的知识内容和小组内部讨论的结果,制定工作方案,落实各项工作负责人,如任务实施前的准备工作、实施中主要操作及协助支持工作、实施过程中相关要点及数据的记录工作等,工作计划表见表 2-1-3。

表 2-1-3　工作计划表

步骤	工作内容	负责人
1		
2		
3		
4		
5		
6		
7		
8		

进行决策

1. 各组派代表阐述资料查询结果。
2. 各组就各自的查询结果进行交流,并分享技巧。
3. 教师对各组的计划方案进行点评。
4. 各组长对组内成员进行任务分工,教师确认分工是否合理。

任务实施

引导问题 7

扫描二维码观看视频,了解电池分容仪的作用,使用电池分容仪测算单体电池的容量和恒流比,筛选出合格的电池并简述操作要点。

【微课】使用电池分容仪测算单体电池的容量和恒流比

参考操作视频,按照规范作业要求完成使用电池分容仪测算单体电池的容量和恒流比的操作步骤,筛选出合格的电池并完成数据采集和记录,见表 2-1-4 和表 2-1-5。

表 2-1-4　实训准备

序号	设备及工具名称	数量	设备及工具是否完好
1	单体电池	1 套	□是 □否

（续）

序号	设备及工具名称	数量	设备及工具是否完好
2	分容仪	1 台	□是 □否
3	连接线束	1 套	□是 □否
质检意见	原因：		□是 □否

表 2-1-5　使用电池分容仪测算单体电池的容量和恒流比

序号	步　　骤	记录	完成情况
1	使用前请连接好 220V 电源线束，并打开通断开关		已完成□ 未完成□
2	在三通道中使用连接线束连接需要被分容的单体电池		已完成□ 未完成□
3	开机进入桌面后，在客户端软件的文件目录下，双击"ExtremeTest.exe"文件，将启动 ExtremeTest		已完成□ 未完成□
4	打开客户端后，默认显示"测试"界面，显示连接到本机中的采样器。菜单栏中有测试、校准、分容配组、设备管理、数据管理、系统 6 个菜单，单击菜单栏中各图标后将切换到对应功能窗口		已完成□ 未完成□
5	在菜单栏中单击"分容配组"切换到分容配组界面，默认显示"分容"标签页		已完成□ 未完成□
6	选择分容设备：在设备列表中勾选采样器号前的复选框，被选采样器将参与此次分容操作		已完成□ 未完成□
7	设置分容条件：在"分容类型"下拉菜单中选择分容参数类型，设置参数的最小值、最大值及等份数，单击"确定"按钮，将该分容条件添加到分容条件设置表中，允许同时设置多个分容参数作为分容条件，此时多个分容参数为逻辑"与"的关系		已完成□ 未完成□
8	单击"分容"按钮，执行分容操作，弹出分容结果界面，单体电池的容量也会存在于显示屏上		已完成□ 未完成□
9	数据管理 　　提供搜索历史数据，查看历史数据，以及打开本地数据文件等操作。在菜单栏中单击"数据管理"图标，切换到数据管理窗口。再查找我们所需的数据——恒流充电容量和恒流、恒压充电总容量。再根据数据算出恒流比：恒流充电容量 / 恒流、恒压充电总容量		已完成□ 未完成□
10	根据分容结果区分不同的单体电池		已完成□ 未完成□
11	实训现场整理		已完成□ 未完成□
总结提升			已完成□ 未完成□
质检意见	原因：		已完成□ 未完成□

评价反馈

1. 各组代表展示汇报 PPT，介绍任务的完成过程。
2. 请以小组为单位，对各组的操作过程与操作结果进行自评和互评，并将结果填入表 2-1-6 中的小组评价部分。
3. 教师对学生工作过程与工作结果进行评价，并将评价结果填入表 2-1-6 中的教师评价部分。

表 2-1-6 综合评价表

班级			组别		姓名		学号	
实训任务								
评价项目			评价标准				分值	得分
小组评价	计划决策		制定工作方案的合理可行，小组成员分工明确				10	
	任务实施		能够正确检查并设置实训工位				5	
			能够准备和规范使用工具设备				5	
			能够正确测算单体电池的容量				20	
			能够正确测算单体电池的恒流比				20	
			能够规范填写任务工单				10	
	任务达成		能按照工作方案操作，按计划完成工作任务				10	
	工作态度		认真严谨，积极主动，安全生产，文明施工				10	
	团队合作		小组组员积极配合，主动交流，协调工作				5	
	6S 管理		完成竣工检验，现场恢复				5	
	小计						100	
教师评价	实训纪律		不出现无故迟到、早退、旷课现象，不违反课堂纪律				10	
	方案实施		严格按照工作方案完成任务实施				20	
	团队协作		任务实施过程互相配合，协作度高				20	
	工作质量		能准确完成使用电池分容仪测算单体电池的容量和恒流比的任务				20	
	工作规范		操作规范，三不落地，无意外事故发生				10	
	汇报展示		能准确表达，总结到位，改进措施可行				20	
	小计						100	
综合评分			小组评价分 ×50%+ 教师评价分 ×50%					
总结与反思								

（如：学习过程中遇到什么问题→如何解决的/解决不了的原因→心得体会）

任务二 检测动力电池单体一致性

学习目标

- 了解电池不一致性的表现与成因。
- 掌握动力电池的配组方法。
- 掌握锂电池的放电制度。
- 具备使用电池内阻测试仪检测单体电池的电压和内阻的能力。
- 具备对动力电池进行配组的能力。
- 了解多种对动力电池进行配组的方法,感受从多角度入手解决问题的思维方式,培养多元化思维的能力。

知识索引

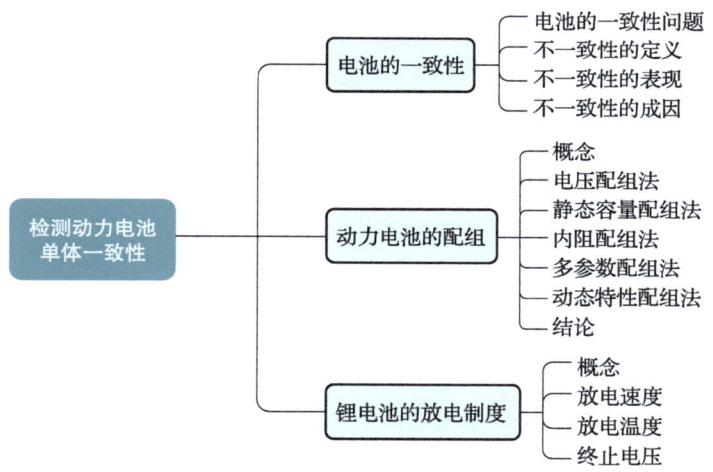

情境导入

对于 3 家电池供应商提供的电池样品,主管要求你去分别甄别这 3 种电池样品的一致性并对动力电池进行配组。

获取信息

引导问题 1

请查阅相关资料，写出什么是电池的一致性问题，电池的一致性问题会引发什么问题。

_____
_____
_____

引导问题 2

请查阅相关资料，写出判断电池不一致性的参数有哪些。

_____
_____

电池的一致性

（一）电池的一致性问题

电池作为新能源汽车的动力电源使用时，因为新能源汽车有高功率、大容量的需求，单体锂离子电池并不能满足要求，所以需要对锂离子电池进行串、并联组合使用。电池串联是为了增加电池组的电压，电池并联是为了增加电池组的容量。

综上所述，在组成动力电池组时需要将多个单体电池进行串联或者并联才能达到汽车实际性能需求，而动力电池组中各个单体电池之间会存在一些差异，称之为一致性问题。并且随着单体电池数量的增加，电池一致性问题尤为突出。电池的一致性问题会引起电池容量衰减过快、使用寿命缩短、电池组性能和安全性降低、车辆续驶里程减少等一系列问题，电池的一致性问题成为动力电池发展的瓶颈。因此选择性能尽可能一致的电池用来成组，对锂离子电池在动力电池中的应用具有重要意义。

（二）不一致性的定义

锂离子电池组的不一致性就是指同一规格、型号的单体电池组成电池组后，其电压、容量、内阻、寿命、温度、自放电率等参数存在一定的差别。

单体电池在制造过程中，由于技术、材料等因素影响，生产出来的电池初始性能本身就存在一定差异。随着电池的使用，这些性能差异不断累积，同时各单体电池在电池组内的使用环境不完全相同，也导致了单体电池的不一致性逐步放大，从而加速电池性能衰减，并最终引发电池组过早失效。

（三）不一致性的表现

锂离子电池不一致性主要表现在两个方面：单体电池性能参数（电池容量、内阻和自放电率等）的差异和电池荷电状态（SOC）的差异。

模组内的单体电池内阻一般满足正态分布规律，即电池组的使用环境不一样（驾驶员暴力驾驶、高温环境或极寒环境等），电池组的自放电率也因此遵循正态分布的规律，表现为模组内电池内阻大的单体电压相较内阻小的单体电压低，其温度相较于内阻小的单体高。电池组的 SOC 表征就是电池容量小的单体更容易到达放电截止或充电截止状态。这些表现称为电池的不一致性的表现。

（四）不一致性的成因

锂离子电池出现不一致性问题的原因很多，主要是在制造过程和使用过程中产生的。制造过程的每个环节例如配料时浆料的均匀度、涂布时面密度及表面张力的控制等都会影响单体电池性能的差异。

在电池的使用过程中，电池的连接方式和结构件、使用工况和环境都会给电池组一致性带来影响。电池的正负极焊接点所消耗的能量不一致，每个元器件或结构件的性能以及老化速率等也都不一致，因此对电池的影响也不一致。另外，电池中每个单体电池所处位置不同，温度不同，性能衰减也不同，这些因素都会使单体电池的不一致得到放大。

  引导问题 3

请查阅相关资料，写出对电池进行配组时要注意的事项。
_____
_____
_____

  引导问题 4

请查阅相关资料，写出动力电池有什么配组方法，哪些方法比较全面。
_____
_____
_____

动力电池的配组

（一）概念

动力电池的配组主要是指对电池进行分选，电池组采用统一规格、型号的电池，并且要对电池的电压、容量、内阻等进行测定，保证电池初始性能的一致性。

单体电池的电压差异是影响电池组充放电末期各单体电池的一致性的重要因素，而单体电池的内阻差异则造成了电池组充放电过程中各单体电池的电压平台出现较大差别。另外，通过研究放电倍率对电池配组一致性的影响发现，随着放电倍率的增大，电池的不一致性得到了放大。因此在动力电池配组过程中要考虑到这些因素，电池管理系统要引入均衡管理系统（主动均衡和被动均衡）。温度也是影响动力电池发挥最佳性能的因素之一，因此在电池管理系统中加入电池热管理，将电池组的工作温度保持在最优的范围，还要尽量保证电池之间温度条件的一致，从而有效地保证各电池性能的一致性。电池包在输出功率允许的情况下，尽量减小电池放电深度，同时，避免电池过充电，可延长电池组的循环寿命。加强对电池组的维护，间隔一定时间对电池组进行小电流维护性充电，主要目的就是触发电池管理系统中的被动均衡。

（二）电压配组法

最简单直接的配组方法是电压配组法，具体可分为静态电压配组法和动态电压配组法。静态电压配组法又叫作空载配组法，不带负载，只考虑电池本身，测量被筛选单体电池在静置15天后满电荷状态贮存的自放电率以及满电荷状态下不同贮存期内电池的开路电压，此方法操作最简单，但不准确。动态电压配组法考察带负载时的电压情况，但没有考虑到负载变化等因素，因此也不准确。

（三）静态容量配组法

在设定的条件下对电池进行充放电，由放电电流和放电时间来计算容量，按容量大小对电池进行配组，这种配组方法被称作静态容量配组法。这种方法简便易行，但它只能说明电池在特定条件容量相同，不能说明电池的完整工作特性，有一定的局限性。

（四）内阻配组法

这种配组方法主要考虑单体电池的内阻，该方法能够实现快速测量，但是因为电池的内阻会随放电过程的进行而改变，要进行内阻的准确测定有一定的难度。

（五）多参数配组法

考虑容量、内阻、电压、自放电率等多个外部条件对电池综合评定，这就是多参数配组法，这种配组方法可以分选出一致性较好的电池组。但这种方法的前提是单参数分选时要准确，同时耗时过长。

（六）动态特性配组法

动态特性配组法是利用电池的充放电特性曲线来分选电池进行配组。充放电曲线能够体现电池的大部分特性，利用动态特性配组法能够保证电池各种性能指标的一致性。动态特性配组法数据多，通常需要计算机程序配合实现。此外，这种方法会导致电池的配组利用率降低，不利于降低电池组成本。标准曲线或基准曲线的确定也是其实施过程中的难点。

（七）结论

单体电池配组时，单参数配组法由于考虑的因素太少，不具有实际应用价值。多参数配组法和动态特性配组法相对较全面。

注意：

引起电池一致性差的原因有制造和使用两个方面，作为电池助理工程师无法改变制造因素引起的一致性差，但可以通过科学的配组方法提高电池的一致性，匹配有更多冗余设计的电池管理系统，延长电池的使用寿命。

车企判断电池一致性好坏的方法是在电池的SOC为10%的时候进行配组。

引导问题 5

请查阅相关资料，简述电池的放电制度的概念。

_____
_____

锂电池的放电制度

（一）概念

电动汽车所规定的放电速度、放电温度和电池终止电压，称为电池的放电制度。

（二）放电速度

电动汽车的电池放电速度即电池的放电倍率，用 C 表示，是以放电时间的长短或放电电流大小来表示电池的放电速度，即在规定时间内或以恒定的电流值，将电池放完全部的额定容量。

（三）放电温度

放电温度即电池放电时所处的环境。在电池放电开始或充电开始时的温度称为初始温度。一般情况车企都会在温度为（23±2）℃的环境下进行电池充电或放电测试。

（四）终止电压

终止电压是指电池达到放电截止条件时，终止给电池放电。终止电压可以有效保护电动汽车的使用寿命，防止电池过放电。过放电导致的后果非常严重，会引起电池负极活性降低甚至损失，从而导致电池的使用寿命和电池性能降低。

终止电压为电池在负载状态下保证电池不出现过放电的情况下可以达到的最低电池电压。终止电压受电池的放电倍率和放电环境影响，一般来说，放电电流越大，放电时间就越短，终止电压越低；反之亦然；环境温度越低，终止电压就越低。

任务分组

学生任务分配表见表 2-2-1。

表 2-2-1 学生任务分配表

班级		组号		指导老师	
组长		学号			
组员角色分配					
信息员		学号			
操作员		学号			
记录员		学号			
安全员		学号			
任务分工					
（就组织讨论、工具准备、数据采集、数据记录、安全监督、成果展示等工作内容进行任务分工）					

工作计划

按照前面所了解的知识内容和小组内部讨论的结果,制定工作方案,落实各项工作负责人,如任务实施前的准备工作、实施中主要操作及协助支持工作、实施过程中相关要点及数据的记录工作等,工作计划表见表 2-2-2。

表 2-2-2 工作计划表

步骤	工作内容	负责人
1		
2		
3		
4		
5		
6		
7		

进行决策

1. 各组派代表阐述资料查询结果。
2. 各组就各自的查询结果进行交流,并分享技巧。
3. 教师对各组的计划方案进行点评。
4. 各组长对组内成员进行任务分工,教师确认分工是否合理。

任务实施

引导问题 6

扫描二维码观看视频,了解如何使用电池内阻测试仪检测单体电池的电压和内阻,掌握电池的配组,简述操作要点。

【微课】使用电池内阻测试仪检测单体电池的电压和内阻

参考操作视频,按照规范作业要求完成使用电池内阻测试仪检测单体电池的电压和内阻的操作步骤,掌握电池的配组方法,并完成数据采集和记录,见表 2-2-3 和表 2-2-4。

表 2-2-3 实训准备

序号	设备及工具名称	数量	设备及工具是否完好
1	单体电池	1 套	□是 □否
2	电池内阻测试仪	1 台	□是 □否
3	绝缘手套	1 双	□是 □否
质检意见	原因:		□是 □否

表2-2-4　使用电池内阻测试仪检测单体电池的电压和内阻

序号	步　　骤	记录	完成情况
1	取出电池内阻测试仪，调整到便于观察的位置（仪器手柄可以调节，双手同时握住手柄两侧，向两侧轻拉，然后旋转手柄。手柄可以调节到4个位置）		已完成□ 未完成□
2	连接电源线和测试表笔（使用触发式测量表笔）		已完成□ 未完成□
3	按下左下角的电源开关等待开机并放置15min预热		已完成□ 未完成□
4	开机后按下【Meas】键，进入【测量显示】页面 测量显示页面主要用来显示测量结果和分选结果，该页面上可以对4个常用功能进行设置，它们包括： 触发——触发方式 量程——测试量程 速度——测试速度 讯响——比较器报警讯响		已完成□ 未完成□
5	根据需要将触发方式调成内部触发（按【Meas】键进入测量页面；使用光标选择【触发】字段；使用功能键选择触发方式——内部触发）		已完成□ 未完成□
6	量程选择为标称量程（按【Meas】键进入测量页面或按【Setup】键进入设置页面；使用光标选择【量程】字段；使用功能键选择标称量程）		已完成□ 未完成□
7	标称值的输入（进入设置页面，使用光标选择【电阻标称】或【电压标称】字段；使用数字键输入数据，使用功能键选择单位。电阻标称值为1.2Ω，电压标称值为3.2V）		已完成□ 未完成□
8	测试速度选择快速（按【Meas】键进入测量页面或按【Setup】键进入设置页面；使用光标选择【速度】字段；使用功能键选择快速）		已完成□ 未完成□
9	讯响设置为允许合格讯响和不合格讯响（讯响功能只有在比较器功能打开后才有效。设置讯响：进入测量显示页面；使用光标选择【讯响】字段；使用功能键选择允许合格讯响和不合格讯响）		已完成□ 未完成□
10	当调试完成后需要短路校标清零（按【Setup】键进入设置页面；短接测试表笔；使用功能键选择【短路清零】键；单击【确定】后仪器开始清零；清零完成后返回到设置页面）		已完成□ 未完成□
11	返回测量显示页面后使用测试表笔对应的单体电池正负两极柱，此时测量显示页面会显示被测单体电池的电压和内阻		已完成□ 未完成□
12	**实训现场整理**		已完成□ 未完成□
总结提升			已完成□ 未完成□
质检意见	原因：		已完成□ 未完成□

评价反馈

1. 各组代表展示汇报 PPT，介绍任务的完成过程。
2. 请以小组为单位，对各组的操作过程与操作结果进行自评和互评，并将结果填入表 2-2-5 中的小组评价部分。
3. 教师对学生工作过程与工作结果进行评价，并将评价结果填入表 2-2-5 中的教师评价部分。

表 2-2-5　综合评价表

班级			组别		姓名		学号	
实训任务								
	评价项目		评价标准				分值	得分
小组评价	计划决策		制定工作方案合理可行，小组成员分工明确				10	
	任务实施		能够正确检查并设置实训工位				5	
			能够准备和规范使用工具设备				5	
			能够正确使用电池内阻测试仪检测单体电池的电压和内阻				20	
			能够正确对动力电池进行配组				20	
			能够规范填写任务工单				10	
	任务达成		能按照工作方案操作，按计划完成工作任务				10	
	工作态度		认真严谨，积极主动，安全生产，文明施工				10	
	团队合作		小组组员积极配合，主动交流，协调工作				5	
	6S 管理		完成竣工检验，现场恢复				5	
			小计				100	
教师评价	实训纪律		不出现无故迟到、早退、旷课现象，不违反课堂纪律				10	
	方案实施		严格按照工作方案完成任务实施				20	
	团队协作		任务实施过程互相配合，协作度高				20	
	工作质量		能准确完成使用电池内阻测试仪检测单体电池的电压和内阻的任务				20	
	工作规范		操作规范，三不落地，无意外事故发生				10	
	汇报展示		能准确表达，总结到位，改进措施可行				20	
			小计				100	
综合评分			小组评价分 × 50%+ 教师评价分 × 50%					
总结与反思								

（如：学习过程中遇到什么问题→如何解决的 / 解决不了的原因→心得体会）

任务三 完成动力电池充放电测试

学习目标

- 了解动力电池循环寿命测试的意义。
- 掌握分析动力电池充放电异常情况的方法。
- 掌握动力电池 SOC 和 SOH 的概念与测量方法。
- 具备搭建电池放电电路,并按照技术参数要求对其进行放电测试的能力。
- 具备搭建电池充电电路,并按照技术参数要求对其进行充电测试的能力。
- 了解吉利公司的企业文化,感受创新精神的重要性。

知识索引

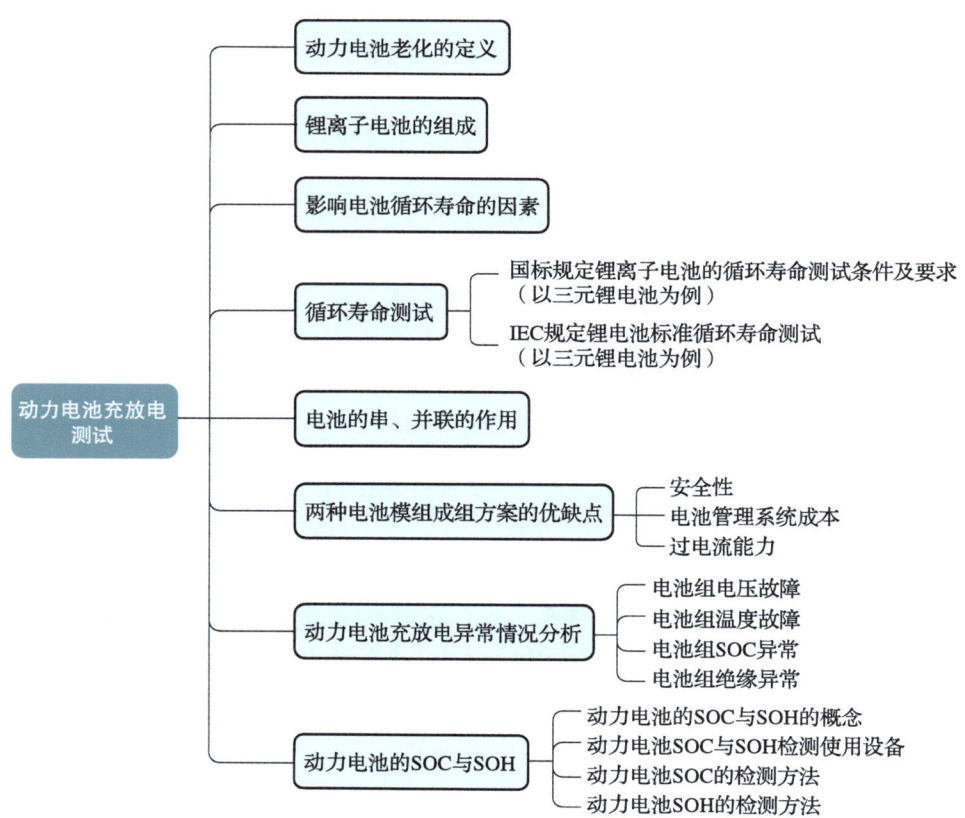

📖 情境导入

你测试了 3 家供应商提供的单体样品,并对这 3 家供应商配组后的电池包进行了充放电测试,如何做好这 3 家供应商提供的动力电池的测试报告?

📧 获取信息

❓ 引导问题 1

请查阅相关资料,简述电池的循环寿命是什么,以及电池的老化会带来什么影响。

_____
_____
_____

动力电池老化的定义

电池老化指的是电池装配注液完成后第一次充电化成后的放置,分为常温老化和高温老化两种,用途是使电池初次充电后形成的 SEI 膜的性质和组成能够稳定。常温老化的温度为 25℃,高温老化的温度各厂不同,有的厂用 38℃,也有的厂用 45℃,老化的时间为 48~72h。

老化的目的有两个,一是让电池内的电解液充分地浸润,二是让正负极活性物质中的某些活跃成分通过一定的反应失活,使得电池整体性能表现更为稳定。大部分电池企业为了使得这个进程加快,采取高温老化,但是高温老化要注意控制时间和温度,因为高温老化会比常温老化对活性物质出现更多的劣化作用,控制得好,活跃成分完全反应,电池特性表现稳定,控制不好,反应过度,会导致电池的电学性能下降,容量降低,内阻增高,甚至可能发生漏液等状况。

高温老化后的电池性能更稳定,绝大多数锂离子电池厂家生产过程中都取高温老化的操作方式,温度 45~50℃老化 1~3 天,然后常温搁置。高温老化后电池潜在的不良现象会暴露出来,如电压变化、厚度变化、内阻变化等,这些变化都直接关系这批电池的安全和电化学性能综合指标。

电池的循环寿命是衡量电池性能的一个重要参数。在一定的放电制度下,电池的容量降至一定的阈值前(不低于 80%),电池所能承受的充放电循环次数,称为电池的循环寿命。随着电池的充放电循环次数的增加,电池内部氧化引起电池的内阻增加,导致电池储存的电量逐步减少,直到电池的寿命终止,这就是电池的极化现象。电池的极化可分为电化学极化、浓差极化和欧姆极化三种。

电化学极化也称为活化极化，是正负极活性物质发生的电化学反应速率小于电子运动速率引起的极化，响应时间是微秒级的。

浓差极化是反应物消耗引起电极表面得不到及时补充或某种产物在电极表面积累，不能及时疏散。如氢在电池正极的积累，导致电极电势偏离通电前按总体浓度计算的平均值，响应时间是秒级。

欧姆极化是电解液、电极材料、隔膜的电阻以及各种组成零件之间存在的接触电阻所引起的极化，是瞬时发生的。

以上3种极化是电化学反应的阻力。电池的内阻为欧姆内阻、电化学极化内阻与浓差极化内阻之和。

前面提及，在实际的使用过程中需要将大量的单体电池串、并联成组以满足车辆对功率和能量的需求。单体电池制造过程中导致的初始性能不一致以及模组内各单体电池的工作条件不一致，使得电池组内各单体电池的衰退路径和衰退速度具有一定的差异性，因此各单体电池的容量、内阻和工作的环境温度等不一致将随电池的极化而逐渐加大。

在锂离子电池使用过程中，电池的极化现象是不可避免的，这会导致电池的性能出现一定程度的衰减，造成电动汽车的舒适性降低，例如容量衰减导致车辆续驶里程缩水严重，加大用户对新能源汽车的里程焦虑，又或者电池内阻的增大导致车辆的动力性变差。锂离子电池的容量变化（一年期）见表2-3-1。

表2-3-1 锂离子电池的容量变化（一年期）

温度/℃	充电40%（%）	充电100%（%）
0	98	94
25	96	85
40	85	65
60	75	55

此外，电池极化后，若仍以原来的控制策略和控制阈值对其进行充放电管理，电池性能有可能出现加速衰减，甚至是断崖式下跌，这将显著缩短电池使用寿命，增大电池的安全隐患，加大电动汽车的使用成本。例如电池的极化会导致车辆的动力学性能变差，充电接受能力变弱，若持续以原来的大电流倍率对其进行充电可能会导致负极析锂，造成电池容量加速衰减，并且析出的金属锂将持续生长，形成锂枝晶，可能会刺破隔膜，进而造成电池内部短路，引发热失控等具有严重危害性的安全事故。

请查阅相关资料，写出锂离子单体电池由哪些部分组成。

_____

_____

_____

引导问题 3

请查阅相关资料,写出在充放电过程中,锂离子单体电池中发生了怎样的变化。

_____
_____
_____

锂离子电池的组成

锂离子电池是以锂离子嵌入化合物为正极材料的电池的总称。锂离子电池因正、负极材料不同而性能有所差异,常用的正极材料有钴酸锂、锰酸锂、镍钴锰酸锂(俗称三元锂电池)、磷酸铁锂等材料;负极材料主要有碳材料,还有在研发的锡基、硅基合金类等材料。目前,电动汽车的动力源来自车辆底盘上安装的动力电池包,电池包的组成如图 2-3-1 所示。锂离子单体电池结构基本相同,主要由正极、负极、隔膜、电解液和壳体等组成。以圆柱形锂离子电池为例,单体电池组成结构如图 2-3-2 所示。

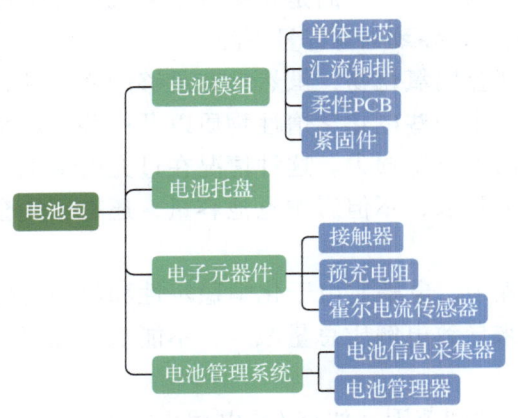

图 2-3-1 电池包的组成

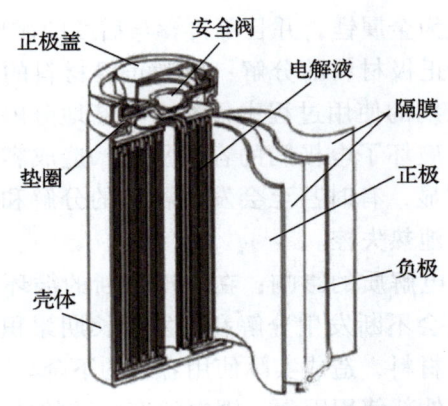

图 2-3-2 锂离子单体电池组成结构

1. 正极

正极材料在锰酸锂电池中以锰酸锂为主,磷酸铁锂电池中以磷酸铁锂为主,在镍钴锂电池中以镍钴锂为主,在镍钴锰锂电池中以镍钴锰锂为主。

2. 负极

负极材料由碳材料与黏合剂的混合物加上有机溶剂调和制成糊状,并在铜基体上涂覆薄层而成。

3. 隔膜

隔膜是放置于两极之间隔离电极的装置,可以避免两极上的活性物质直接接触而造成电池内部的短路,但可以让带电 Li^+ 通过微孔膜形成通路。大多是使用聚乙烯(PE)、聚丙烯(PP)或由 PP+PE+PP 三层复合而成的材料制成的多烯微孔膜。

4. 电解液

电解液是由一种或几种碳酸酯类溶剂组成,溶解有六氟磷酸锂($LiPF_6$)、高氯酸锂（$LiClO_4$）、六氟硼酸锂（$LiBF_4$）等溶质的有机电解液。

5. 壳体

壳体包括电池外壳、盖板、极耳、绝缘片、绝缘胶带等。其中，电池外壳可分为钢壳、铝壳、镀镍铁壳（圆柱形电池使用）、铝塑膜（软包装）等，盖板可分为正极盖和负极盖，是电池的正负极引出端。

> **引导问题 4**
>
> 请查阅相关资料，写出影响电池循环寿命的因素有哪些。
> _____
> _____
> _____

影响电池循环寿命的因素

金属锂的沉积：这种情况一般发生在电池负极表面，锂离子在迁移到负极表面时，部分锂离子没有进入负极活性物质形成稳定的化合物，而是获得电子后沉积在负极表面成为金属锂，并且不再参与后续的循环过程，导致电池容量下降。

正极材料的分解：作为正极材料的含锂金属氧化物，虽然具有足够的稳定性，但在长期的使用过程中仍然会不断地分解，产生一些电化学惰性物质以及一些可燃性气体，破坏了电极间的容量平衡，造成容量的不可逆损失。这种情况在过充电情况下尤为明显，有时甚至会发生剧烈的分解和气体释放，不但影响电池容量，还有可能会造成电池热失控。

电解质的影响：在电池不断的循环过程中，电解质由于化学稳定性和热稳定性的局限会不断发生分解和挥发，长期累积下来导致电解质总量减少，不能充分地浸润正负极材料，造成实际使用容量的下降。

外部使用因素：锂电池有合理的使用条件和范围，如充/放电截止电压、充/放电倍率、工作温度范围、贮存温度范围等。但是在实际使用中超出允许范围的滥用情况非常普遍，长期的不合理使用会导致电池内部发生不可逆的化学反应，造成电池机理的破坏，加速电池的老化，造成循环寿命的迅速下降，严重时还会造成安全事故。

影响锂电池循环寿命的因素有很多，但其内在的根本原因还是参与能量转移的锂离子数量在循环的过程中不断减少。

> **引导问题 5**
>
> 请查阅相关资料，写出按照国标规定的锂离子电池的循环寿命测试条件及要求，电池的循环次数需要大于多少次，循环结束后，电池的容量需要保证有多少。
> _____
> _____
> _____

循环寿命测试

循环次数是一个电池所经历的完整充电和放电的次数,依据实际放电容量与设计容量来估计。每当累积的放电容量等于设计容量时,则循环次数1次。通常在500次充放电循环后,完全充电的电池容量会下降10%~20%。

(一)国标规定锂离子电池的循环寿命测试条件及要求(以三元锂电池为例)

电池在(23±2)℃的环境温度下,用1C的充电倍率以恒流恒压的充电制度充电150min,再以1C的恒流的放电倍率放电至2.75V的终止电压为1个循环。当有一次放电时间小于36min时,试验结束。电池的循环次数必须大于300次。此标准是针对电池深度充电、深度放电方式进行的,按照此模式,电池循环300次后,电池的容量保证有60%。实际上,不同的循环制度得到的循环次数是截然不同的,比如以上其他的条件不变,仅把4.2V的恒压电压改为4.1V的恒压电压,对同一个型号的电池进行循环寿命测试,那就已经不是深度充电方式了,最后测试得到循环寿命可以提高近60%。如果把终止电压提高到3.9V进行测试,其循环次数应该可以增加数倍。

(二)IEC规定锂电池标准循环寿命测试(以三元锂电池为例)

电池以0.2C的放电倍率放电至3.0V,1C的充电倍率恒流恒压充电至4.2V(截止电流为20mA)后搁置1h,电池再以0.2C的放电倍率放电至3.0V(1个循环),反复测试500个循环后,电池的容量保持在60%以上。

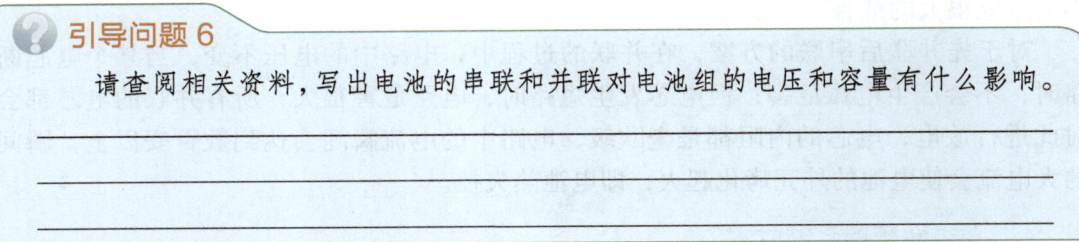

引导问题6

请查阅相关资料,写出电池的串联和并联对电池组的电压和容量有什么影响。

_____
_____
_____

电池的串、并联的作用

动力电池是新能源汽车的动力电源,由于新能源汽车负载端(驱动电机、电源DC/DC变换器、压缩机等部件)的工作电压比较高,单靠一块电池并不能满足需求,所以需要对锂离子电池进行串联或并联后再串联组合使用。电池串联可以增加电池组的工作电压,并联可以增加电池组的容量。同时,主机厂在设计车辆时还需要考虑能量转化率。若电池的工作电压过低,要保证车辆的正常工作就必须增加工作电流,随着新能源汽车工作电流的增加,在高压电缆上的以热量形式损失的能量就越多,因此有些主机厂为了减少热量损失,会将新能源汽车的工作电压提高。如2017款的比亚迪E5(650V)、唐DM(720V)等。

由于电池生产企业提供的电池不能满足每个主机厂的每款车型的需求,因此对于长续驶里程的版本的车型则需要增加电池的容量,而电池并联是为了增加电池组的容量。当然各个主机厂都有自己的技术标准,有些主机厂会做成先并联后串联的电池包,也有主机厂做成先串联后并联的电池包。

> **引导问题 7**
>
> 前面曾提及动力电池的包有3种组成方式：串联而成的包、先串联后并联的包和先并联后串联的包。以先串联后并联和先并联后串联两种组成方式最为常见，请查阅相关资料，写出这两种组成方式各自的优缺点。
>
> _____
>
> _____

两种电池模组成组方案的优缺点

电池模组成组先串联后并联和先并联后串联2种方案各自有什么优缺点呢？

（一）安全性

对于整个动力电池系统来讲，电芯故障有两个极端情况：短路、断路。

先串联后并联：由于在串联的过程中，电路中的电压逐步增加，当某个电芯断路时，电池包的电压不变，但断路的电芯所在支路不参加工作，整个电池包的内阻增加，容量减小。断路电芯两端有可能形成高压电，有可能产生电弧危害；当电芯短路时，此电芯所在支路仍可以继续工作，电压会降低，使其他支路进行放电，系统中的电流减小，不会造成很大的危害。

对于先并联后串联的方案，在并联的过程中，电路中的电压不变，当某个电芯断路时，不会产生电弧危害；但电芯发生短路时，电路危害很大，所有并联的电芯都会对此进行放电，电芯的内阻都是毫欧级，电路中的电流瞬间会达到数百安以上，瞬间的大电流会使电池的外壳烤化起火，即电池热失控。

（二）电池管理系统成本

先串联后并联需要更多的电压、温度采集传感器，线束、BMS通道多，成本高；先并联后串联，多个单体并联后可以采集一个电压和温度，BMS通道相对简单，数量少，成本相对较低。

（三）过电流能力

主要针对有快充需求或高功率需求时要重点考虑的因素。先串联后并联的系统过电流能力强，先并联后串联的系统过电流能力不容易提高。

先串联后并联与先并联后串联成组方案优劣势对比见表2-3-2。

表2-3-2 两种成组方案的优劣势对比

成组方案	可靠性	安全性	电芯管理成本	过电流能力
先串联后并联	低	电弧	高	高
先并联后串联	高	热失控风险	低	低

引导问题 8
请查阅相关资料，简述动力电池充放电过程中会出现哪些方面的异常情况。

引导问题 9
请查阅相关资料，简述收到单体电池电压过低故障报警时应如何处理。

引导问题 10
请查阅相关资料，简述收到电池组温度传感器异常偏高故障报警时应如何处理。

引导问题 11
请查阅相关资料，简述收到电池组 SOC 异常变动故障报警时应如何处理。

引导问题 12
请查阅相关资料，简述收到电池组绝缘值过低故障报警时应如何处理。

动力电池充放电异常情况分析

（一）电池组电压故障

电池组电压异常可分为单体电压过高、单体电压过低、电池压差过大三种故障。当出现上述任意故障时，电池管理系统（BMS）均会做出相应处理动作，以保护电池组正常、安全运行。

电池组电压异常检查与处理方法如图 2-3-3 所示。

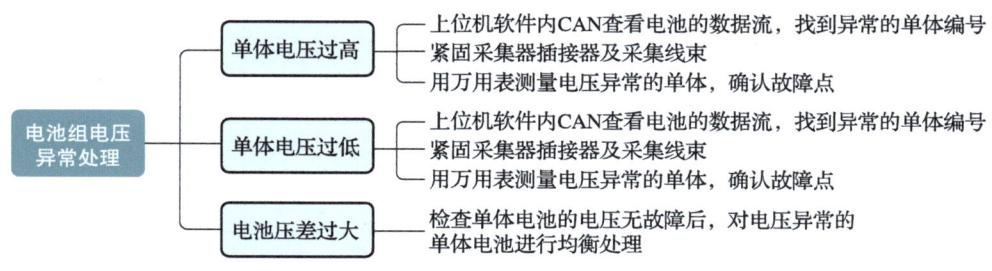

图 2-3-3　电池组电压异常检查与处理方法

（二）电池组温度故障

电池组温度异常可分为电池组温度过高、电池组温差过大、电池组温度传感器异常偏高、电池组温度传感器异常偏低四种故障。当出现上述任意故障时，电池管理系统均会做出相应处理动作，以保护电池组正常、安全运行。

电池组温度异常检查与处理方法如图 2-3-4 所示。

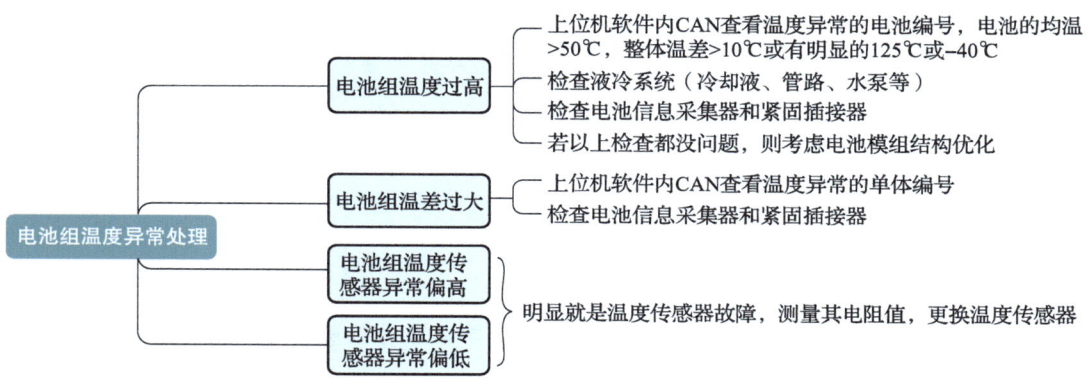

图 2-3-4　电池组温度异常检查与处理方法

（三）电池组 SOC 异常

电池组 SOC 异常可分为电池组 SOC 过低、电池组 SOC 异常变动两种故障。当出现上述任意故障时，电池管理系统均会做出相应处理动作，以保护电池组正常、安全运行。

电池组 SOC 异常检查与处理方法如图 2-3-5 所示。

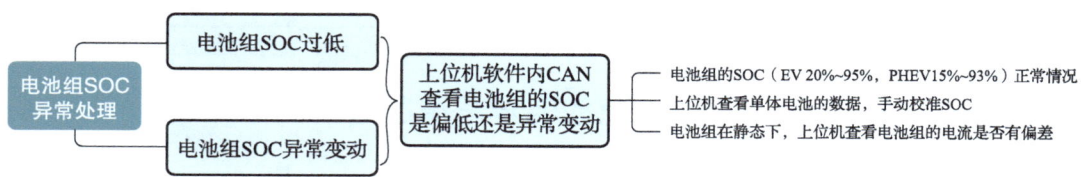

图 2-3-5　电池组 SOC 异常检查与处理方法

（四）电池组绝缘异常

电池组绝缘异常可分为电池组绝缘值低、负载端绝缘值低两种情况引起的故障。当出现上述任意故障时，电池管理系统均会做出相应处理动作，以保护电池组正常、安全运行。

电池组 SOC 异常检查与处理方法如图 2-3-6 所示。

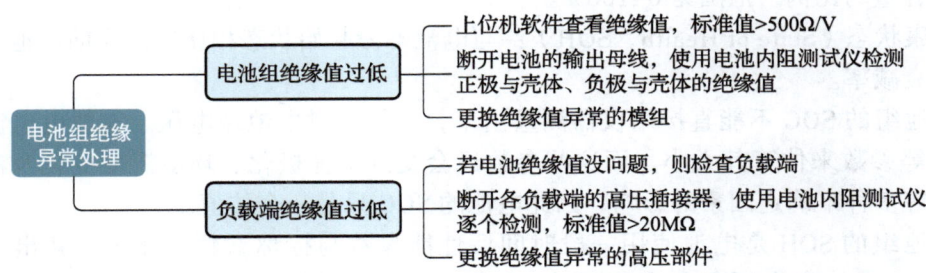

图 2-3-6　电池组 SOC 异常检查与处理方法

引导问题 13

请查阅相关资料，简述动力电池的 SOC 与 SOH 是否可以直接测量，以及 SOH 值减小说明什么。

_____

_____

引导问题 14

请查阅相关资料，写出进行动力电池的 SOC 与 SOH 检测使用的设备有哪些。

_____

_____

引导问题 15

请查阅相关资料，写出一种 SOC 估算方法，并简述其优缺点。

_____

_____

引导问题 16

请查阅相关资料，写出一种 SOH 估算方法，并简述其优缺点。

_____

_____

动力电池的 SOC 与 SOH

（一）动力电池的 SOC 与 SOH 的概念

在对动力电池行业术语的介绍中，我们了解了 SOC 和 SOH 的基本概念，接下来，我们回忆一下这两个概念。

荷电状态（State of Charge，SOC）：荷电状态是指电池剩余的电量占电池完全充电状态容量的比例，范围为 0~100%。

健康状态（State of Health，SOH）：与电池寿命起始状态相比较的当前电池状态，即电池衰减率。

电池组的 SOC 不能直接用仪器测量出来，只能通过电池端电压、充放电电流及电池内阻等参数来估算其大小。而这些参数还会受到电池极化、环境温度变化及汽车行驶状态等多种不确定因素的影响，因此电池的 SOC 只是一个估值。

电池组的 SOH 是电池使用一段时间后性能参数与标称参数的比值，新出厂电池 SOH 为 100%，完全报废电池 SOH 为 0。SOH 是电池从满充状态下以一定的倍率放电到终止电压所放出的容量与其所对应的标称容量的比值，简单地理解为电池的极限容量大小。电池的内阻与 SOH 存在一定的关系。SOH 越低，电池内阻越大，通过检测电压、电流、温度等数据，间接计算出电池的内阻值，然后根据 SOH 与电池内阻的关系，计算求得 SOH。

电池组的 SOH 值越小，说明电池组的储电能力就越差，那么驾驶员体验到的是电动汽车的续驶里程降低以及 SOC 下降的速度明显过快。

（二）动力电池 SOC 与 SOH 检测使用设备

动力电池 SOC 与 SOH 检测使用的设备主要有电子负载仪、动力电池包、电池分容仪、万用表、充放电控制盒等。

（三）动力电池 SOC 的检测方法

动力电池的充放电过程是个复杂的电化学变化过程，由于电池剩余电量受到动力电池的基本特征参数（工作电流、端电压、容量、温度、内部压强、内阻和充放电循环次数）和动力电池使用特性因素的影响，所以测定电池组的荷电状态（SOC）具有一定的困难。目前关于电池组电量的研究，较简单的方法是将电池组等效为一个单体电池，通过测量电池组的电流、电压、内阻等外界参数，找出 SOC 与这些参数的相关关系，以间接地检测电池的 SOC 值。应用过程中，为确保电池组的使用安全和使用寿命，常使用电池组中性能最差的单体电池的 SOC 来定义电池组的 SOC。常用于对单体电池 SOC 的检测方法有以下几种。

1. 放电实验法

放电实验法的原理是以恒定的电流使电池处于不间断的放电状态，当放电到达终止电压时对所放电量进行计算。放电电量值为放电时所采用的恒定电流值与放电时间的乘积值。放电实验法经常用在实验室条件下检测电池的荷电状态，目前，许多电池厂商也采用放电实验法进行电池的测试。

它的显著优点是方法简单，估算精度相对较高。其缺点也很突出：不可以带负载测量，测量需要占用大量的时间，并且放电测量时，必须中断电池之前进行的工作状态，使电池置于脱机状态，不能在线测量。行驶中的电动汽车电池一直处于工作状态，其放电电流并不恒定，此法不适用于汽车动力电池。但放电实验法可在电池检修和参数模型的确定中使用。

2. 安时计量法

安时计量法是最常用的 SOC 检测方法，其原理是电池在不同电流下的放电电量等价为某个具体电流下的放电电量，其主要思想是 Peukert 方程。由此，得到以下等效放电电量公式：

$$SOC = SOC_0 - \frac{1}{C_N}\int_0^\tau \eta I \mathrm{d}t \qquad (2-1)$$

式中，SOC_0 表示电池充放电的起始状态；C_N 表示额定容量；τ 表示充放电时间；η 表示充放电效率，不是常数；I 表示电池充放电电流，$I>0$ 对应电池放电状态，$I<0$ 对应电池充电状态。

安时计量法的原理是关注该系统的外部特征，在电量估算过程中，只关心电池充入与放出的电量。安时计量法采用积分法实时计算电池充入与放出的电量，通过长时间记录与计算电池的电量，最终可得到电池在某一时刻所剩余电量。该方法容易实现，但没有从电池内部得到电池 SOC 与充放电电量的关系，只是记录充放电电量，从而会导致电池 SOC 累计误差，结果精度较低，而且该方法不能确定电池的初始电量值。综合考虑电池 SOC 的影响因素，进行电量补偿，可以适当提高安时计量法的精度。其常规检测模型如图 2-3-7 所示。

3. 开路电压法

开路电压法的原理是电池长时间充分静置后的各项参数相对稳定，此时的开路电压与电池荷电状态间的函数关系也是相对比较稳定的。若想获得电池的荷电状态值，只需测得电池两端的开路电压（OCV），并对照 OCV-SOC 曲线来获取相应信息，如图 2-3-8 所示。

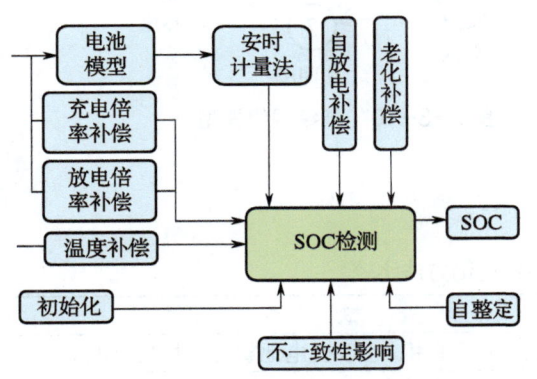

图 2-3-7　安时计量法常规检测模型

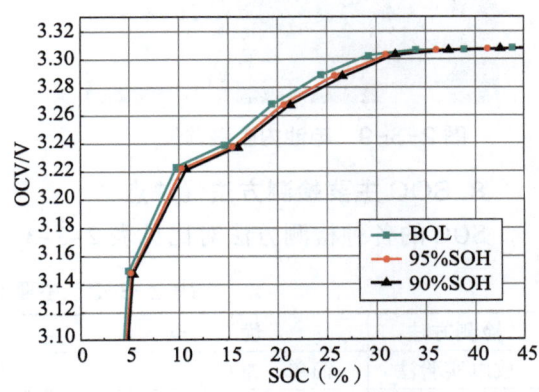

图 2-3-8　OCV-SOC 曲线

4. 线性模型法

线性模型法的原理是基于 SOC 变化量 ΔSOC、电流 I、电压 U 和上一个时间点 SOC 值，建立线性方程，其方程如下：

$$\Delta SOC(i) = \beta_0 + \beta_1 U(i) + \beta_2 I(i) + \beta_3 SOC(i-1) \qquad (2-2)$$

式中，β_0、β_1、β_2、β_3 均为利用参考数据，是通过最小二乘法得到的系数，没有特别的物理意义。

线性模型法适用于低电流、SOC 缓变的情况。

5. 内阻测量法

内阻测量法的原理是用不同频率的交流电激励电池，测量电池内部交流电阻，并通过建立的计算模型得到 SOC 检测值。该方法测量得到的电池荷电状态反映了电池在某特定恒流放电条件下的 SOC 值。电池 SOC 和内阻不存在一一对应的关系，不可能用数学来准确建模。因此，该方法很少用于电动汽车。图 2-3-9 是电池内阻测试仪。

6. 卡尔曼滤波法

该方法的基本原理是将噪声与信号的状态空间模型作为算法模型，在测量时，应用当前时刻的观测值与上一时刻的估计值，对状态变量的估算进行更新。该系统的输入项有电池电流、电池剩余容量、环境温度、欧姆内阻、极化内阻等变量，系统的输出为电池的工作电压。由于电池等效模型确定为非线性方程，在计算过程中要线性化。卡尔曼滤波法对锂电池荷电状态进行估计的实质是安时计量法，同时用测量的电压值来对初步预测得到的值进行修正。

7. 神经网络法

神经网络法应用于锂电池荷电状态检测的原理是将大量相对应的电压、电流等外部数据以及电池的荷电状态数据作为训练样本，通过神经网络自身学习过程中输入信息的正向传播和误差传递的反向传播反复进行训练和修改，当检测的荷电状态在设计要求的误差范围内时，通过输入新的数据来得到电池的荷电状态检测值，如图 2-3-10 所示。

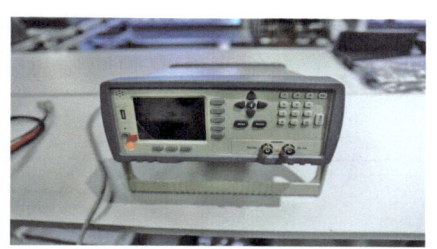

图 2-3-9 电池内阻测试仪

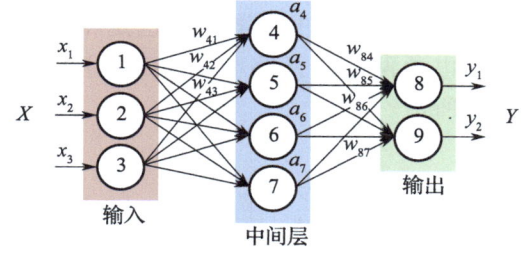

图 2-3-10 神经网络模型

8. SOC 主要检测方法优缺点

SOC 的各种检测方法对比见表 2-3-3。

表 2-3-3 主要 SOC 检测方法比较

检测方法	优　　点	缺　　点
放电实验法	简单、准确	离线情况下适用，会改变电池状态，损失电池能量
安时计量法	简单、准确、在线测量	需要准确地测量电流，无法计算初始电量值，对副反应较敏感，开环方法有累计误差
开路电压法	简单、准确、在线测量	只适用于静态条件下，电池需要长时间静置才能得到准确值
线性模型法	在线测量	只适用于静态条件下，电池需要长时间静置才能得到准确值
内阻测量法	准确	对温度较敏感、计算量大
卡尔曼滤波法	准确、在线测量	需要一个合适的电路模型，计算量大、需要大存储空间、耗时较长
神经网络法	准确、在线测量	计算量大、耗时长、需要大存储空间、需要训练样本

（四）动力电池 SOH 的检测方法

SOH 描述的是电池长期变化情况。SOH 的检测不需要连续进行，多数情况下，只要定期检测就可以，检测的周期取决于不同应用。SOH 以百分比的形式表现了当前电池的容量能力。随着电池的使用，电池在不断老化，SOH 逐渐降低，在标准 IEEE 1188—2005 中有明确规定，当动力电池的容量能力下降到 80% 时，即 SOH 小于 80% 时，就应该更换电池。目前，SOH 检测的方法有以下几种。

1. 直接放电法

直接放电法是让单体电池进行一个完全的放电循环，测试放出的电量，与新电池的标称容量进行比较。目前这是业内公认的最可靠方法。例如，用 0.1C 倍率放电，直至达到终止电压。放电过程大概需要 10 h。

2. 电压法

电压法是将 2.5V 的单体电池充电至充电截止电压，电压乘以容量得到充电的电量，就可算出电池的容量，对比电池的额定容量，可以估算出电池的 SOH。

3. 内阻法

内阻法是通过建立内阻与 SOH 之间的关系来估算 SOH，电池内阻和 SOH 之间存在确定的对应关系，可以简单地描述为随电池使用时间的增长，电池内阻在增加，将影响电池容量，从而可以估算 SOH。对 SOH 进行了如下重新定义：

$$\mathrm{SOH} = \frac{R_{\mathrm{now}} - R_{\mathrm{new}}}{R_{\mathrm{oid}} - R_{\mathrm{new}}} \times 100\% \qquad (2-3)$$

式中，R_{now} 为电池当前的内阻；R_{new} 为电池出厂时的内阻；R_{oid} 为当电池容量下降到 80% 时电池的内阻（寿命终结内阻）。

SOH 分布在 0~100%，一块新电池的 SOH 为 100%，报废电池的 SOH 为 0。

4. 电化学阻抗分析法

电化学阻抗分析法的主要原理是向电池施加多个不同频率的正弦信号，然后运用模糊理论对已采集到的数据信息分析，预测电池的当前性能，以获取此款电池的特性。使用电化学阻抗分析法前，需要做大量的数据采集与分析，而且还需要关于阻抗及阻抗谱的理论知识，除此之外，器材造价也较为高昂，故实际运用很少。

5. 模型法

模型法的主要原理是分析电池内部所发生的化学反应，以此为基础建立电池的模型，并用此模型来计算电池容量的衰减量，来得出电池的 SOH。当量子力学这一学说应用到化学动力学之后，化学反应这一微观过程有了新的论证，从而形成了过渡状态理论。这种方法需要认真分析电池内部化学反应，并知道电池相关的固有参数，如活化焓、活化熵等，而且运用之前也需要做大量关于电池寿命的试验，工作量大，故实际运用很少。

6. 电压曲线模型法

电压曲线模型法估算 SOH 原理如图 2-3-11 所示。

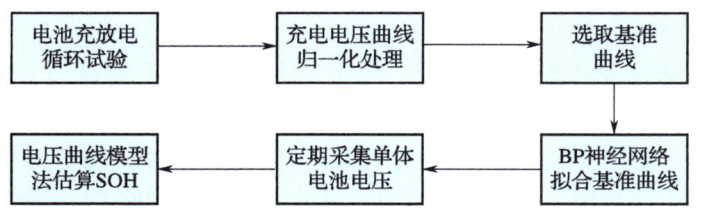

图 2-3-11　电压曲线模型法估算 SOH 原理

7. SOH 主要检测方法优缺点

SOH 的各种检测方法对比见表 2-3-4。

表 2-3-4　主要 SOH 检测方法比较

估算方法	优　点	缺　点
直接放电法	简单、准确	离线情况下适用，耗时长
内阻法	简单、在线测量	准确测量电池内阻也比较困难，估算结果不准确
电压法	简单、准确	离线情况下适用，耗时长
电化学阻抗分析法	简单、准确、在线测量	数据采集与分析复杂、成本高
模型法	在线测量	难度较大、耗时较长、试验量大
电压曲线模型法	准确、成本低	算量大、耗时长、需要大存储空间

📖 拓展阅读

　　本章节要求同学们能够搭建电池充放电电路，并按照技术参数要求进行充放电测试。这就对我们的动手能力与**创新精神**提出了要求。适逢此处，我想向大家介绍一下吉利汽车的创新精神。

　　吉利的创新精神，离不开其创始人李书福。李书福曾说，自己从小就热爱创新发明，造汽车之前就自己造相机、还发明了踏板摩托车。在进入技术密集型的汽车行业后，李书福在创业之初便以半个技术人员的身份投身自家工厂，有时候为了搞明白一个问题，在车间一泡就是一整天。现在，李书福不仅是优秀的企业家，也是正高级经济师、高级工程师。以李书福为第一发明人的专利有 1000 多件，李书福作为唯一发明人的专利有 100 多件。

　　吉利集团的创新主要体现在观念上。开发汽车时，李书福就认为，中国汽车的价格是畸形的，与国外相比，中国的吃穿用品几乎没有一样比别人的贵，只有汽车例外。当时的意大利人，年收入可买两三辆车，而当时的中国人，5 年省吃俭用也买不到一辆车。这其中正孕育着发展的机会，所以他提出了设计 4 万元左右的轿车。但以吉利集团的实力，显然没法与跨国企业和合资企业全面对抗，那么还不如先走一步占据他们最没有竞争力的低端市场。于是李书福就提出这样一个制造理念：建造一个适度规模的汽车生产线，专门生产大汽车公司不愿生产、而又是国内普通百姓实现汽车梦迫切需要的那种轿车。

　　创新精神成就了如今的吉利，我们在日常的生活与工作中也应当主动思考，将理论知识与实践活动结合起来，培养发现问题、分析问题和解决问题的能力。

任务分组

学生任务分配表见表 2-3-5。

表 2-3-5　学生任务分配表

班级		组号		指导老师	
组长		学号			
组员角色分配					
信息员		学号			
操作员		学号			
记录员		学号			
安全员		学号			
任务分工					
（就组织讨论、工具准备、数据采集、数据记录、安全监督、成果展示等工作内容进行任务分工）					

工作计划

按照前面所了解的知识内容和小组内部讨论的结果，制定工作方案，落实各项工作负责人，如任务实施前的准备工作、实施中主要操作及协助支持工作、实施过程中相关要点及数据的记录工作等，工作计划表见表 2-3-6。

表 2-3-6　工作计划表

步骤	工作内容	负责人
1		
2		
3		
4		
5		
6		
7		
8		

进行决策

1. 各组派代表阐述资料查询结果。
2. 各组就各自的查询结果进行交流，并分享技巧。
3. 教师对各组的计划方案进行点评。
4. 各组长对组内成员进行任务分工，教师确认分工是否合理。

新能源汽车动力电池及管理系统检修　　姓名　　　　班级　　　　日期

任务实施

引导问题 17

扫描二维码观看视频，了解动力电池 SOC 与 SOH 的测量，并简述操作要点。

_____
_____

【微课】动力电池包充放电性能测试

参考操作视频，按照规范作业要求完成测量动力电池 SOC 与 SOH 的操作步骤，完成数据采集并记录，见表 2-3-7 和表 2-3-8。

表 2-3-7　实训准备

序号	设备及工具名称	数量	设备及工具是否完好
1	动力电池	1 套	□是□否
2	分容仪	1 台	□是□否
3	连接线束	1 组	□是□否
质检意见	原因：		□是□否

表 2-3-8　动力电池 SOC 与 SOH 的测量

序号	步　骤	记录	完成情况
1	仓位 3 开关适用于线夹式的锂电池充放电性能检测。测试前先打开仓位 3 开关，如开关灯亮起，即准备就绪。然后连接好被测试动力电池，再打开上位机软件开始检测		已完成□ 未完成□
2	连接好分容仪的 220V 设备电压		已完成□ 未完成□
3	打开通断开关（从下往上推）		已完成□ 未完成□
4	开机成功后在桌面双击所需要的程序文件（ExtremeTest.exe）		已完成□ 未完成□
5	打开客户端后，默认显示"测试"界面，显示连接到本机中的采样器		已完成□ 未完成□
6	采样器中的信息有： ①采样器号：采样器的编号 ②电压量程：采样器最大可输出、输入的电压 ③电流量程：采样器最大可输出、输入的电流 ④采样频率：表示采样器采样数据的最高频率，1Hz 表示 1s 采样 1 条电压、电流数据 ⑤风扇转速：显示采样器中所有风扇当前的转速。当且仅当采样器带有风扇测速功能时才显示风扇转速，否则将不予显示 ⑥报警灯：监控采样器当前的状态，有 3 种级别，分别用红色、橙色、绿色标识。红色为最高级别，表示问题最严重；橙色次之；绿色表示采样器处于正常状态		已完成□ 未完成□

（续）

序号	步　　骤	记录	完成情况
7	通道状态分为 4 种：空闲状态，用蓝色表示；暂停状态，用黄色表示；保护状态，用正红色表示；运行状态又因命令类型不同而用不同的颜色表示，绿色背景表示充电过程，粉色背景表示放电过程，紫色背景表示搁置 ①通道号：通道在采样器中的编号 ②命令类型：当前运行命令的类型 ③命令号：当前命令在测试流程中的命令编号 ④循环：当前正在执行的循环数，"1"表示最内层循环 ⑤单命令运行时间：当前命令已执行的时间 ⑥电压：通道两端的实时电压 ⑦电流：通道两端的实时电流 ⑧容量：当前命令的累积容量 ⑨能量：当前命令的累积能量		已完成☐ 未完成☐
8	①用鼠标左键单击通道，出现红色边框时，表示该通道已被选中 ②如若需要选取不连续的多个通道，按住 Ctrl 键并用鼠标左键逐个单击通道即可选中该通道 ③如若需要选取连续的多个通道，按住鼠标左键并拖动鼠标，则可选中拖动区域框内的所有通道 ④使用 Ctrl+A 键可选中所有通道 ⑤双击设备列表中的采样器节点将选中采样器下的所有通道		已完成☐ 未完成☐
9	①选定通道→右键单击→"开始（S）"，弹出"测试流程设置"界面 ②"测试流程设置"界面用于设置测试流程、记录条件、安全保护条件等信息 ③每个流程最多可设 400 个命令，执行结束命令后，测试自行停止。锂电池一般为先恒流充电（电流 0.6A，电压 4.2V），当达到设定的电压值时改为恒压充电（电压 4.2V，电流 0.05A）。然后搁置一段时间（5min）再恒流放电（电压 3V，电流 0.5A）。最后搁置 5min 后循环指令 100 次 ④在"流程设置表"内，可对命令行进行"插入""删除""清空""复制""粘贴"操作 ⑤通过在流程设置表中单击鼠标右键可完成以上操作 ⑥在主通道中选取时间变化量并设置 10s，在保护条件中选取电压上限和电压下限并分别设置为 4.25V 和 2.8V。操作全部完成后单击保存 ⑦启动工步程序并开始测试，启动成功后，所有的记录数据默认保存在 ET_DS/recordfile 文件夹下		已完成☐ 未完成☐
10	充放电测试结束后可以在通道页面和实时数据中查找动力电池的 SOC 和 SOH 值		已完成☐ 未完成☐
11	**实训现场整理**		已完成☐ 未完成☐
总结提升			已完成☐ 未完成☐
质检意见	原因：		已完成☐ 未完成☐

📝 评价反馈

1. 各组代表展示汇报 PPT，介绍任务的完成过程。
2. 请以小组为单位，对各组的操作过程与操作结果进行自评和互评，并将结果填入表 2-3-9 中的小组评价部分。
3. 教师对学生工作过程与工作结果进行评价，并将评价结果填入表 2-3-9 中的教师评价部分。

表 2-3-9 综合评价表

班级		组别		姓名		学号	
实训任务							
评价项目		评价标准			分值		得分
小组评价	计划决策	制定工作方案的合理可行，小组成员分工明确			10		
	任务实施	能够正确检查并设置实训工位			5		
		能够准备和规范使用工具设备			5		
		能够正确设置分容仪的数据			20		
		能够正确测量动力电池的 SOC 与 SOH			20		
		能够规范填写任务工单			10		
	任务达成	能按照工作方案操作，按计划完成工作任务			10		
	工作态度	认真严谨，积极主动，安全生产，文明施工			10		
	团队合作	小组组员积极配合，主动交流，协调工作			5		
	6S 管理	完成竣工检验，现场恢复			5		
		小计			100		
教师评价	实训纪律	不出现无故迟到、早退、旷课现象，不违反课堂纪律			10		
	方案实施	严格按照工作方案完成任务实施			20		
	团队协作	任务实施过程互相配合，协作度高			20		
	工作质量	能准确完成使用分容仪测量动力电池的 SOC 与 SOH 的任务			20		
	工作规范	操作规范，三不落地，无意外事故发生			10		
	汇报展示	能准确表达，总结到位，改进措施可行			20		
		小计			100		
综合评分		小组评价分 ×50%+ 教师评价分 ×50%					
总结与反思							

（如：学习过程中遇到什么问题→如何解决的 / 解决不了的原因→心得体会）

新能源汽车动力电池
及管理系统检修

能力模块三
新能源汽车动力电池包检修

任务一　检修动力电池包绝缘故障

学习目标

- 掌握动力电池包绝缘检测的意义。
- 掌握动力电池包绝缘检测的方法。
- 掌握动力电池包绝缘检测的注意事项。
- 具备完成比亚迪秦EV动力电池包的绝缘检测操作的能力。
- 了解实训中可能存在的安全问题，明确职业道德中的敬业精神在实际操作中的重要性。

知识索引

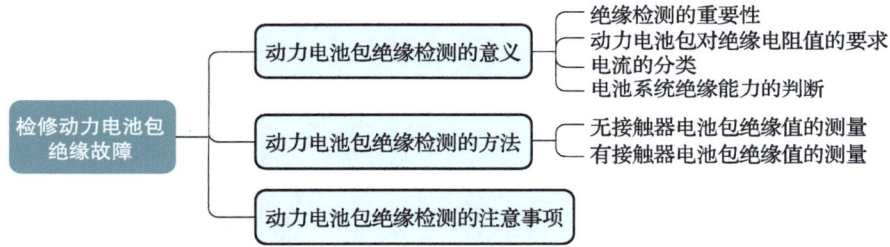

情境导入

动力电池经过实验室内的测试后安装在试装车上进行整车测试，动力电池装车后上电出现绝缘故障，你作为一名电池测试助理工程师需要协助主管处理此故障。

获取信息

引导问题1

请查阅相关资料，简述目前电动汽车工作环境中的哪些因素会破坏绝缘层。

_____

_____

引导问题 2

请查阅相关资料,写出在最大工作电压下,直流电路和交流电路绝缘阻值的最小值应至少大于多少。
_____
_____
_____

引导问题 3

请查阅相关资料,简述致命电流的定义。
_____
_____
_____

引导问题 4

请查阅相关资料,简述如何判断电池系统绝缘能力的高低。
_____
_____
_____

动力电池包绝缘检测的意义

(一)绝缘检测的重要性

电动汽车的动力系统是一个高电压、大电流的电路。在正常情况下,高压系统是一个封闭的系统,对车体是完全绝缘的。电动汽车工作环境复杂,车辆的振动、高温环境、湿度的急剧变化、酸碱气体的腐蚀有可能会使电动汽车的绝缘层遭到破坏,使整车绝缘性能下降,导致车体漏电。

在漏电情况下,动力电池的正、负极引线会通过绝缘层与车辆的底盘构成漏电流回路,使车辆的底盘电位拉升,影响低压电器和车辆上ECU的正常工作。而且现在电动汽车的工作电压通常在400~500V,有些主机厂已推出800V高压系统,如果发生绝缘问题,可能危及驾驶员和乘客的人身安全。2018款比亚迪E5电池包如图3-1-1所示。

图 3-1-1 2018款比亚迪E5电池包

(二)动力电池包对绝缘电阻值的要求

根据GB/T 3805—2008《特低电压(ELV)限值》可知,一定电压作用下,通过人体电流的大小与人体电阻有关（在有触电保护装置的情况下，人体允许通过的电流为 30mA），一般在干燥、无外伤情况下人体的电阻约为 2000Ω。因此可以得知，直流电压大于 60V 会对人体造成电击伤害。电动汽车的动力电池是高压、高能量存储装置，在无任何防触电保护情况下，对人员伤害极大。

由国际电工标准可知，人体没有任何感觉的电流安全阈值是 2mA。这就要求如果人或其他物体构成动力电池系统（或"高电压"电路）与地（车身）之间的外部电路，最坏的情况下泄漏电流不能超过 2mA，即人直接接触电气系统任一点的时候，流过人体的电流应当小于 2mA 才认为车辆绝缘合格。因此，在电动汽车的开发中，要注意高压电气系统的绝缘设计，严格控制绝缘电阻值，使泄漏电流在安全的范围内。

GB 18384—2020《电动汽车安全要求》第 5.1.4.1 条规定：在最大工作电压下，直流电路绝缘电阻应不小于 100Ω/V，交流电路应不小于 500Ω/V。如果直流和交流的 B 级电压电路可导电的连接在一起，则应满足绝缘电阻不小于 500Ω/V 的要求，或者如果交流电路至少使用了一种 5.1.4.1 规定的附加防护方法，则组合电路应至少满足 100Ω/V 的要求。

（三）电流的分类

根据电流对人体的身体机能反应和伤害程度，触电电流可分为感知电流、摆脱电流、心室颤动电流（也称致命电流）。电流的分类如图 3-1-2 所示。

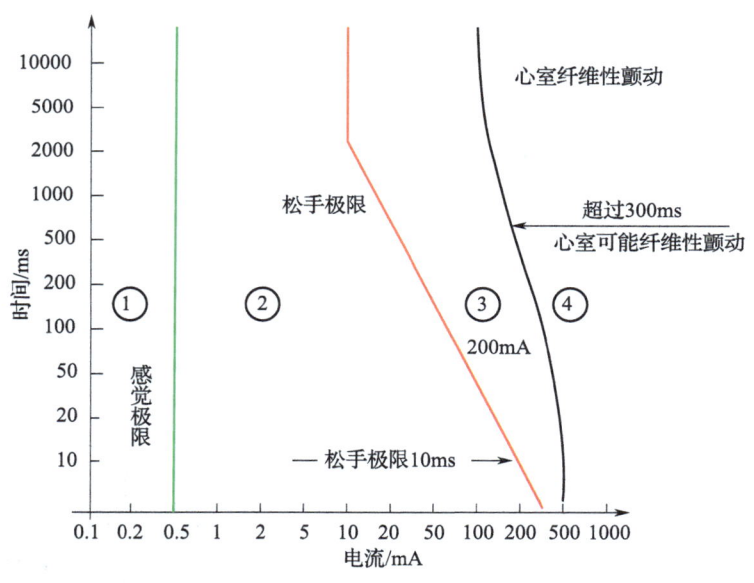

图 3-1-2　电流的分类

1. 感知电流

感知电流指引起人的感觉的最小电流。成年男性的感知电流约 1.1mA，成年女性的感知电流约 0.7mA。

2. 摆脱电流

人触电后能自行摆脱电极的最大电流称为摆脱电流。对于不同的人，摆脱电流值也不相同。摆脱电流值与个体生理特征、电极形状、电极尺寸等因素有关。成年男性的摆脱电流平均约为 16mA，最小摆脱电流约为 9mA。成年女性的摆脱电流平均约为 10.5mA，最小摆脱电流约为 9mA。

3. 致命电流

致命电流指在较短时间内危及生命的最小电流。致命电流一般为 50mA，电击致死的主要原因是电流引起心室颤动。人体通电持续时间越长，能量积累越大，越容易引起心室颤动，生命就越危险。人体通过不同电流的反应见表 3-1-1。

表 3-1-1　人体通过不同电流的反应

电流大小 /mA	人体反应
0.6~1.5	手指开始感觉发麻且无感觉
2~3	手指感觉强烈发麻且无感觉
5~7	手指肌肉感觉痉挛且手指感觉灼热和刺痛
8~10	手摆脱电极已感到困难，有剧痛感（手指关节）
20~25	手迅速麻痹，不能自动摆脱电极，呼吸困难
50~80	呼吸困难，心室开始颤动
90~100	呼吸麻痹，3s 后心脏开始麻痹，停止跳动

（四）电池系统绝缘能力的判断

判断电池系统绝缘能力的高低通常有绝缘电阻和漏电流这两个参数。

绝缘电阻：绝缘介质所具有的电阻值，是衡量介质绝缘性能好坏的物理量。在常见的测量方式中，绝缘电阻表现为带电元件与壳体、大地等参考平台之间的电阻值，由于数值较大，单位常用"MΩ"表示。

漏电流：谈电气系统绝缘性能时，所指的漏电流是系统内流过绝缘材料表面的电流，数值越大，说明系统绝缘性能越差，一般单位为"MΩ"。

引导问题 5

请查阅相关资料，写出如何对内部没有接触器的电池包进行绝缘检测。

_____

_____

_____

引导问题 6

请查阅相关资料，简述判断电池包绝缘不良之后应当如何处理。

_____

_____

_____

动力电池包绝缘检测的方法

（一）无接触器电池包绝缘值的测量

1）测量电池包母线正极与壳体之间的电压，记作 $V_正$，如图 3-1-3 所示。

2）测量电池包母线负极与壳体之间的电压，记作 $V_负$，如图 3-1-4 所示。

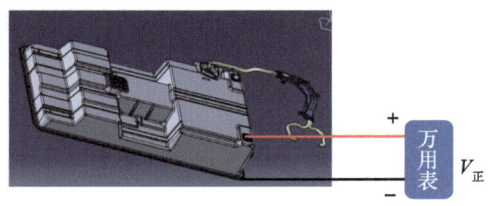 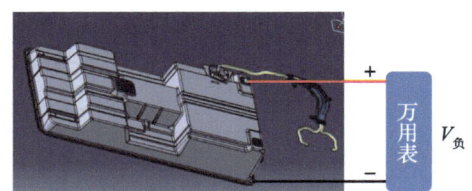

图 3-1-3　测量电池包正极与壳体之间的电压　　图 3-1-4　测量电池包负极与壳体之间的电压

3）比较 $V_正$ 和 $V_负$，选择电压大的进行下一步。例如当 $V_正 > V_负$ 时，在万用表上并联一个 100kΩ 以上的电阻再次测量电池包母线正极与壳体之间的电压，记作 $V'_正$，如图 3-1-5 所示。

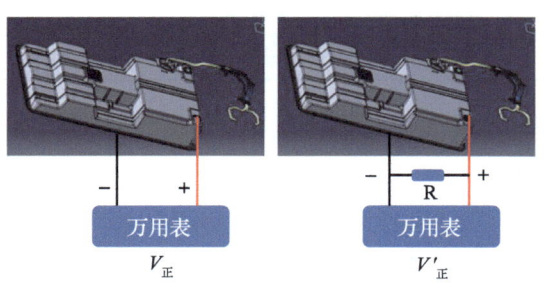

图 3-1-5　进一步测量

4）按式（3.1）、式（3.2）计算是否漏电。

$$\frac{\frac{V_正 - V'_正}{V'_正} \times R}{电池包电压} > 500\,\Omega/V \quad 不漏电 \qquad (3.1)$$

$$\frac{\frac{V_正 - V'_正}{V'_正} \times R}{电池包电压} \leq 500\,\Omega/V \quad 漏电 \qquad (3.2)$$

上述绝缘检测的方式适用于内部没有接触器的电池包，比如早期的比亚迪 F3DM、E6 车型。对于有接触器的电池包，以上检测方式则不太合适，需要借助检测工装让接触器闭合方可检测。可像秦 EV、E5 等这样的车型，若没有检测工装，有没有巧妙的方法进行测试呢？

（二）有接触器电池包绝缘值的测量

1）关闭点火开关，断开蓄电池母线负极，断开维修开关（如果装有），等待

3~5min。拆卸充配电总成的高压母线检测盖，穿戴好绝缘防护手套，车辆上电，使用万用表分别测量直流母线正极与车身之间的电压，直流母线负极与车身之间的电压。若测量的直流母线负极与车身地之间的电压有328.9V，则说明电池包与车身之间存在绝缘故障，如图3-1-6所示。

注意：

①利用整车上电预充时电池包内部接触器吸合，便可测试正、负极与车身之间的电压。

②高压系统和低压系统是不共地的两套系统，正常情况下电池包正负极与车身地之间是无法测到电压的，如果能测到则说明漏电了。

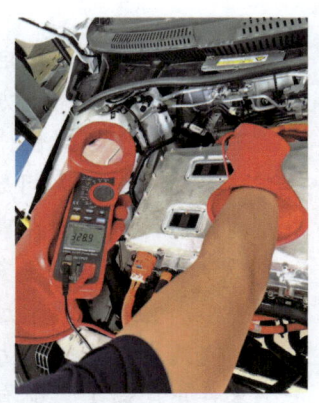

图3-1-6 测量负极与车身地之间的电压

2）使用电池内阻测试仪检测电池包高压电缆的绝缘值无故障后，就可判断电池包绝缘不良。拆解电池包，找到漏电的模组或直接更换电池包（比亚迪车型是不允许拆包检测的，只能更换，像宁德时代、国轩高科等动力电池都可以拆包检测）。更换完电池包后需要给电池标定SOC。

引导问题7

请查阅相关资料，写出断开蓄电池母线负极后应当注意什么。

_____
_____
_____

动力电池包绝缘检测的注意事项

1）关闭点火开关，断开蓄电池的负极，断开手动维修开关（如果装有），等待3~5min。

2）拆开充电配电总成的上盖，佩戴绝缘防护手套，用万用表测量高压母线之间的电压<10V，断开电池输出高压母线。

3）电池内阻测试仪会瞬间释放最高1000V的高压电，使用时注意佩戴好绝缘防护手套。

📖 拓展阅读

近几年来，随着新能源汽车不断涌入市场，汽车市场对相关专业人才的需求量也越来越大。这是我们的机遇，但同时也需要注意其中的风险，例如实训中可能出现的安全问题。

首先是触电问题。新能源纯电动汽车、混合动力汽车所使用的动力电池及部分系统装置的电压一般在250~550V（行业规定安全操作电压为不高于36 V，持续接触安全电压为24 V，安全电流为10mA）。正常使用过程中，新能源汽车一般不会出现漏电导致使用者触电的情况。但在实训教学过程中常有涉及新能源汽车高压系统方面的检查或测量，若授课教师、实训学生的安全操作意识不够或管控不到位，则出现触电事故的可能性较大。

其次是起火问题。据 2019 年美国消防协会和 NHTSA 的数据统计，在用的新能源汽车起火事故率远低于传统燃油车。但是众所周知，实训教学车辆在教学使用过程中已多次反复拆装或检测，因此相对于在用车辆，其稳定性要低得多。在实训教学过程中如对动力电池进行拆装、检测操作，特别是在进行使用直流电对车辆动力电池充电这类涉及较大电流的操作时，如有不当操作（或零件出问题），则有可能会引起自燃，导致起火事故的发生。

最后是短路与爆炸的问题。动力电池的外部短路、内部短路，以及过度充电均有引发爆炸事故的可能性。新能源汽车实训教学中一些项目需要进行动力电池（锂电池）的拆卸与安装，在操作过程中若不小心出现动力电池跌落或严重磕碰，则有可能因外部或内部短路引起漏电导致起火，严重时可能会出现爆炸的事故。

为了避免可能出现的安全问题，我们应在课前充分预习相关的理论、知识与操作内容，特别是对操作的步骤、要求、方法及注意事项进行充分的了解，以便实训课程正式实施时能够在授课教师的指导下独立作业并规范、安全、有序地完成整个实训操作。

我们要做到心怀敬业精神，遵守**职业道德**，在实训中严格遵守操作要求。心怀敬业精神不仅是为了我们自身的安全，更是出于自身成长、成才的需要，是践行社会主义核心价值观的必然要求。可以先从身边的事做起，从实训中遵守操作规范和授课教师的要求做起。

任务分组

学生任务分配表见表 3-1-2。

表 3-1-2　学生任务分配表

班级		组号		指导老师	
组长		学号			
组员角色分配					
信息员		学号			
操作员		学号			
记录员		学号			
安全员		学号			
任务分工					
（就组织讨论、工具准备、数据采集、数据记录、安全监督、成果展示等工作内容进行任务分工）					

📋 工作计划

按照前面所了解的知识内容和小组内部讨论的结果，制定工作方案，落实各项工作负责人，如任务实施前的准备工作、实施中主要操作及协助支持工作、实施过程中相关要点及数据的记录工作等，工作计划表见表 3-1-3。

表 3-1-3　工作计划表

步骤	工作内容	负责人
1		
2		
3		
4		
5		
6		
7		
8		

进行决策

1. 各组派代表阐述资料查询结果。
2. 各组就各自的查询结果进行交流，并分享技巧。
3. 教师对各组的计划方案进行点评。
4. 各组长对组内成员进行任务分工，教师确认分工是否合理。

任务实施

引导问题 8

扫描二维码观看视频，了解比亚迪秦 EV 动力电池包的绝缘检测操作，并简述操作要点。

【微课】动力电池包的绝缘检测操作（秦EV）

参考操作视频，按照规范作业要求完成比亚迪秦 EV 动力电池包的绝缘检测的操作步骤，并完成数据采集和记录，见表 3-1-4 和表 3-1-5。

表 3-1-4　实训准备

序号	设备及工具名称	数　　量	设备及工具是否完好
1	比亚迪秦 EV	1 辆	□是 □否
2	工位防护套装	1 套	□是 □否
3	人员防护套装	1 套	□是 □否
4	电池举升平台	1 台	□是 □否
5	一体化工量具	1 套	□是 □否
质检意见	原因：		□是 □否

表 3-1-5　比亚迪秦 EV 动力电池包的绝缘检测操作

序号	步　　骤	记录	完成情况
1	将车辆放置在车间指定位置		已完成□ 未完成□
2	使用万用表测量低压蓄电池的电压（正常值应该在 11~14V），如果低于正常值则需要充电或者更换		已完成□ 未完成□
3	连接好诊断仪后车辆上电，再使用诊断仪读取故障码		已完成□ 未完成□
4	根据故障码再判断故障点		已完成□ 未完成□
5	车辆下电后等待 5min 让其电容放电		已完成□ 未完成□
6	佩戴绝缘手套，断开前发动机舱动力电池包母线进行测量，测量方法如下：将万用表的正极分别搭在动力电池正负极引出，负极搭车身地。正常值为 10V 以下，如果大于此值则可判断为动力电池绝缘故障，存在漏电危险		已完成□ 未完成□
7	电压测量后最好用电池内阻测试仪测量一下实际的绝缘电阻值		已完成□ 未完成□
8	实训现场整理		已完成□ 未完成□
总结提升			已完成□ 未完成□
质检意见	原因：		已完成□ 未完成□

评价反馈

1. 各组代表展示汇报 PPT，介绍任务的完成过程。

2. 请以小组为单位，对各组的操作过程与操作结果进行自评和互评，并将结果填入表 3-1-6 中的小组评价部分。

3. 教师对学生工作过程与工作结果进行评价，并将评价结果填入表 3-1-6 中的教师评价部分。

姓名		班级		日期	

表 3-1-6　综合评价表

班级			组别		姓名		学号	
实训任务								
评价项目			评价标准				分值	得分
小组评价		计划决策	制定工作方案的合理可行,小组成员分工明确				10	
		任务实施	能够正确检查并设置实训工位				5	
			能够准备和规范使用工具设备				5	
			能够正确判断动力电池包是否出现绝缘故障				20	
			能够正确进行动力电池包的绝缘故障检修				20	
			能够规范填写任务工单				10	
		任务达成	能按照工作方案操作,按计划完成工作任务				10	
		工作态度	认真严谨,积极主动,安全生产,文明施工				10	
		团队合作	小组组员积极配合,主动交流,协调工作				5	
		6S 管理	完成竣工检验,现场恢复				5	
			小计				100	
教师评价		实训纪律	不出现无故迟到、早退、旷课现象,不违反课堂纪律				10	
		方案实施	严格按照工作方案完成任务实施				20	
		团队协作	任务实施过程互相配合,协作度高				20	
		工作质量	能准确完成比亚迪秦 EV 动力电池包的绝缘检测任务				20	
		工作规范	操作规范,三不落地,无意外事故发生				10	
		汇报展示	能准确表达,总结到位,改进措施可行				20	
			小计				100	
综合评分			小组评价分 ×50%+ 教师评价分 ×50%					
总结与反思								
(如:学习过程中遇到什么问题→如何解决的 / 解决不了的原因→心得体会)								

任务二 检修及更换电池模组汇流铜排

学习目标

- 了解电池模组汇流铜排的作用与技术要求。
- 掌握比亚迪秦 EV 车型动力电池的结构。
- 掌握 EV 功能受限的含义。
- 具备判断车辆 EV 功能受限原因的能力。
- 具备检测与更换电池模组汇流铜排的能力。
- 了解不同品牌车辆 EV 功能受限的故障现象,培养积极探索的精神。

知识索引

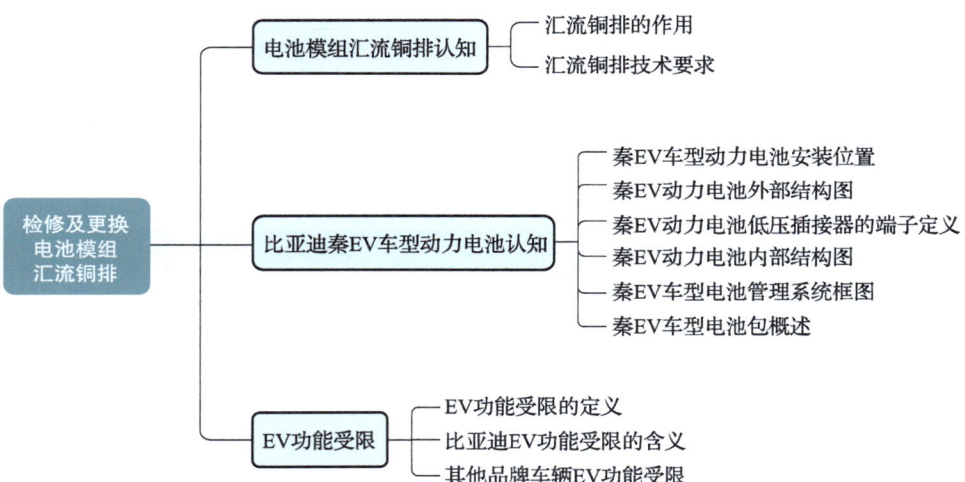

情境导入

电池安装到试装车后进行各种测试,车辆在行驶的过程中,组合仪表显示车辆 EV 功能受限,车辆无法上高压电,你作为一名电池测试助理工程师需要协助主管处理此故障。

获取信息

引导问题 1
请查阅相关资料,写出汇流铜排的原材料。
_____
_____
_____

引导问题 2
请查阅相关资料,简述汇流铜排的外观要求。
_____
_____
_____

引导问题 3
请查阅相关资料,简述合格的汇流铜排需要经历哪些测试。
_____
_____
_____

电池模组汇流铜排认知

(一)汇流铜排的作用

汇流铜排(图 3-2-1)又称作连接铜排,是新能源汽车动力电池常用的一种软性导电装置。其利用软性伸缩节的弹性起保护作用,可以防止因短路或热胀冷缩引起开关或母线拉断,在装配时也不受角度问题的限制,具有安装方便、灵活性强、散热快、导电性能好的特点。汇流铜排多用于新能源汽车锂电池模组的导电。

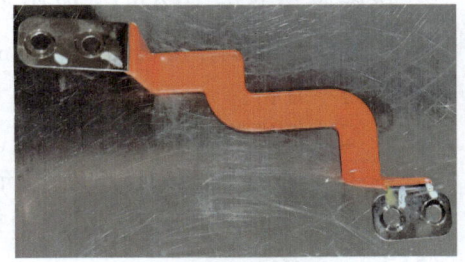

图 3-2-1 汇流铜排

为了增加续驶里程,新能源电动汽车的动力电池需要大量的单体电池,这些单体电池又组成了若干个电池模组,其空间排布十分复杂。为了适应不同的工作环境,汇流铜排的原料通常使用紫铜、镍片或铝带。

常见的工艺手段是将多个铜箔片叠放整齐,使用高分子扩散焊机,焊接多层铜箔片两端完成汇流铜排的固定。焊接后的汇流铜排再使用冲压机,打出定位孔和所需形状,方便固定在电池模组的连接处。不同厂商的电池模组的结构不同,需要根据电池的空间排布将汇流铜排折弯，形成柔性缓冲节。为了保护汇流铜排，会在其外部套上一段聚丙烯管并加热，使聚丙烯管径向收缩，紧贴在铜排的表面，起到绝缘、防潮、密封和保护铜排的作用。

（二）汇流铜排技术要求

汇流铜排的制作材料为紫铜、镍片或铝带，紫铜、镍片或铝带的厚度约为1mm。热缩套管的材质为聚烯烃（具体型号参照具体技术图样要求），并有严格完整的入厂检验文字记录（含材料出厂合格证及材料性能试验报告）及追溯性。软连接的几何形状和尺寸应按照主机厂的技术参数要求加工。

外观要求边棱不允许有尖角、毛刺，端面光洁平整、无脏污、无氧化；汇流铜排上面的热缩橙色热缩套管要求无破损、无脏污。

汇流铜排的性能要求如下：
① 热缩管耐压AC 1000V以上。
② 热缩管的阻燃级别为UL94-V0级。
③ 耐温 -40~125℃。

1. 汇流铜排的耐压测试标准

1）采用耐压测试仪，在1kV的直流电压下，测试60s，漏电量应小于5mA，否则视为不合格。

2）使用电池内阻测试仪进行DC 1000V测试，电阻稳定后绝缘阻抗>500MΩ，否则视为不合格。

2. 汇流铜排的耐温测试标准

将制作好的汇流铜排置于-40℃的环境中4h，要求热缩管不龟裂；在125℃环境中放置4h，要求热缩管不龟裂。

3. 汇流铜排上的热缩管阻燃测试标准

热缩管应具有UL94-V0级阻燃性。测试方法为采用丙烷平面燃烧器以不低于1000℃的火焰与试样接触，在燃烧5min之后火焰离开，试验后30s内火焰应能自行熄灭，否则视为不合格。

4. 汇流铜排的过电流能力

在30℃环境下，以1C的倍率充电或1C倍率放电，持续时间30min，汇流铜排表面温度<55℃。

5. 汇流铜排的疲劳测试

将产品两端固定在测试台上，调整振动频率为4200次/h，共计测试20000次，在10X显微镜下观察，无断裂现象，如图3-2-2所示。

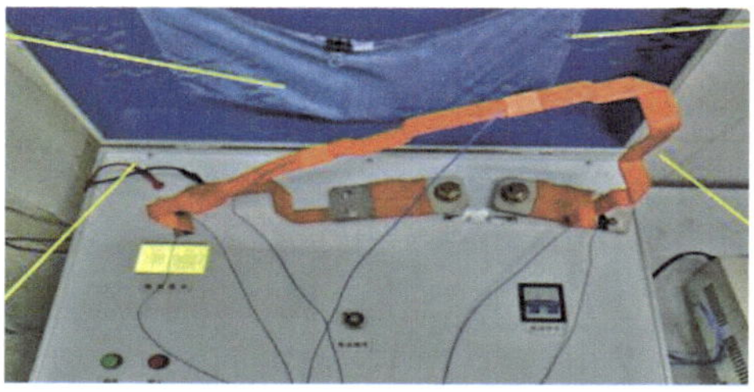

图3-2-2 汇流铜排的疲劳测试

6. 汇流铜排盐雾测试

参考GB/T 10125—2012《人造气氛腐蚀试验 盐雾试验》完成盐雾测试，中性盐雾试验96h后，应基本无腐蚀，且套管无软化变色。

> **引导问题 4**
>
> 请查阅相关资料,写出秦 EV 车型动力电池的安装位置。
> _____
> _____
> _____

> **引导问题 5**
>
> 请查阅相关资料,写出正极接触器信号的端子号、线束接法和信号类型。
> _____
> _____
> _____

> **引导问题 6**
>
> 请查阅相关资料,简述秦 EV 车型电池包的组成。
> _____
> _____
> _____

比亚迪秦 EV 车型动力电池认知

(一)秦 EV 车型动力电池安装位置

动力电池布置在整车底盘下面,位置如图 3-2-3 所示。

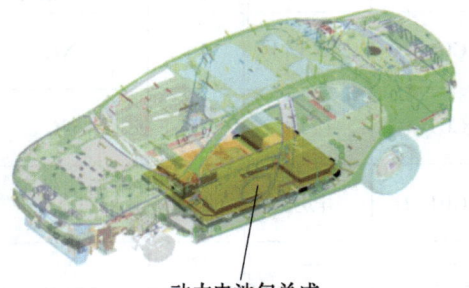

图 3-2-3 动力电池位置

(二)秦 EV 动力电池外部结构图

图 3-2-4 和图 3-2-5 为秦 EV 动力电池的外部结构图,我们可以从外部观察到进水管、出水管、电池配电箱、密封盖、低压控制线束、高压母线插接器等部分。

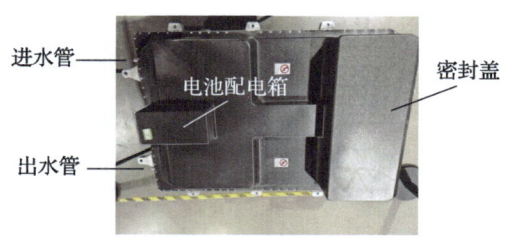
图 3-2-4 动力电池外部结构 1

图 3-2-5 动力电池外部结构 2

（三）秦 EV 动力电池低压插接器的端子定义

秦 EV 动力电池低压插接器及端子如图 3-2-6 和图 3-2-7 所示，端子定义见表 3-2-1。

图 3-2-6 秦 EV 动力电池低压插接器

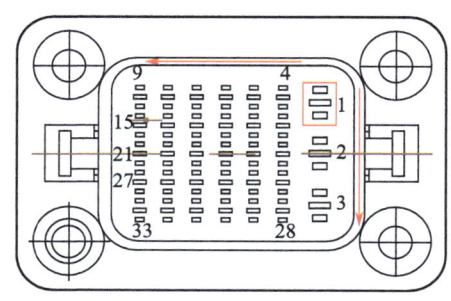

图 3-2-7 秦 EV 动力电池低压插接器端子

表 3-2-1 秦 EV 动力电池低压插接器端子定义

端子号	端子定义	线束接法	信号类型	端子号	端子定义	线束接法	信号类型
1	NC	—	—	11	通信转换模块 12V 电源	BMC01-03	电压
2	NC	—	—	12	NC	—	—
3	NC	—	—	13	负极接触器控制信号	BMC01-29	电平信号
4	电池子网 CAN-L	BMC01-10	CAN 信号	14	NC	—	—
5	电池子网屏蔽地	BMC01-02	接地	15	NC	—	—
6	负极接触器 +12V 电源	BMC01-16	电压	16	通信转换模块地	BMC01-11	接地
7	NC	—	—	17	NC	—	—
8	NC	—	—	18	正极接触器 12V 电源	BMC01-07	电压
9	NC	—	—	19	正极接触器信号	BMC01-22	电平信号
10	电池子网 CAN-H	BMC01-01	CAN 信号	20	预充接触器 12V 电源	BMC01-07	电压

（续）

端子号	端子定义	线束接法	信号类型	端子号	端子定义	线束接法	信号类型
21	预留	—	—	28	预充接触器控制信号	BMC01-21	电平信号
22	电流霍尔信号	BMC01-26	模拟信号	29	高压互锁输出	接充配电总成33pin-12	PWM信号
23	电流霍尔屏蔽地	BMC01-19	接地	30	高压互锁输入	BMC02-04	PWM信号
24	电流霍尔+15V 电源	BMC01-27	电压	31	NC	—	—
25	电流霍尔-15V 电源	BMC01-18	电压	32	NC	—	—
26	NC	—	—	33	NC	—	—
27	预留	—	—				

（四）秦 EV 动力电池内部结构图

图 3-2-8 和图 3-2-9 为秦 EV 动力电池的内部结构图。

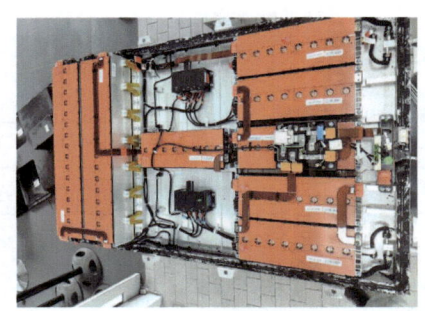 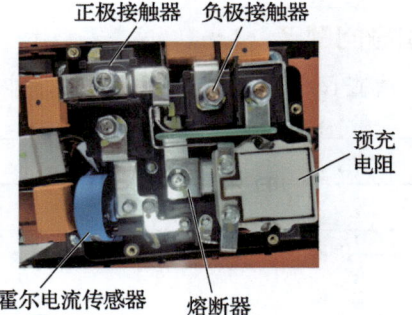

图 3-2-8　秦 EV 动力电池内部结构图 1　　图 3-2-9　秦 EV 动力电池内部结构图 2

（五）秦 EV 车型电池管理系统框图

秦 EV 电池包内部有接触器和电池信息采集器（BIC）。电池控制器（BMC）通过硬线信号控制接触器通断，通过 CAN 与 BIC 进行通信，接收电池模组信息。其系统框图如图 3-2-10 所示。

电池模组单体电池电压、温度通过安装在电池模组上的柔性 PCB 进行采集，然后传输至 BIC（图 3-2-11）进行解析；电压、温度信号通过安装在电池组高压配电箱内的

图 3-2-10　秦 EV 电池管理系统框图

电池通信转换模块（图 3-2-12）与电池管理器进行信息交互。采集器插接器上的红色线束采集的是单体电池的电压，黑色线束采集电池的温度，每个模组有 3 个温度传感器，传感器的电阻值为 9.2kΩ 左右。

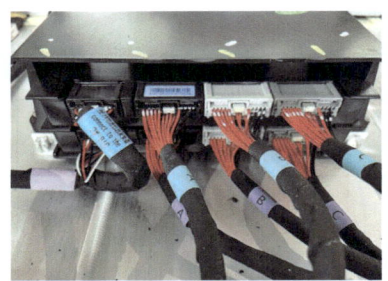

图 3-2-11 电池信息采集器

图 3-2-12 电池通信转换模块

（六）秦 EV 车型电池包概述

秦 EV 续驶 400km 车型的电池系统是由 10 个电池模组和 112 个单体电芯串联组成的。电池系统内有 12 个电池信息采集器，电池组额定容量为 130A·h，单体电芯的标称电压为 3.6V，电池组的标称电压 408.8V，电量为 53.13kW·h。各个电池模组之间通过汇流铜排进行串联，如图 3-2-13 所示。

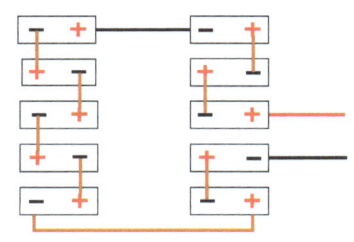

图 3-2-13 秦 EV 动力电池内部连接

引导问题 7

请查阅相关资料，简述 EV 功能受限的定义。

_____
_____
_____

EV 功能受限

（一）EV 功能受限的定义

EV 功能受限是电动汽车（BEV/PHEV 等）高压系统出现严重故障。它是指车辆的高压电部分不能正常工作，涉及零部件包括动力电池、充配电总成、前驱电动总成、空调系统等高压用电设备。

（二）比亚迪 EV 功能受限的含义

EV 功能受限是高压系统的安全保护措施，如比亚迪的电池管理器检测到"高压互锁"线路断路或短路的情况下，又或者车辆在行驶或充电的过程中某个高压插接器松脱。为了整个高压电气系统的完整性，系统会在组合仪表上提醒驾驶员"EV 功能受限"（图 3-2-14）。不管车辆的故障处于哪个等级，组合仪表都会以指示灯或相关的警示语提醒驾驶员车辆的当前状态。当车辆处于一般故障时，系统会限制功率输出，降低电机的转矩，给驾驶员足够的反应时间停车；当车辆处于严重故障时，系统有 10~15s 的冗余时间给驾驶员处理，随后立刻控制电池包正负极接触器断开，车辆无法上电行驶。

（三）其他品牌车辆 EV 功能受限

EV 功能受限不是比亚迪专属故障，其他车企生产的车辆也有同样的故障，只是各自的叫法不一样。例如，特斯拉"动力已降低""无法行驶""车辆正在关闭"的提示（图 3-2-15）；小鹏 P7 的中控屏显示"车辆立即失去动力，紧急靠边停车"等。车辆出现严重故障时，立即触发车辆的冗余备份，给驾驶员预留时间处理此类故障。

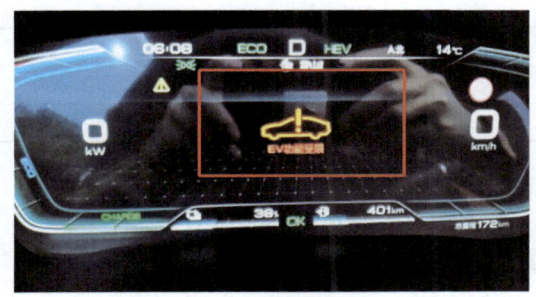

图 3-2-14 比亚迪 EV 功能受限

图 3-2-15 其他品牌车辆 EV 功能受限

任务分组

学生任务分配表见表 3-2-2。

表 3-2-2 学生任务分配表

班级		组号		指导老师	
组长		学号			
组员角色分配					
信息员		学号			
操作员		学号			
记录员		学号			
安全员		学号			
任务分工					
（就组织讨论、工具准备、数据采集、数据记录、安全监督、成果展示等工作内容进行任务分工）					

工作计划

按照前面所了解的知识内容和小组内部讨论的结果，制定工作方案，落实各项工作负责人，如任务实施前的准备工作、实施中主要操作及协助支持工作、实施过程中相关要点及数据的记录工作等，工作计划表见表 3-2-3。

表 3-2-3　工作计划表

步骤	工作内容	负责人
1		
2		
3		
4		
5		
6		
7		
8		

进行决策

1. 各组派代表阐述资料查询结果。
2. 各组就各自的查询结果进行交流，并分享技巧。
3. 教师对各组的计划方案进行点评。
4. 各组长对组内成员进行任务分工，教师确认分工是否合理。

任务实施

引导问题 8

扫描二维码观看视频，了解车辆 EV 功能受限的原因和如何进行电池模组汇流铜排的更换，并简述操作要点。

【微课】电池模组汇流铜排的更换（秦 EV）

参考操作视频，按照规范作业要求完成电池模组汇流铜排的更换步骤，并完成数据采集和记录，见表 3-2-4 和表 3-2-5。

表 3-2-4　实训准备

序号	设备及工具名称	数量	设备及工具是否完好
1	比亚迪秦 EV	1 辆	□是 □否
2	工位防护套装	1 套	□是 □否
3	人员防护套装	1 套	□是 □否
4	数字式交直流万用表	1 个	□是 □否
5	道通 908E 汽车专用解码仪	1 个	□是 □否
6	万用接线盒	1 个	□是 □否
7	电池举升平台	1 台	□是 □否
8	一体化工量具	1 套	□是 □否
质检意见	原因：		□是 □否

表 3-2-5　电池模组汇流铜排的更换

序号	步　骤	记录	完成情况
1	**高压安全下电** ①将车辆停入作业工位 ②车辆下电，将车辆钥匙存放在安全处 ③打开前发动机舱，铺设前发动机舱翼子板垫 ④断开蓄电池负极，负极电缆插头用绝缘胶布包好。蓄电池负极接线柱用盖子盖好或用绝缘胶布包好 ⑤放置车辆 5~10min，对新能源汽车的高压电容器进行放电 ⑥断开前发动机舱动力电池包母线进行验电。断开动力蓄电池母线后，需要对动力电池的母线进行验电，如果母线有残余电荷，则需用放电设备进行放电，确保动力蓄电池母线无电荷 ⑦验电完毕，将动力电池包母线插接器用盖子盖好或用绝缘胶布包好		已完成□ 未完成□
2	**举升车辆** ①调节举升臂位置，将垫块对准车辆的举升点 ②按下举升按键，当汽车被举起时，观察车辆是否水平托举 ③当车辆离地面 5~10cm 时停下，检查车辆是否被平稳托举、晃动车辆是否牢固无偏差 ④确认无问题后，将车辆举升到合适高度 ⑤拉下锁定装置		已完成□ 未完成□
3	**动力电池包外观检查** 围绕动力电池总成四周检查外观		已完成□ 未完成□
4	**拆卸动力电池包附件及检测** ①拆下电池包托盘底部安装的四周的护板 ②拆下电池包低压插接器及高压插接器（高压需佩戴绝缘手套） ③用万用表检查检测电池包是否漏电。检测方法（需佩戴绝缘手套）：将万用表正极分别搭在电池正负极引出，负极搭车身地。正常值为 10V 以下。若过大请不要拆卸，检查漏电原因和地方，排除问题后再进行以下操作 ④排空动力电池总成冷却液 ⑤拆卸动力电池总成搭铁线或等电位线 ⑥在电池包正下方准备电池举升平台，举升平台需要升至电池包的高度托举电池包		已完成□ 未完成□
5	**拆卸动力电池包** ①在电池包正下方准备电池举升平台，举升平台需要升至电池包的高度托举电池包 ②佩戴绝缘手套，使用套筒卸掉动力电池与车身固定螺栓，将电池包拆放至举升平台 ③缓慢将电池举升平台降至合适高度后，拉出车辆举升工位并将电池包放置在专用工位，设置安全警示牌及隔离栏		已完成□ 未完成□
6	**拆卸动力电池包上盖** ①使用手持式电动枪钻，选用合适大小的钻头，沿电池一周取下电池上盖固定铆钉 ②使用一体化工量具里的平面铲刀，沿电池一周把密封胶铲出，使电池上盖与电池底板分离 ③选用一体化工量具里面合适的棘轮、接杆、套筒，活动电池高低压插接器处压板固定螺栓，取下固定压板 ④将动力电池包上盖取下		已完成□ 未完成□

(续)

序号	步骤	记录	完成情况
7	拆卸动力电池包内部汇流铜排 ①选用一体化工量具里面合适的棘轮、套筒，打松配电箱固定螺栓，将配电箱上盖取下 ②确定是正极汇流铜排还是负极汇流铜排存在故障。使用万用表电阻档进行验证，万用表的一端测量电池模组输出端，另一端分别测量正负继电器的输入端。若发现测量到负极继电器时的电阻值无穷大，则判断为负极汇流铜排故障 ③选用一体化工量具里面合适的棘轮、内六角等工具，取下负极汇流铜排。将正常的负极汇流铜排更换上去，按照与拆卸相反的顺序进行安装 ④车辆上电，当仪表 OK 指示灯亮起，解码仪无故障码后，故障排除		已完成□ 未完成□
8	实训现场整理		已完成□ 未完成□
总结提升			已完成□ 未完成□
质检意见	原因：		已完成□ 未完成□

📝 评价反馈

1. 各组代表展示汇报 PPT，介绍任务的完成过程。

2. 请以小组为单位，对各组的操作过程与操作结果进行自评和互评，并将结果填入表 3-2-6 中的小组评价部分。

3. 教师对学生工作过程与工作结果进行评价，并将评价结果填入表 3-2-6 中的教师评价部分。

表 3-2-6　综合评价表

班级		组别		姓名		学号	
实训任务							
	评价项目		评价标准			分值	得分
小组评价	计划决策	制定工作方案的合理可行，小组成员分工明确				10	
	任务实施	能够正确检查并设置实训工位				5	
		能够准备和规范使用工具设备				5	
		能够正确判断车辆 EV 功能受限的原因				20	
		能够正确检测与更换电池模组汇流铜排				20	
		能够规范填写任务工单				10	
	任务达成	能按照工作方案操作，按计划完成工作任务				10	
	工作态度	认真严谨，积极主动，安全生产，文明施工				10	
	团队合作	小组组员积极配合，主动交流，协调工作				5	
	6S 管理	完成竣工检验，现场恢复				5	
		小计				100	

（续）

评价项目		评价标准	分值	得分
教师评价	实训纪律	不出现无故迟到、早退、旷课现象，不违反课堂纪律	10	
	方案实施	严格按照工作方案完成任务实施	20	
	团队协作	任务实施过程互相配合，协作度高	20	
	工作质量	能准确完成检测与更换电池模组汇流铜排的任务	20	
	工作规范	操作规范，三不落地，无意外事故发生	10	
	汇报展示	能准确表达，总结到位，改进措施可行	20	
		小计	100	
综合评分		小组评价分 ×50%+ 教师评价分 ×50%		
总结与反思				

（如：学习过程中遇到什么问题→如何解决的/解决不了的原因→心得体会）

任务三 完成动力电池包整包更换

学习目标

- 掌握单体电池串联的电池组结构的特点。
- 掌握单体电池并联的电池组结构的特点。
- 掌握动力电池混联结构。
- 具备拆卸动力电池包的能力。
- 具备安装动力电池包的能力。
- 了解比亚迪"平等、务实、激情、创新"的企业文化,将企业文化融入教学实践,培养良好的职业习惯。

知识索引

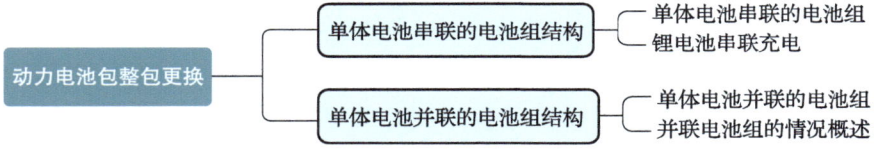

情境导入

电池安装到试装车后进行各种测试,动力电池出现电压故障导致车辆无法行驶,需要更换整包电池,你作为一名电池助理测试工程师需要协助主管更换动力电池。

获取信息

引导问题 1

请查阅相关资料,简述锂电池串联成电池组之后,哪些参数会出现变化。

_____
_____
_____

| 姓名 | 班级 | 日期 | 能力模块三　新能源汽车动力电池包检修 |

❓ 引导问题 2

请查阅相关资料，简述不同电压平台、不同内阻的电池串联使用会出现什么问题。
_____
_____
_____

❓ 引导问题 3

请查阅相关资料，简述串联充电时，如果有一只单体锂电池的电压达到过充电保护电压，BMS 会如何处理。
_____
_____
_____

📖 职业认证

电动汽车高电压系统评测与维修职业技能等级要求（初级）中的动力电池系统总成检查、保养与拆装、测试任务就要求报考人员能高效、安全地实现动力电池总成拆装，报考人员通过电动汽车高电压系统评测与维修职业技能等级（初级）考核可获得教育部 1+X 证书中的《电动汽车高电压系统评测与维修职业技能等级证书（初级）》。

单体电池串联的电池组结构

（一）单体电池串联的电池组

新能源汽车的驱动电机、压缩机、PTC 水加热器、DC/DC 变换器等高压部件的工作电压高达 DC 340V，而单体电池的电压只有 3.2V（以锂电池材料为例，磷酸铁电池为 3.2V、三元锂电池为 3.65V 或 3.70V、钛酸锂电池为 2.6V、氢燃料电堆为 0.5~1V）。因此在实际使用过程中需要将单体电池串联以提高电池组的工作电压，如图 3-3-1 所示。

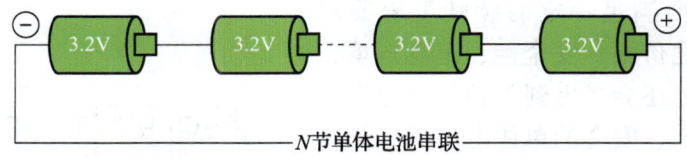

图 3-3-1　N 节单体电池串联

锂电池串联，电池组的电压升高，电池的容量不变，但同时电池组的内阻会增加。电池组的电流就是流过每个单体电池的电流，当电池组中的某一节电池出现故障时，电池组不会输出电压。

由于锂电池存在一致性的问题，同一体系（如三元锂或铁锂）的单体电池若要串联成组，必须先筛选电压、内阻、容量一致的单体电池进行配组。

不同电压平台、不同内阻的电池串联使用，会使某只电池在每次循环时都是先充满电的先放完电。在这种情况下，BMS中的采集器会保证电池不出现过充电和过放电，进而导致电池组的容量降低。若采集器出现故障，势必造成该电池过充电或过放电，从而出现不可逆的损害。

（二）锂电池串联充电

目前锂电池组的充电一般都采用串联充电，这主要是因为串联充电方法结构简单、成本低、较容易实现。但由于单体锂电池之间存在容量、内阻、衰减特性、自放电等性能方面的差异，在对锂电池组串联充电时，电池组中容量最小的那只单体锂电池将最先充满电，而此时，其他电池还没有充满电，如果继续串联充电，则已充满电的单体锂电池就可能会过充电。锂电池过充电会严重损害电池的性能，甚至可能会导致爆炸造成人员伤害，因此，为了防止出现单体锂电池过充电，锂电池组在使用时必须搭配电池管理系统（BMS），通过电池管理系统对每一只单体锂电池进行过充电保护。

串联充电时，如果有一只单体锂电池的电压达到过充电保护电压，电池管理系统会控制电池采集器做被动均衡，将电压高的单体电池通过串联电阻进行放电均衡，防止性能稍差的单体电池过充电。当电池组所有的单体电池电压达到充电截止电压时，切断充电电路，停止充电。

> **引导问题 4**
>
> 请查阅相关资料，简述锂电池并联成电池组之后，哪些参数会出现变化。
> _____
> _____
> _____

单体电池并联的电池组结构

（一）单体电池并联的电池组

新能源汽车要满足一定的续驶里程要求时，主机厂会关注价格、安全性、车身自重、风阻系数等因素，还会考虑到上游的电池供应商可以提供的稳定、安全的单体电芯的容量有可能并不满足当前车型的续驶要求的问题。

出于对这些因素的考量，主机厂将容量低的单体电池先并联增加电池的容量，如图3-3-2

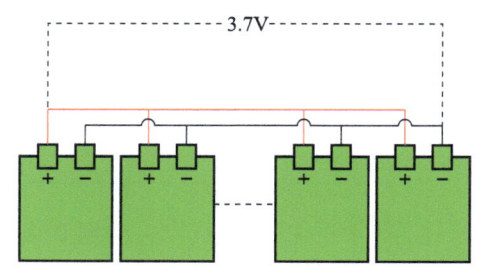

图3-3-2　N节单体电池的并联

所示。并联后的"电池砖"的电压不变,但电池的容量增加,然后再串联提高电池工作电压来满足车辆的续驶要求,如图 3-3-3 所示。因此,先并联后串联的动力电池会获得更大的电池容量以及更高的放电倍率。

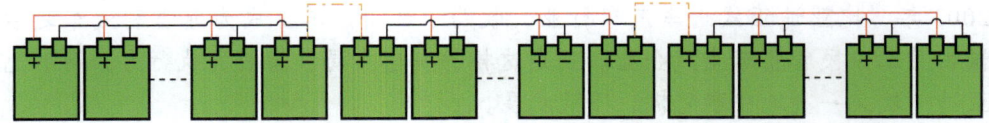

图 3-3-3 *N* 节单体电池先并联再串联

(二)并联电池组的情况概述

锂电池并联后会出现以下状况:

1)内阻小的单体电池会向内阻大的单体电池放电,通常新单体电池或容量高的单体电池的内阻相对小一些。

2)放电时,内阻小的单体电池会先放电,待单体电池电压比较一致时才一起放电。

3)不要将不同品牌锂电池、不同容量或新旧锂电池混在一起使用,选择性能一致的电池。锂电池串并联使用需要进行锂电池芯配组,配组的标准:锂电池芯电压差 ≤ 30mV,锂电池芯内阻差 ≤ 0.2mΩ,锂电池芯容量差 ≤ 10mA·h。

锂电池并联和串联的区别主要就是在电压和容量上有差别,无论是串联还是并联,锂电池组的输出功率都会增加。串联时电压会增加而容量不变,并联时增加的是容量而电压不变。

📖 拓展阅读

中国汽车动力电池产业创新联盟发布的 2022 年 4 月动力电池月度数据显示,国内动力电池产量共计 29GW·h,同比增长 124.1%,环比下降 26.1%;装车量方面,动力电池装车量 13.3GW·h,同比增长 58.1%,环比下降 38.0%。数据显示,宁德时代、比亚迪携手拿下了约七成市场份额,比亚迪动力电池装车量份额大幅提升,进一步缩小了与宁德时代之间的差距。

比亚迪近年的迅速发展与其**企业文化**息息相关。企业文化虽然无形,却可以把员工引向共同的目标,创造出一种情感相通、关系融洽的和谐环境。下面我们结合比亚迪奉行的"平等、务实、激情、创新"的核心价值观来谈谈这样的核心价值观在企业运行中起到的作用。

比亚迪的平等精神,即保持公平、公正与公开,确立共同的准则,反对暗箱操作。就像比亚迪人事部实行的晋升考核制度,为员工们的晋升提供了一个公平的舞台,从而加强了企业的内部凝聚力。

比亚迪的务实精神体现在其高效的执行力上,这一点应当与比亚迪对市场的敏锐洞察结合来看。1995 年,比亚迪创始人王传福下海经商,在当年,买一部"大哥大"就要花两三万元的高价,而买的人趋之若鹜,王传福深知电池的需求会随着手提电话的发展不断升高，所以比亚迪以电池制造起家，到 1997 年，比亚迪就成长为一个年销售近 1 亿元的中型企业。2002 年 7 月，比亚迪全资收购了北京吉普的吉驰模具厂，开始为破冰汽车制造行业打基础。2003 年，比亚迪正式进军汽车行业，收购了秦川汽车，成为继吉利汽车之后国内第二家民营轿车生产企业。正是这样的快速布局和高效的执行力，帮助比亚迪一次又一次地夺取先机、飞跃发展。

比亚迪的激情是一种信念，是高度的敬业精神，不仅要求员工的敬业，企业也给员工提供了充分的物质与精神激励，例如进步奖、最佳员工奖、服务年资奖等奖金，晋升、岗位轮换等工作方面的奖励，还有宿舍、食堂、住房、亚迪学校等后勤保障。这些保障免除了员工的后顾之忧，进而更好地激发了员工的工作热情。

比亚迪的创新精神体现在其技术方面的锐意进取上。比亚迪多年来在新能源领域上的技术积累，爆发了像 DM-i 超级混动、刀片电池等核心技术，在助力解决新能源汽车安全、续驶里程等痛点的同时，不断提升用户驾驶体验，助推新能源汽车行业加速发展，比如超级混动的首款车型比亚迪秦 PLUS DM-i，新纯电平台 e 平台 3.0 的首款量产车型比亚迪海豚。正是这样的创新精神，让诸多消费者再三考虑后购买了比亚迪汽车。

任务分组

学生任务分配表见表 3-3-1。

表 3-3-1　学生任务分配表

班级		组号		指导老师	
组长		学号			
组员角色分配					
信息员		学号			
操作员		学号			
记录员		学号			
安全员		学号			
任务分工					
（就组织讨论、工具准备、数据采集、数据记录、安全监督、成果展示等工作内容进行任务分工）					

| 姓名 | 班级 | 日期 |

📋 工作计划

按照前面所了解的知识内容和小组内部讨论的结果，制定工作方案，落实各项工作负责人，如任务实施前的准备工作、实施中主要操作及协助支持工作、实施过程中相关要点及数据的记录工作等，工作计划表见表 3-3-2。

表 3-3-2　工作计划表

步骤	工作内容	负责人
1		
2		
3		
4		
5		
6		
7		
8		

🧍 进行决策

1. 各组派代表阐述资料查询结果。
2. 各组就各自的查询结果进行交流，并分享技巧。
3. 教师对各组的计划方案进行点评。
4. 各组长对组内成员进行任务分工，教师确认分工是否合理。

📖 任务实施

引导问题 5

扫描二维码观看视频，了解如何进行动力电池包整包拆装，并简述操作要点。

【微课】动力电池总成的拆卸（秦 EV）

【微课】动力电池总成的安装（秦 EV）

参考操作视频，按照规范作业要求完成动力电池包整包拆装的操作步骤，并完成数据采集和记录，见表 3-3-3 和表 3-3-4。

表 3-3-3　实训准备

序号	设备及工具名称	数量	设备及工具是否完好
1	比亚迪秦 EV	1辆	□是□否
2	工位防护套装	1套	□是□否
3	人员防护套装	1套	□是□否
4	数字式交直流万用表	1个	□是□否
5	道通 908E 汽车专用解码仪	1个	□是□否
6	万用接线盒	1个	□是□否
7	电池举升平台	1台	□是□否
8	铆钉枪、密封胶	1个	□是□否
质检意见	原因：		□是□否

表 3-3-4　动力电池包整包拆装

序号	步骤	记录	完成情况
1	仪表显示"EV 功能受限"，无法行驶		已完成□ 未完成□
2	连接道通 908E 汽车专用解码仪，选择比亚迪秦车型，全车模块扫描，进入电池管理器模块读取故障码，显示"单体电池电压过低"，查看数据流发现有个模组中的单体电池电压趋近于 0V		已完成□ 未完成□
3	将车辆停入作业工位 ①车辆下电，将车辆钥匙存放在安全处 ②打开前发动机舱，铺设前发动机舱翼子板垫 ③断开蓄电池负极，负极电缆插头用绝缘胶布包好。蓄电池负极接线柱用盖子盖好或用绝缘胶布包好 ④放置车辆 5~10min，对新能源汽车的高压电容器进行放电 ⑤断开前发动机舱动力电池包母线进行验电。断开动力蓄电池母线后，需要对动力电池的母线进行验电，如果母线有残余电荷，则需用放电设备进行放电，确保动力蓄电池母线无电荷 ⑥验电完毕，将动力电池包母线插接器用盖子盖好或用绝缘胶布包好		已完成□ 未完成□
4	举升车辆 ①调节举升臂位置，将垫块对准车辆的举升点 ②按下举升当汽车被举起时，观察车辆是否水平托举 ③当车辆离地面 5~10cm 时停下，检查车辆是否被平稳托举、晃动车辆是否牢固无偏差 ④确认无问题后，将车辆举升到合适高度 ⑤拉下锁定装置		已完成□ 未完成□
5	动力电池包外观检查 围绕动力电池总成四周检查外观		已完成□ 未完成□

（续）

序号	步　骤	记录	完成情况
6	拆卸动力电池包附件及检测 ①拆下电池包托盘底部安装的四周的护板 ②拆下电池包低压插接器及高压插接器（高压需佩戴绝缘手套） ③用万用表检查检测电池包是否漏电。检测方法（需佩戴绝缘手套）：将万用表正极分别搭在电池正负极引出，负极搭车身地。正常值为 10V 以下。若过大请不要拆卸，检查漏电原因和地方，排除问题后再进行以下操作 ④排空动力电池总成冷却液 ⑤拆卸动力电池总成搭铁线或等电位线 ⑥在电池包正下方准备电池举升平台，举升平台需要升至电池包的高度托举电池包		已完成□ 未完成□
7	拆卸动力电池包 ①在电池包正下方准备电池举升平台，举升平台需要升至电池包的高度托举电池包 ②佩戴绝缘手套，使用套筒卸掉动力电池与车身固定螺栓，将电池包拆放至举升平台 ③缓慢将电池举升平台降至合适高度后，拉出车辆举升工位并将电池包放置专用工位，设置安全警示牌及隔离栏		已完成□ 未完成□
8	更换正常动力电池包 ①将电池包拖到车辆下方后初步对准 ②慢慢举升电池包（注意高低压插头和水管）。举升到合适位置停下对准所有螺钉孔位 ③使用合适工具前带上所有螺母，全部带上完毕后打紧螺栓（对角装螺钉） ④再安装高低压插头和水管，最后安装电池包搭铁 ⑤降下车辆后接蓄电池负极上电，车辆正常上电故障排除		已完成□ 未完成□
9	实训现场整理		已完成□ 未完成□
总结提升			已完成□ 未完成□
质检意见	原因：		已完成□ 未完成□

评价反馈

1.各组代表展示汇报 PPT，介绍任务的完成过程。

2.请以小组为单位，对各组的操作过程与操作结果进行自评和互评，并将结果填入表 3-3-5 中的小组评价部分。

3.教师对学生工作过程与工作结果进行评价，并将评价结果填入表 3-3-5 中的教师评价部分。

表 3-3-5　综合评价表

班级		组别		姓名		学号	
实训任务							
评价项目			评价标准			分值	得分
小组评价	计划决策		制定工作方案的合理可行，小组成员分工明确			10	
	任务实施		能够正确检查并设置实训工位			5	
			能够准备和规范使用工具设备			5	
			能够正确拆卸动力电池包			20	
			能够正确安装动力电池包			20	
			能够规范填写任务工单			10	
	任务达成		能按照工作方案操作，按计划完成工作任务			10	
	工作态度		认真严谨，积极主动，安全生产，文明施工			10	
	团队合作		小组组员积极配合，主动交流，协调工作			5	
	6S 管理		完成竣工检验，现场恢复			5	
			小计			100	
教师评价	实训纪律		不出现无故迟到、早退、旷课现象，不违反课堂纪律			10	
	方案实施		严格按照工作方案完成任务实施			20	
	团队协作		任务实施过程互相配合，协作度高			20	
	工作质量		能准确完成整包更换动力电池包的任务			20	
	工作规范		操作规范，三不落地，无意外事故发生			10	
	汇报展示		能准确表达，总结到位，改进措施可行			20	
			小计			100	
综合评分			小组评价分 ×50%+ 教师评价分 ×50%				
总结与反思							

（如：学习过程中遇到什么问题→如何解决的 / 解决不了的原因→心得体会）

新能源汽车动力电池及管理系统检修

能力模块四
新能源汽车动力电池管理系统检修

任务一　检修高压互锁故障

学习目标

- 了解高压互锁的定义和作用。
- 掌握高压互锁系统的结构及原理。
- 具备正确使用汽车故障诊断仪并读取故障码的能力。
- 具备诊断并排除秦 EV 高压互锁故障的能力。
- 了解慎独的思想，感受中华传统文化。
- 了解海因里希法则，明确提高道德自律意识的重要性。

知识索引

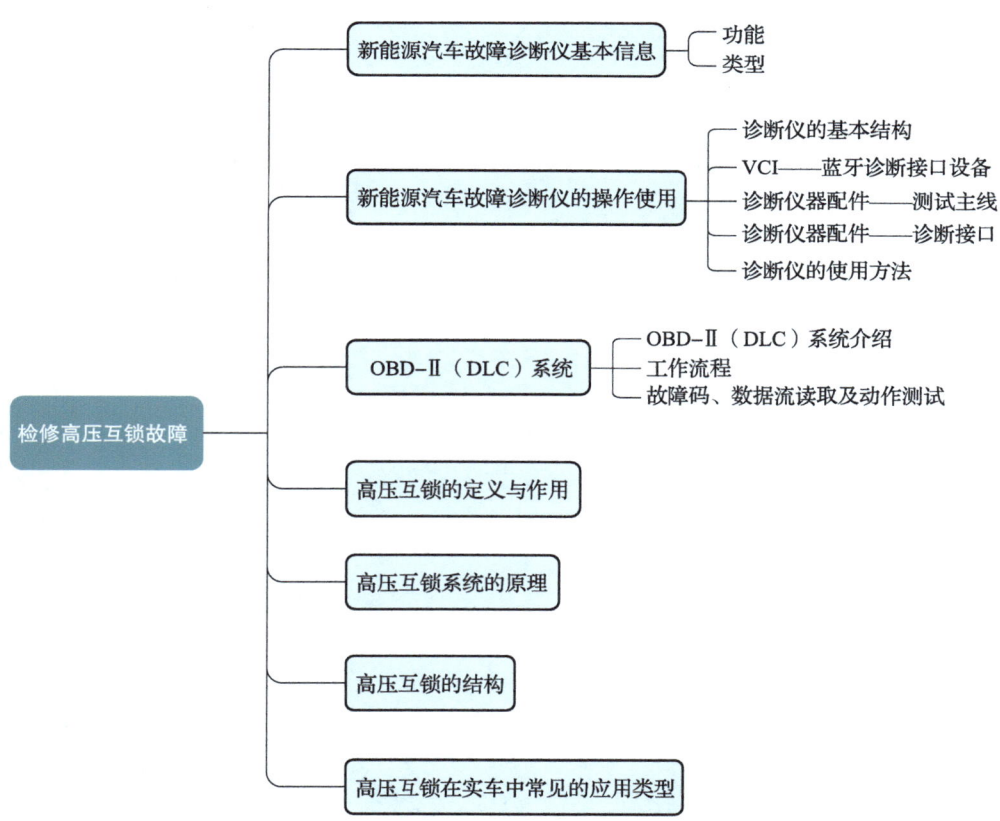

116

姓名　　　班级　　　日期　　　　　　　　能力模块四　新能源汽车动力电池管理系统检修

📖 情境导入

> 试装车在测试时，仪表动力系统故障指示灯点亮，提醒"EV 功能受限"，经过上位机/故障诊断仪检测——高压互锁故障。主管安排你去处理此故障。

🔍 获取信息

❓ 引导问题 1

请查阅相关资料，简述汽车故障诊断仪的功能。
_____
_____
_____

 职业认证

智能新能源汽车职业技能等级要求（初级）中的动力电池管理器检查保养任务就要求报考人员能读取动力电池管理系统故障码。报考人员通过智能新能源汽车职业技能等级（初级）考核可获得教育部 1+X 证书中的《智能新能源汽车职业技能等级证书（初级）》。

新能源汽车故障诊断仪基本信息

汽车故障诊断仪是车辆故障自检终端，是用于检测汽车故障的便携式智能汽车故障自检仪，用户可以利用它迅速地读取汽车电控系统中的故障码及异常的数据流，并通过液晶显示屏显示故障信息，方便用户迅速查明发生故障的部位及分析可能的故障原因。

（一）功能

汽车故障诊断仪是维修中非常重要的工具，一般具有如下几项或全部的功能：
1）读取故障码。
2）清除故障码。
3）读取电控单元数据流。
4）示波器功能。
5）元件动作测试。
6）匹配、设定和编码等功能。
7）生成诊断报告、截屏及其他辅助功能。

8）执行特定工艺功能（如排气程序）等。

（二）类型

目前市场常见的三种类型故障诊断仪为：
1）常规车载自动诊断仪。
2）通用型诊断仪（涵盖市面上大部分车型，如道通、元征、朗仁等品牌）。
3）原厂专用诊断仪（由汽车厂家开发和授权，给经销商使用）。

> **引导问题 2**
>
> 请查阅相关资料，简述测试主线的作用。
> _____
> _____
> _____

> **引导问题 3**
>
> 请查阅相关资料，简述关闭 MaxiSys 平板诊断设备前的注意事项。
> _____
> _____
> _____

新能源汽车故障诊断仪的操作使用

MaxiSys MS908E 是道通科技研发的新一代汽车智能诊断系统。MS908E 使用 A9 四核 1.40GHz 处理器，配备 9.7in（1in=2.54cm）LED 电容式触摸屏，基于全新的安卓多任务操作系统，并应用 VCI 无线蓝牙连接方式，可更方便、快捷、高效地诊断汽车故障，如图 4-1-1 所示。

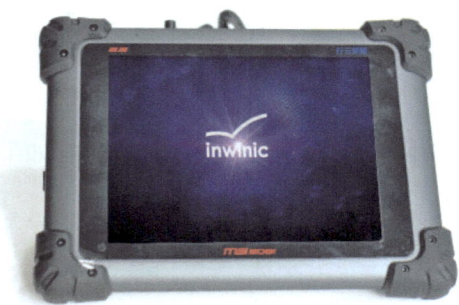

图 4-1-1　MaxiSys MS908E 汽车故障诊断仪

（一）诊断仪的基本结构

道通 MS908E 汽车智能诊断仪基本结构如图 4-1-2 所示，设备结构说明见表 4-1-1。

| 姓名 | 班级 | 日期 | 能力模块四　新能源汽车动力电池管理系统检修 |

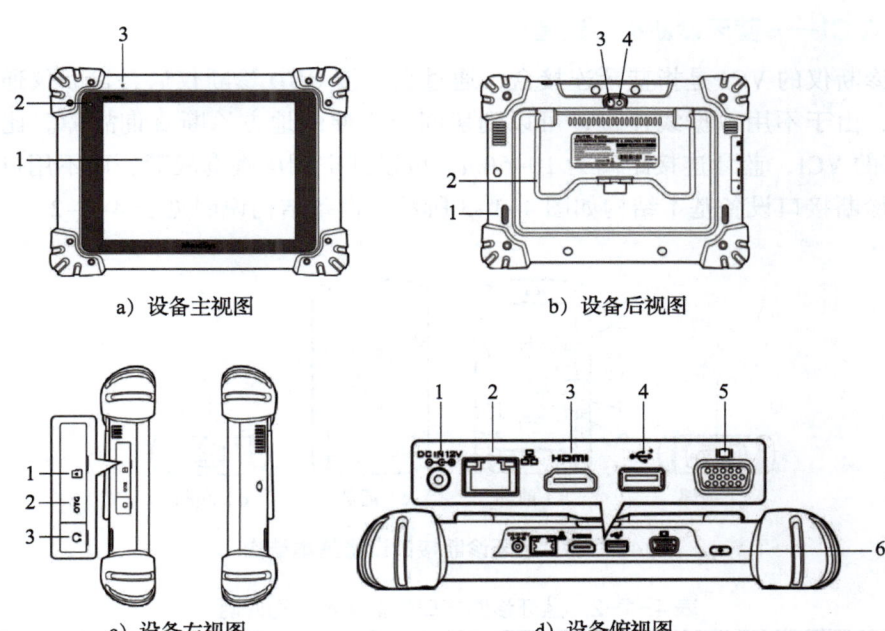

图 4-1-2　道通 MS908E 汽车智能诊断仪基本结构

表 4-1-1　道通 MS908E 汽车智能诊断仪基本结构说明

视图	序号	功　　能
主视图	1	9.7in LED 电容式触摸屏
	2	光线传感器——用于感测周围环境的亮度
	3	传声器
后视图	1	扬声器
	2	可折叠支架——从平板背面展开以 30°角支撑设备，方便平稳摆放及免提浏览
	3	摄像头镜头
	4	摄像头闪光灯
左视图	1	迷你 SD 卡槽
	2	迷你 USB OTG 端口
	3	耳机插口
俯视图	1	电源插口
	2	网络连线插口
	3	高清晰度多媒体连接插口（HDMI）
	4	USB 端口
	5	视频图形阵列（VGA）端口
	6	锁屏 / 电源按钮——长按可开机 / 关闭，短按可锁屏

（二）VCI——蓝牙诊断接口设备

汽车诊断仪的 VCI 是指蓝牙连接盒，通过它连接 OBD 诊断仪后，诊断仪通过蓝牙连接 VCI，由于不用数据线连接，可以到房间或方便的地方诊断查询故障。比如朗仁 PS90 自带的 VCI，蓝牙连接距离为 10~50m，可以到空调房查询故障，而不用待在车里面。蓝牙诊断接口设备基本结构如图 4-1-3 所示，设备结构说明见表 4-1-2。

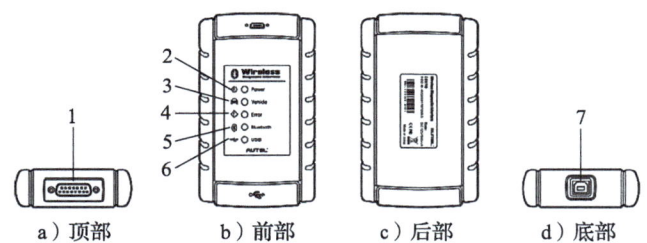

图 4-1-3　蓝牙诊断接口设备基本结构

表 4-1-2　蓝牙诊断接口设备基本结构说明

视图	序号	功　　能
顶部	1	车辆数据接口
前部	2	电源指示灯（POWER）：通电后绿灯持续点亮
	3	车辆指示灯（VEHICLE）：与车辆网络通信后绿灯闪烁
	4	故障指示灯（ERROR）：出现严重硬件故障时，红灯持续点亮；执行软件/固件更新时，红灯闪烁
	5	蓝牙指示灯（BLUETOOTH）：与 MaxiSys 平板诊断设备通过蓝牙连接通信时，绿灯持续点亮
	6	USB 指示灯（USB）：通过 USB 连接线与 MaxiSys 平板诊断设备正确连接时，绿灯持续点亮
后部	—	设备标识
底部	7	USB 端口

（三）诊断仪器配件——测试主线

VCI 设备可通过测试主线（图 4-1-4）连接 OBD Ⅱ/EOBD 兼容车辆并获得诊断仪的供电。通过测试主线建立 VCI 设备与车辆之间的通信之后，VCI 设备可将接收到的车辆数据传送至 MaxiSys 平板诊断设备。

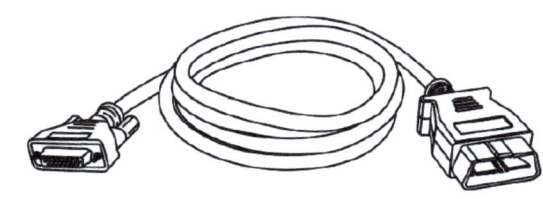

图 4-1-4　测试主线

（四）诊断仪器配件——诊断接口

OBD Ⅰ插头用于连接非 OBD Ⅱ车辆诊断座，根据所测试车辆的品牌型号选择合适的插头。常用诊断插头如图 4-1-5 所示。

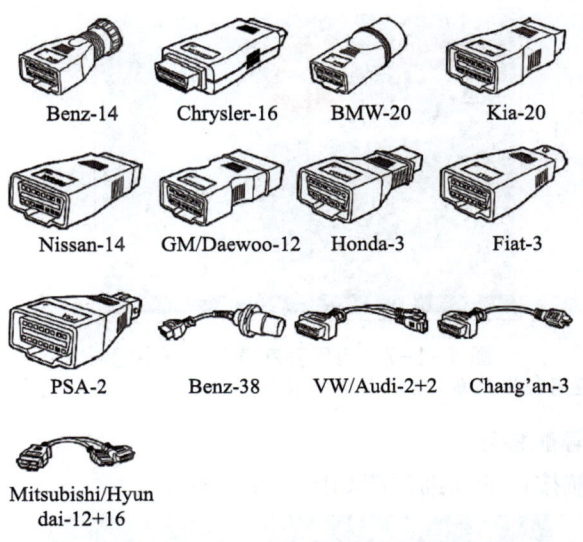

图 4-1-5　常用诊断插头

（五）诊断仪的使用方法

诊断仪的诊断程序通过 VCI 设备与车辆连接，可读取车辆系统工作状态，进行故障码读取、数据流查看、动作测试和数据标定等。诊断程序可连接访问多个电控系统模块，如整车控制器（VCU）、前电驱动总成、车载充电器、电池管理系统（BMS）、车身控制模块（BCM）等相关核心部件。使用设备前，确保设备内置电池电量充足或已连接直流电源。

1. 开机

按下 MaxiSys 平板诊断设备顶部左侧的【锁屏 / 电源】按钮开启设备。系统启动后将显示锁定屏幕，按住并拖曳小圆圈至外圈边缘解锁屏幕，系统将显示 MaxiSys 程序菜单，如图 4-1-6 所示。

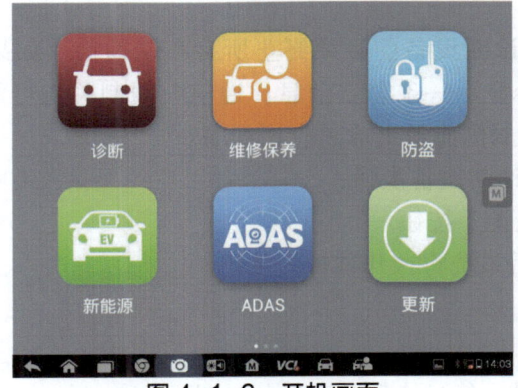

图 4-1-6　开机画面

2. 应用程序菜单说明

应用程序菜单详细说明如图 4-1-7 所示。

图 4-1-7　应用程序菜单详细说明
1—应用程序菜单　2—屏幕定位器和导航按钮　3—状态图示

3. 屏幕定位器和导航按钮

屏幕定位器和导航按钮的详细说明如图 4-1-8 所示。

图 4-1-8　屏幕定位器和导航按钮的详细说明
1—返回上一界面　2—主页键　3—最近使用程序　4—Chrome 浏览器　5—照相机
6—显示与声音　7—多任务快捷按钮　8—VCI　9—MaxiSys 快捷键　10—维修保养

4. 关机

关闭 MaxiSys 平板诊断设备前必须终止所有车辆通信。如果 VCI 设备与车辆处于通信中，则在关机时会显示一条警告信息。通信时强制关机可能会导致一些车辆的电控模块出现问题。请在关机前退出诊断应用程序。

关闭 MaxiSys 平板诊断设备步骤：

1）按住【锁屏/电源】按钮。

2）单击【确定】后系统将在几秒钟内关闭。

引导问题 4

请查阅相关资料，简述读取故障码的过程。

OBD-Ⅱ(DLC)系统

(一) OBD-Ⅱ(DLC) 系统介绍

OBD-Ⅱ 是 On-Board Diagnositics-Ⅱ（车载诊断系统）的简称。1993 年以前的诊断系统为第一代诊断系统，各制造厂家采用的诊断座、故障码、诊断功能均各不相同，给汽车维修人员造成了许多困难。于是，国际自动机工程师学会（SAE）制定了一套标准规范，经由"美国环境保护署"（EPA）及"加州空气资源委员会"（CARB）认证通过此套标准，并要求各汽车厂家依照 OBD-Ⅱ 标准提供统一的诊断模式、插座，使用一台机器即可对各车型进行诊断检查。为保证车辆使用过程中排放控制性能的耐久性，我国在 GB 18352.3—2005《轻型汽车污染物排放限值及测量方法（中国Ⅲ、Ⅳ阶段）》中明确要求，"所有汽车必须装备车载诊断（OBD）系统，该系统应在设计、制造和汽车安装上，能确保汽车在整个寿命期内识别劣化或故障的类型。"

虽然电动汽车不必使用 OBD-Ⅱ DLC 标准或 OBD-Ⅱ CAN 通信协议，但很多纯电动汽车的诊断仪都使用 OBD-Ⅱ 标准。

在维修带有 OBD 系统的车辆时，维修人员可以通过诊断仪迅速而准确地定位发生故障的部件，大幅提升了维修的效率和质量。它具有识别、存储并且通过自诊断故障指示灯（MIL）显示故障信息的功能。

数据链路连接（Data Link Connector, DLC）是一个符合 ISO 标准的车载诊断插头，插头由 16 个引脚组成，每一个引脚均按照 ISO 标准定义，如图 4-1-9 所示。

DLC 诊断座为统一 16 引脚，并装置在驾驶侧仪表板下方。

资料传输线有两个标准：
1) ISO（国际标准化组织）标准。
2) SAE（国际自动机工程师学会）。

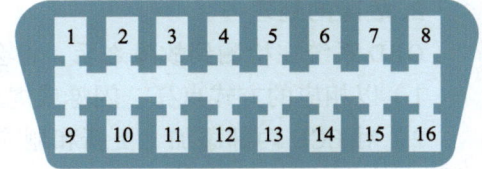

图 4-1-9 DLC 诊断连接口

根据 ISO DIS 15031-3 中的相关内容，DLC 是一个有如下 16 引脚的插座（表 4-1-3）。

表 4-1-3 DLC 诊断连接口

引脚	定义
1	厂家定义
2	SAE J1850 总线正
3	厂家定义
4	车身地
5	信号地
6	ISO 15765-4 定义的 CAN 高
7	ISO 9141-2 和 ISO 14230-4 定义的 K 线
8	厂家定义
9	厂家定义

（续）

引脚	定义
10	SAE J1850 总线负
11	厂家定义
12	厂家定义
13	厂家定义
14	ISO 15765-4 定义的 CAN 低
15	ISO 9141-2 和 ISO 14230-4 定义的 L 线
16	永久正电压

注：1、3、8、9、11、12 和 13 引脚未做分配，可由车辆制造厂定义；2、6、7、10、14 和 15 引脚做诊断通信用。

根据实际使用的通信协议的不同，引脚往往不会都被使用，未使用的可由车辆制造厂定义。对于不同的通信协议，有效的引脚也不同。

（二）工作流程

1. 故障

一旦 OBD 系统检测到有与计算机相连接的动力系故障，包括任何能实现检测功能的相关的传感器电路连通状态不正常，则认为发生了故障。

2. 故障的处理

OBD 系统在检测到故障之后，将会根据故障的状态进行如下处理：

1）以相应的方式点亮、闪烁或熄灭故障指示灯。

2）对 ECU 内部添加、更新和删除故障相关信息，这些信息将可被标准的诊断仪通过标准的诊断接口读取。

3. 故障的状态

OBD 系统对故障的处理因故障状态的不同而不同。为了对故障的状态进行更好的理解，必须明确故障的确认和修复两个概念。

1）故障的确认是指从故障首次被 OBD 系统检测出来到被系统认定从而按照相应策略触发故障指示灯的过程，一个故障在被确认之前称为偶发故障，在确认之后称为已确认故障。

2）故障的修复是指 OBD 系统在故障被排除之后检测到故障已经不存在。故障的修复也有一个确认过程，对于偶发故障，OBD 系统检测到故障被修复后会直接清除故障记录；对于已认定修复的故障，OBD 系统会依据相应的故障处理策略对故障指示器和故障内存进行相应的操作。

4. 故障指示灯（MIL）

MIL 是一个故障指示灯，当连接与车载诊断系统任何零部件或 OBD 系统本身发生故障时，它都能清楚地提示汽车的驾驶员。MIL 一般是一个可以在仪表板上显示且形状符合相应标准的指示灯。

5. 故障码（DTC）

根据法规要求，OBD 系统必须具有识别可能存在故障的区域的功能，并以故障码的方式将该信息存储在电控单元存储器内。SAE 和 ISO 对诊断故障码进行了标准化，它由 5 个字符组成，如 P0112。

（三）故障码、数据流读取及动作测试

故障码、数据流读取及动作测试见表 4-1-4。

表 4-1-4 故障码、数据流读取及动作测试

步骤		功能操作
车辆工位、设备工具准备		车辆安全停放至举升工位 配套安全防护设备 配套日常检查常用工具
道通 MS908E 汽车智能诊断仪连接		将测试主线与 VCI 连接
		将 USB 线与 VCI 连接
		将 USB 线与平板显示器连接
		将测试主线连接到车辆 OBD Ⅱ 诊断插口 注意：车辆需处于下电状态，否则有可能造成诊断仪损坏

（续）

步　　骤		功能操作
道通 MS908E 汽车智能诊断仪连接		将测试主线连接到车辆 OBD-Ⅱ 诊断插口 注意：确定与车辆成功配对
		确定与车辆成功配对 打开诊断仪电源开关
诊断设备读取车辆参数信息——故障码的读取		滑动解锁触摸键将屏幕解锁
		在屏幕上单击【MaxiSyS】按钮
		在屏幕上单击【诊断】按钮

（续）

步　骤	功能操作
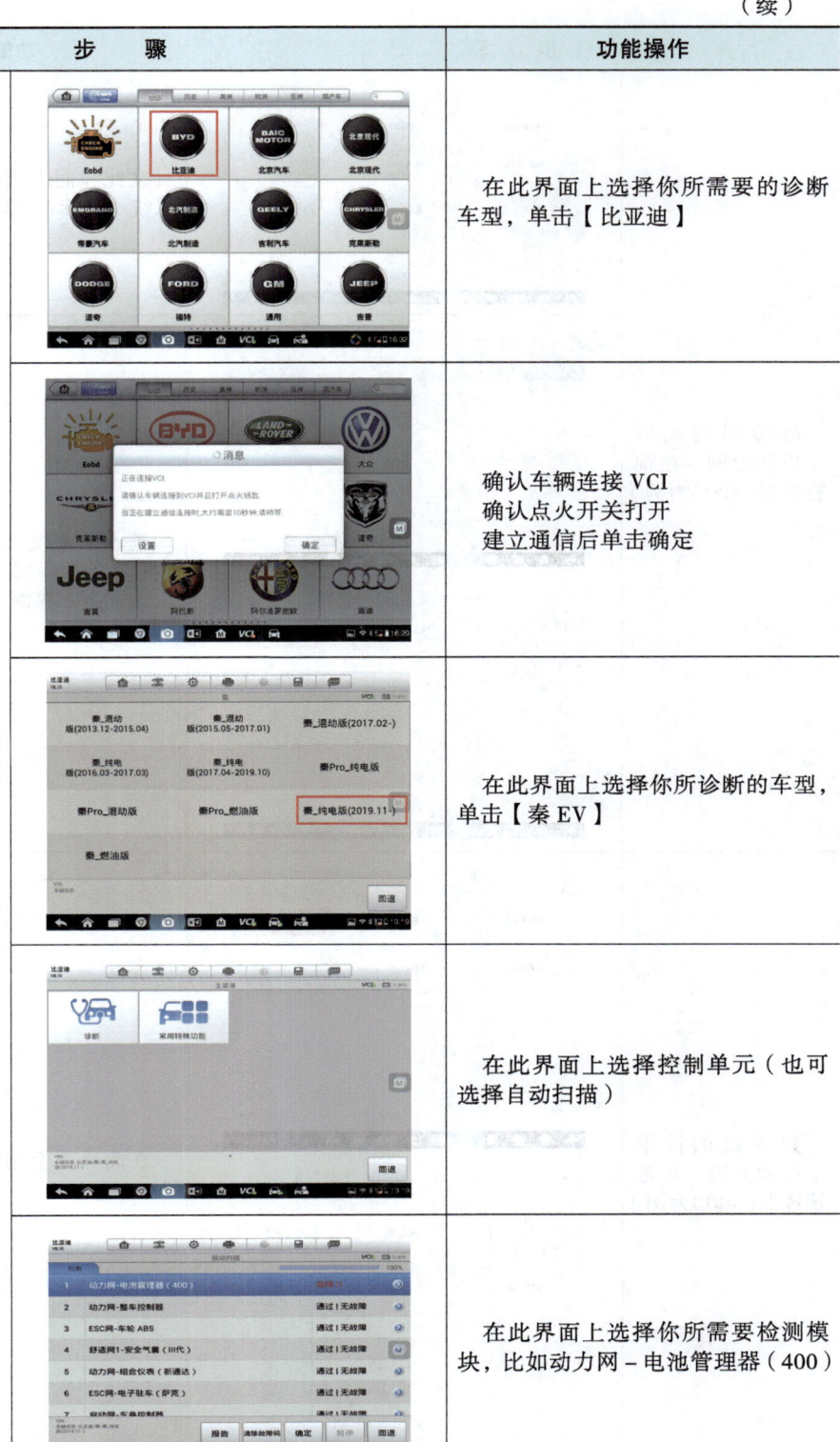	在此界面上选择你所需要的诊断车型，单击【比亚迪】
	确认车辆连接 VCI 确认点火开关打开 建立通信后单击确定
诊断设备读取车辆参数信息——故障码的读取	在此界面上选择你所诊断的车型，单击【秦 EV】
	在此界面上选择控制单元（也可选择自动扫描）
	在此界面上选择你所需要检测模块，比如动力网 – 电池管理器（400）

（续）

步　　骤	功能操作
	在此界面上选择你所需要登录的系统——读取故障码
故障码的读取（以动力网-电池管理器（400）为例）	进入该系统后，界面显示当前车辆存在的故障码 返回上一界面，可以清除故障码
数据流的读取（以动力网-电池管理器（400）为例）	在此界面上选择数据流，单击进入

步　　骤	功能操作
数据流的读取（以动力网－电池管理器（400）为例）	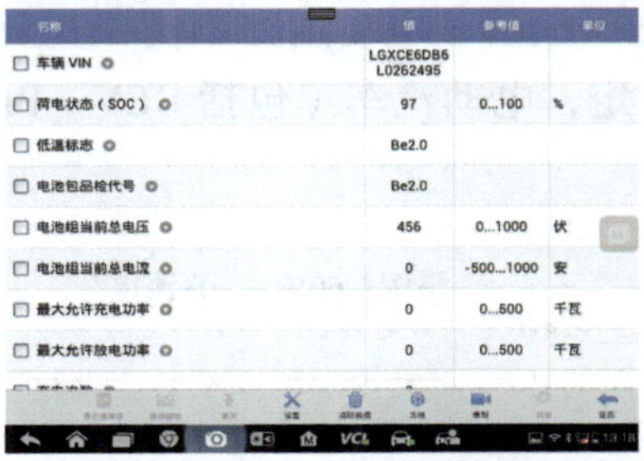 进入数据流后，界面显示当前车辆数据信息，上下滑动触摸屏可以实现翻页，按右下角的"返回"可退回上一界面
动作测试或其他功能	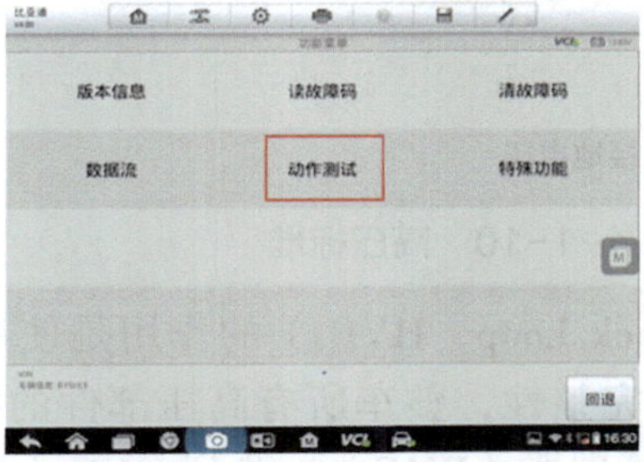 在此界面中，可以选择动作测试功能
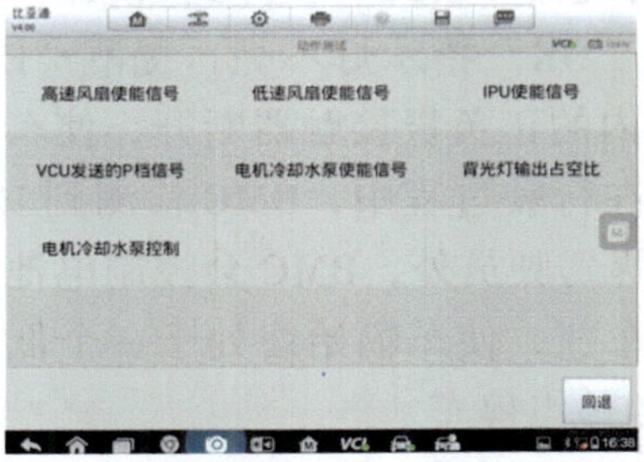	进入动作测试界面后可以对相关元器件实施动作测试功能

 引导问题 5

请查阅相关资料，简述当电池管理器检测到 HVIL 回路断开或完整性受到破坏时会发生什么。

_____

_____

_____

引导问题 6

请查阅相关资料，简述高压互锁的分类。

_____

_____

_____

高压互锁的定义与作用

根据 GB/T 18384—2020，直流电压超过 60V、交流电压超过 30V 则被定义为高压，高压标准如图 4-1-10 所示。依据 ISO 6469《电动道路车辆—安全规范—第一部分：车载充电储能系统（RESS）》中的规定，电动汽车（包括 BEV、PHEV 等车型）高压部件的插接器都应具有高压互锁装置。

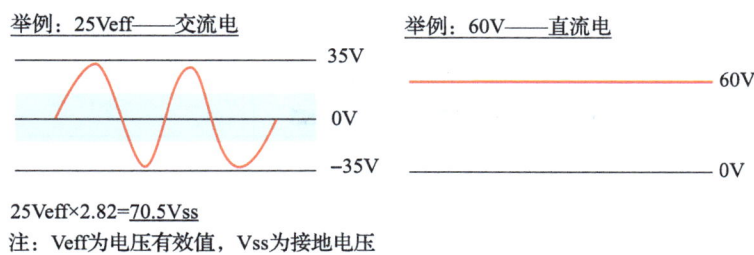

图 4-1-10　高压标准

高压互锁（High Voltage Interlock Loop，HVIL）的作用是使用 12V 低压系统中的小电流来确认整个高压电气系统的完整性，整车所有高压部件的插接器都必须安装到位，无短路或断路的情况。当电池管理器（BMC）检测到 HVIL 回路断开或完整性受到破坏时，BMC 启动故障报警，仪表"OK"指示灯不亮，提醒"EV 功能受限"同时伴随故障的蜂鸣声。BMC 控制电池包内的正负极接触器断开，使车辆无法上高压电，最大限度地保障乘客的安全。若车辆在行驶过程中，BMC 检测到 HVIL 断路的状态下，除了进行必要的警告灯和警告声提醒驾驶员外，BMC 会控制电池包限制输出功率，强制降低电机的输出功率，强制降低车速，使车辆始终处于一个低速的运行状态下，给驾驶员足够的时间和机会寻找合适的地点停车。

高压互锁分为结构互锁、功能互锁和软件互锁 3 类。

结构互锁 指各高压部件的高压插接器之间通过高压互锁线束串联起来，插接器安装到位方可保证高压系统的完整性。

功能互锁 采用充电优先原则，即当插上充电枪后车辆不能上电行驶，但可以使用空调系统，如压缩机制冷、PTC 加热。

软件互锁 是比亚迪特有的技术，若高压插接器后端母线电压低于电池总电压的 1/2，则软件互锁故障。参与软件互锁的高压部件有动力电池、PTC 水加热器和电动压缩机。量产车型有 E2、汉 EV 等车型。

引导问题 7

请查阅相关资料，写出电动汽车的高压零部件。

_____
_____
_____

| 姓名 | 班级 | 日期 | 能力模块四　新能源汽车动力电池管理系统检修 |

> **引导问题 8**
>
> 请查阅相关资料，写出秦 EV 车型高压互锁 1 的回路路径。
>
> _____
> _____
> _____

> **引导问题 9**
>
> 请查阅相关资料，写出秦 EV 车型高压互锁 2 的回路路径。
>
> _____
> _____
> _____

高压互锁系统的原理

电动汽车的高压零部件有：动力电池、驱动电机及控制器、充配电总成（包含高压配电箱、DC/DC 变换器、车载充电器）、电动压缩机以及 PTC 水加热器。

秦 EV 车型有 2 条高压互锁回路，如图 4-1-11 所示。由电池管理器 BK45（B）/4 端输出高压互锁信号至动力电池包 BK51/30 端输入，从动力电池包 BK51/29 端输出至充配电总成中的 BK46/12 端输入，从 BK46/13 端输出至电池管理器 BK45（B）/5 端输入形成高压互锁 1 的回路。

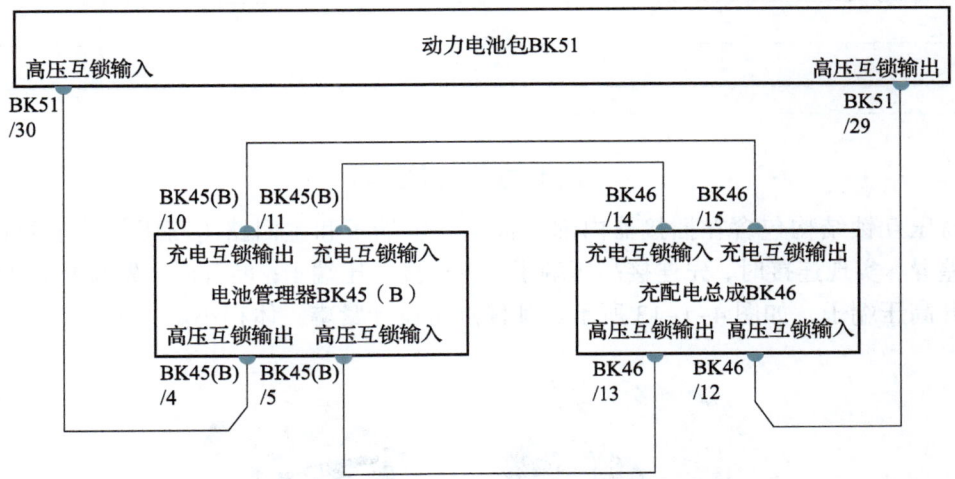

图 4-1-11　秦 EV 车型的高压互锁电气原理图

由电池管理器 BK45（B）/10 端输出高压互锁信号至充配电总成 BK46/15 端输入，从 BK46/14 端输出到电池管理器 BK45（B）/11 端输入形成整个高压互锁 2 的回路。秦 EV 车型高压互锁 PWM 信号检测如图 4-1-12 所示。

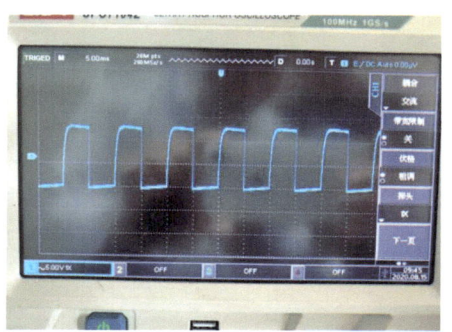

图 4-1-12　秦 EV 车型高压互锁 PWM 信号检测

引导问题 10

请查阅相关资料，简述连接高压插接器时高压端子和低压端子的连接顺序。
_____
_____
_____
_____

引导问题 11

请查阅相关资料，简述断开高压插接器时高压端子和低压端子的断开顺序。
_____
_____
_____
_____

高压互锁的结构

高压互锁结构包含在插接器内部，根据互锁端子和主回路（高压）端子的长度和位置差异，实现连接时，先连接高压端子，再连接低压端子；断开时，先断开低压端子，再断开高压端子，如图 4-1-13 所示。其优点是设计紧凑，体积小。

图 4-1-13　高压互锁结构

高压端子及互锁端子连接顺序如图 4-1-14a 所示；高压端子及互锁端子断开顺序如图 4-1-14b 所示。

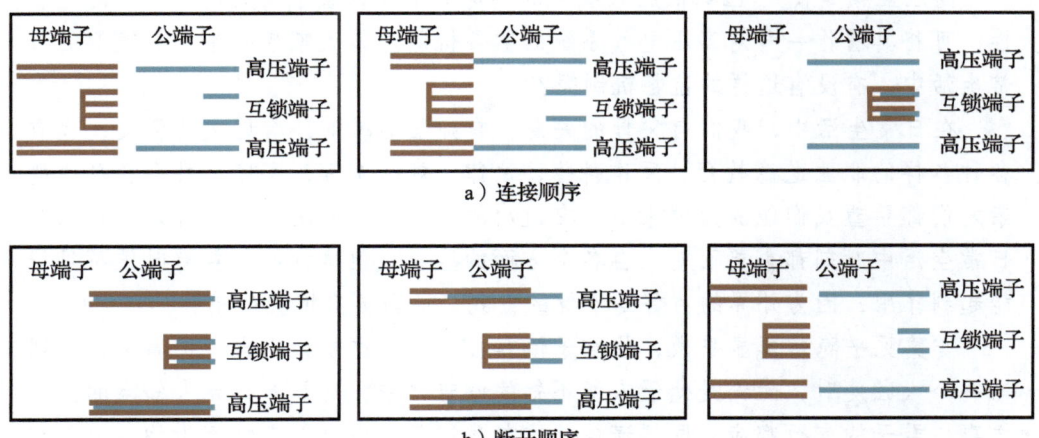

图 4-1-14 高压端子及互锁端子连接及断开过程示意图

❓ 引导问题 12

请查阅相关资料，写出高压互锁在实车中有哪些常见的应用类型。

_____
_____

高压互锁在实车中常见的应用类型

高压互锁在实车中常见的应用类型有两种，一种是通过控制器中的低压互锁线束来检测整车高压回路；另一种是控制器端盖布置了开盖检测装置，同样可以检测整车高压回路，如图 4-1-15 所示。

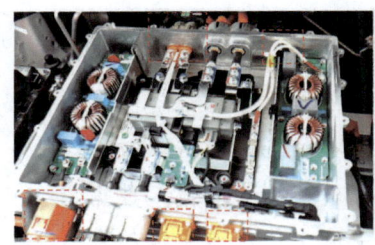 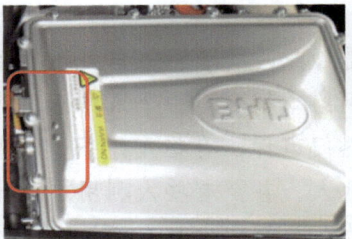 

图 4-1-15 高压互锁在实车中常见的应用类型

深圳市的所有公交车都安装有一种互锁技术，就是当全车的任意一个舱门打开后，公交车便不能起动，待所有舱门关闭后动力电池才会输出电压给电机控制器。这种互锁技术应用不是很广泛。其目的就是防止乘客未站稳之前车辆起动导致意外事故。

拓展阅读

高压互锁是使用 12V 低压系统中的小电流来确认整个高压电气系统的完整性，可将其看作一种对高压电气系统的监督机制。请大家想一想，在我们的日常生活中，有没有这样的监督机制呢？

在日常生活中，我们有父母的关爱，有师长的教诲，有好友的督促，也有各种各样的职业道德教育、反诈科普、法律法规教育等，国家、社会、身边的亲友们都希望我们能成为健康的、有道德的、对社会有用的人。可以说我们在日常生活中时刻都需要面对来自各个方面的监督。但这样的监督有时候不见得能起到作用，因为外界的监督是不够的，我们还需要有慎独的精神。

"莫见乎隐，莫显乎微，故君子慎其独也。"这段话出自《中庸》，强调当一个人独处时，无论是处于人所不知的幽暗之中，还是对待无人知晓的细微之事，君子的言行都应当同样谨慎。这与我们天性中意图率性而为的一面是相背离的，但这是我们提升道德自律意识的必由之路。

为什么要慎独，为什么要提升自己的道德自律意识呢？单纯地堆砌辞藻并不能解释这个问题，不妨结合实际生活中的事情来理解，就像在实训或实习的过程中，常有许多要求，例如佩戴安全帽、护目镜、穿戴绝缘手套、绝缘鞋等。在炎热的夏日，偶尔有同学不愿意遵守这些要求，或者人多的时候就遵守，没人了就把手套、帽子摘下来透透气，心里想着现在没有人看到，之前有人做过同样的事，也没有受伤，自己这么做并没有问题。但实际上并非如此。

有一位名叫海因里希的安全工程师统计过，在机械生产过程中，每发生 330 起意外事件，有 300 起事件未产生人员伤害，29 起造成人员轻伤，1 起导致重伤或死亡。一个小的疏忽或者小的意外，很大概率是不会造成人员伤害的，但是如果这样的意外和疏忽多次发生，总有一天会出现人员伤害或重大事故。这也是为什么在没人的地方或对待无人知晓的小事的时候，我们也需要同样的谨慎。

在生活与学习中也是如此，随着网络与科技的迅速发展，互联网在为我们带来丰富信息的同时，网络虚拟环境中个人信息的隐蔽性也促使一部分人淡化责任与义务意识。针对热门事件，有些人并不了解事情全貌，就进行恶意言语辱骂、人肉搜索，中伤他人，甚至有些人利用自身能力破坏、盗取他人数据信息，做出违法犯罪的行为。生活中也常有积极向上的主流文化与非主流的消极因素并存的情况，我们需要谨慎地分辨，不论外界是否有人督促，我们都需要小心谨慎，适当节制个人的欲望，制定合理的短期目标，多与他人进行沟通交流，人前人后都维持同样的态度，这样既有助于我们个人理想的实现，也有助于回应师长和社会对我们的期待。

任务分组

学生任务分配表见表 4-1-5。

表 4-1-5　学生任务分配表

班级		组号		指导老师	
组长		学号			
组员角色分配					
信息员		学号			
操作员		学号			
记录员		学号			
安全员		学号			
任务分工					
（就组织讨论、工具准备、数据采集、数据记录、安全监督、成果展示等工作内容进行任务分工）					

工作计划

按照前面所了解的知识内容和小组内部讨论的结果，制定工作方案，落实各项工作负责人，如任务实施前的准备工作、实施中主要操作及协助支持工作、实施过程中相关要点及数据的记录工作等，工作计划表见表 4-1-6。

表 4-1-6　工作计划表

步骤	工作内容	负责人
1		
2		
3		
4		
5		
6		
7		
8		

进行决策

1. 各组派代表阐述资料查询结果。

2. 各组就各自的查询结果进行交流,并分享技巧。
3. 教师对各组的计划方案进行点评。
4. 各组长对组内成员进行任务分工,教师确认分工是否合理。

任务实施

引导问题 13

扫描二维码观看视频,了解如何进行高压互锁故障的诊断与排除,并简述操作要点。
_____
_____
_____
_____

【微课】动力电池管理系统高压互锁故障的检修(秦EV)

参考操作视频,按照规范作业要求完成高压互锁故障诊断与排除的操作步骤,并完成数据采集和记录,见表4-1-7和表4-1-8。

表 4-1-7 实训准备

序号	设备及工具名称	数量	设备及工具是否完好
1	比亚迪秦 EV	1 辆	□是□否
2	工位防护套装	1 套	□是□否
3	人员防护套装	1 套	□是□否
4	数字式交直流万用表	1 个	□是□否
5	道通 908E 汽车专用解码仪	1 个	□是□否
6	万用接线盒	1 个	□是□否
质检意见	原因:		□是□否

表 4-1-8 高压互锁故障诊断与排除

序号	步骤	记录	完成情况
1	遥控钥匙解锁车辆,进入车内踩下制动踏板,按下启动按钮,组合仪表无 OK 指示灯,动力系统故障灯点亮,并提示 EV 功能受限		已完成□ 未完成□
2	连接道通 908E,选择比亚迪秦车型,进入全新秦 EV 或 2019 秦 EV 版本。全车模块扫描,进入"电池管理控制器"读取故障码,显示"高压互锁故障"		已完成□ 未完成□

（续）

序号	步　骤	记录	完成情况
3	查找电器原理图 2019款秦EV高压互锁 动力电池包BK51 高压互锁输入 BK51/30　高压互锁输出 BK51/29 BK45(B)/10　BK45(B)/11　BK46/14　BK46/15 充电互锁输出　充电互锁输入　充电互锁输入　充电互锁输出 电池管理器BK45（B）　充配电总成BK46 高压互锁输出　高压互锁输入　高压互锁输出　高压互锁输入 BK45(B)/4　BK45(B)/5　BK46/13　BK46/12		已完成□ 未完成□
4	点火开关处于 OFF 档，取下蓄电池负极，断开电池管理器 BK45（B）插接器。使用万用表前，将档位调到电阻档进行校零，测量 BK45（B）/4~BK45（B）/5 线路阻值，实测值为 ∞，标准值 <1Ω		已完成□ 未完成□
5	进一步缩小故障范围，断开充配电总成 BK46 插接器，测量 BK45（B）/4~BK46/12 线路阻值，实测值为 ∞，标准值 <1Ω		已完成□ 未完成□
6	测量 BK46/13~BK45（B）/5 线路阻值，注意测量前要先进行万用表校零，实测值 <1Ω，正常值 <1Ω		已完成□ 未完成□
7	经排查确定电池管理器 BK45（B）/4 至充配电总成 BK46/12 线路断路		已完成□ 未完成□
8	**实训现场整理**		已完成□ 未完成□
总结提升			已完成□ 未完成□
质检意见	原因：		已完成□ 未完成□

评价反馈

1. 各组代表展示汇报 PPT，介绍任务的完成过程。

2. 请以小组为单位，对各组的操作过程与操作结果进行自评和互评，并将结果填入表 4-1-9 中的小组评价部分。

3. 教师对学生工作过程与工作结果进行评价，并将评价结果填入表 4-1-9 中的教师评价部分。

表 4-1-9 综合评价表

班级			组别		姓名		学号	
实训任务								
评价项目			评价标准				分值	得分
小组评价	计划决策		制定工作方案的合理可行，小组成员分工明确				10	
	任务实施		能够正确检查并设置实训工位				5	
			能够准备和规范使用工具设备				5	
			能够正确使用新能源汽车诊断仪				20	
			能够正确诊断并排除秦EV高压互锁故障				20	
			能够规范填写任务工单				10	
	任务达成		能按照工作方案操作，按计划完成工作任务				10	
	工作态度		认真严谨，积极主动，安全生产，文明施工				10	
	团队合作		小组组员积极配合，主动交流，协调工作				5	
	6S管理		完成竣工检验，现场恢复				5	
			小计				100	
教师评价	实训纪律		不出现无故迟到、早退、旷课现象，不违反课堂纪律				10	
	方案实施		严格按照工作方案完成任务实施				20	
	团队协作		任务实施过程互相配合，协作度高				20	
	工作质量		能准确完成诊断与排除高压互锁故障的任务				20	
	工作规范		操作规范，三不落地，无意外事故发生				10	
	汇报展示		能准确表达，总结到位，改进措施可行				20	
			小计				100	
综合评分			小组评价分×50%+教师评价分×50%					
总结与反思								

（如：学习过程中遇到什么问题→如何解决的/解决不了的原因→心得体会）

任务二 检修接触器故障

学习目标

- 了解接触器的定义。
- 掌握接触器的工作原理与其在电路中的作用。
- 了解秦 EV 车型电池包接触器安装位置。
- 具备判断接触器故障点的能力。
- 具备正确更换接触器的能力。
- 在实训中遵守规章制度,培养"精益求精、追求卓越"的工匠精神。

知识索引

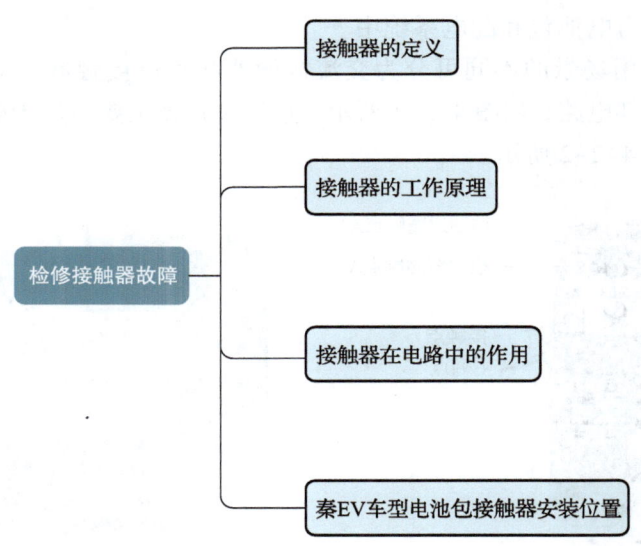

情境导入

试装车在进行各种性能测试时,车辆经过一段涉水路段测试后,车辆仪表显示"EV 功能受限",OK 指示灯不亮。通过诊断仪扫描到接触器烧结故障,清除故障码后可以正常上电,下电后又出现同样的故障。你作为一名电池助理测试工程师接到了处理此故障的任务。

新能源汽车动力电池及管理系统检修　　姓名　　　　班级　　　　日期

📩 获取信息

 引导问题 1

请查阅相关资料，写出接触器的定义。

_____
_____

 引导问题 2

请查阅相关资料，简述接触器的分类与应用范围。

_____
_____

接触器的定义

接触器就是利用小电流来控制大电流吸合或断开接触点，并以此来控制负载的交、直流主电路或大容量控制电路的自动化切换电器。在新能源汽车领域，接触器主要应用于驱动电机、动力电池包和配电系统中。

接触器根据使用场景的不同可分为交流接触器和直流接触器。交流接触器主要运用在交流充电桩内部电路，如图 4-2-1 所示；直流接触器主要运用于电池包的正负极、配电系统中，如图 4-2-2 所示。

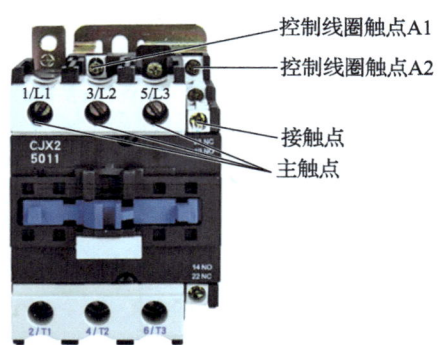

图 4-2-1　交流接触器

图 4-2-2　直流接触器

 引导问题 3

请查阅相关资料，写出接触器的主要组成部分。

_____
_____

| 姓名 | 班级 | 日期 | 能力模块四　新能源汽车动力电池管理系统检修 |

> **❓ 引导问题 4**
>
> 请查阅相关资料，简述接触器的工作原理。
>
> _____
>
> _____

接触器的工作原理

接触器主要由电磁机构、触头系统和灭弧装置组成。其中，电磁机构是"感测"元件，当它感测到一定的"电信号"时就会带动触头闭合或断开。它主要包括线圈（图 4-2-3）、铁心和衔铁。磁吹式灭弧装置如图 4-2-4 所示。

图 4-2-3　线圈

图 4-2-4　磁吹式灭弧装置

当接触线圈通上 12V 或 24V 电源后，线圈电流产生磁场，使静铁心产生电磁吸力吸引动铁心，并带动触点动作，常闭触点断开，常开触点吸合。当接触线圈断开 12V/24V 的线圈电源时，电磁吸力消失，衔铁在释放弹簧的作用下释放，使触点复原，常开触点断开，常闭触点闭合，断开电源。磁吹式灭弧装置将触点周边的电弧扑灭，保证接触器在接通或断开的瞬间触点不被电弧烧结。接触器接线端如图 4-2-5 所示。

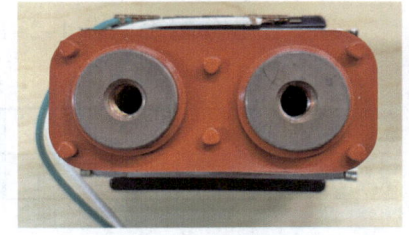

图 4-2-5　接触器接线端

> **❓ 引导问题 5**
>
> 请查阅相关资料，写出接触器在电路中的作用。
>
> _____
>
> _____

接触器在电路中的作用

电路中使用接触器的目的就是利用小电流来控制大电流。电路中的负载大小不一样，接触器在电路的应用也不一样。电流容量大的电路中使用接触器，如电池包的正负极、预充电路、电机控制电路等。电流容量小的电路中使用继电器，如汽车的照明系统、刮水器系统等。

> 引导问题 6
>
> 请查阅相关资料，描述秦 EV 车型电池包接触器安装位置。
>
> _____
>
> _____
>
> _____

秦 EV 车型电池包接触器安装位置

电池包接触器安装位置如图 4-2-6 和图 4-2-7 所示。

图 4-2-6　电池包接触器 1

图 4-2-7　电池包接触器 2

任务分组

学生任务分配表见表 4-2-1。

表 4-2-1　学生任务分配表

班级		组号		指导老师	
组长		学号			
组员角色分配					
信息员		学号			
操作员		学号			
记录员		学号			
安全员		学号			
任务分工					
（就组织讨论、工具准备、数据采集、数据记录、安全监督、成果展示等工作内容进行任务分工）					

| 姓名 | 班级 | 日期 | 能力模块四　新能源汽车动力电池管理系统检修 |

工作计划

按照前面所了解的知识内容和小组内部讨论的结果，制定工作方案，落实各项工作负责人，如任务实施前的准备工作、实施中主要操作及协助支持工作、实施过程中相关要点及数据的记录工作等，工作计划表见表 4-2-2。

表 4-2-2　工作计划表

步骤	工作内容	负责人
1		
2		
3		
4		
5		
6		
7		
8		

进行决策

1. 各组派代表阐述资料查询结果。
2. 各组就各自的查询结果进行交流，并分享技巧。
3. 教师对各组的计划方案进行点评。
4. 各组长对组内成员进行任务分工，教师确认分工是否合理。

任务实施

引导问题 7

扫描二维码观看视频，了解如何进行动力电池接触器的故障检修，并简述操作要点。

【微课】动力电池接触器粘连故障检修（秦 EV）

参考操作视频，按照规范作业要求完成动力电池接触器的故障检修的操作步骤，并完成数据采集和记录，见表 4-2-3 和表 4-2-4。

新能源汽车动力电池及管理系统检修　　姓名　　　　班级　　　　　　日期

表 4-2-3　实训准备

序号	设备及工具名称	数量	设备及工具是否完好
1	比亚迪秦 EV	1 辆	□是 □否
2	工位防护套装	1 套	□是 □否
3	人员防护套装	1 套	□是 □否
4	数字式交直流万用表	1 个	□是 □否
5	道通 908E 汽车专用解码仪	1 个	□是 □否
6	万用接线盒	1 个	□是 □否
7	电池举升平台	1 台	□是 □否
8	一体化工量具	1 套	□是 □否
质检意见	原因：		□是 □否

表 4-2-4　接触器故障检修

序号	步　　骤	记录	完成情况
1	高压安全下电 ①将车辆停入作业工位 ②车辆下电，将车辆钥匙存放在安全处 ③打开前发动机舱，铺设前发动机舱翼子板垫 ④断开蓄电池负极，负极电缆插头用绝缘胶布包好。蓄电池负极桩头用盖子盖好或用绝缘胶布包好 ⑤放置车辆 5~10min，对新能源汽车的高压电容器进行放电 ⑥断开前发动机舱动力电池包母线进行验电。断开动力蓄电池母线后，需要对动力电池的母线进行验电，如果母线有残余电荷，则需用放电设备进行放电，确保动力蓄电池母线无电荷 ⑦验电完毕，将动力电池包母线插接器用盖子盖好或用绝缘胶布包好		已完成□ 未完成□
2	举升车辆 ①调节举升臂位置，将垫块对准车辆的举升点 ②按下举升键，当汽车被举起时，观察车辆是否水平托举 ③当车辆离地面 5~10cm 时停下，检查车辆是否被平稳托举，晃动车辆确认是否牢固无偏差 ④确认无问题后，将车辆举升到合适高度 ⑤拉下锁定装置		已完成□ 未完成□
3	动力电池包外观检查 围绕动力电池总成四周检查外观		已完成□ 未完成□
4	拆卸动力电池包附件及检测 ①拆下电池包托盘底部安装在四周的护板 ②拆下电池包低压插接器及高压插接器（高压需佩戴绝缘手套） ③用万用表检查检测电池包是否漏电。检测方法（需佩戴绝缘手套）：将万用表正极分别搭在电池正负极引出，负极搭车身地。正常值为 10V 以下。若测得电压过大请不要拆卸，检查漏电原因和地方，排除问题后再进行以下操作 ④排空动力电池总成冷却液 ⑤拆卸动力电池总成搭铁线或等电位线 ⑥在电池包正下方准备电池举升台，举升台需要升至电池包的高度托举电池包		已完成□ 未完成□

（续）

序号	步　　骤	记录	完成情况
5	拆卸动力电池包 ①在电池包正下方准备电池举升台，举升台需要升至电池包的高度托举电池包 ②佩戴绝缘手套，使用套筒卸掉动力电池与车身固定螺栓，将电池包拆放至举升台 ③缓慢将电池包举升台降至合适高度后，拉出车辆举升工位并将电池包放置在专用工位，设置安全警示牌及隔离栏		已完成□ 未完成□
6	拆卸动力电池包上盖 ①使用手持式电动枪钻，选用合适大小的钻头，沿电池一周取下电池上盖固定铆钉 ②使用一体化工量具里的平面铲刀，沿电池一周把密封胶铲出，使电池上盖与电池底板分离 ③选用一体化工量具里面合适的棘轮、接杆、套筒，活动电池高低压插接器处压板固定螺栓，取下固定压板 ④将动力电池包上盖取下		已完成□ 未完成□
7	拆卸动力电池包内部接触器 ①选用一体化工量具里面合适的棘轮、套筒，打松配电箱固定螺栓，将配电箱上盖取下 ②根据故障诊断仪的故障码，确定是哪个接触器出现粘连情况。使用万用表进行验证，当测到接触器两端触点小于1Ω时，判断此接触器出现粘连情况 ③选用一体化工量具里面合适的棘轮、内六角等工具，取下故障接触器。将没问题的接触器更换上去，按照拆卸相反的顺序进行安装 ④车辆上电，当仪表点亮OK指示灯，解码仪无故障码后，故障排除		已完成□ 未完成□
8	实训现场整理		已完成□ 未完成□
总结提升			已完成□ 未完成□
质检意见	原因：		已完成□ 未完成□

📋 评价反馈

1. 各组代表展示汇报 PPT，介绍任务的完成过程。

2. 请以小组为单位，对各组的操作过程与操作结果进行自评和互评，并将结果填入表 4-2-5 中的小组评价部分。

3. 教师对学生工作过程与工作结果进行评价，并将评价结果填入表 4-2-5 中的教师评价部分。

新能源汽车动力电池及管理系统检修　　姓名　　　　班级　　　　　　日期

表 4-2-5　小组自评表

班级		组别		姓名		学号	
实训任务							
评价项目			评价标准			分值	得分
小组评价	计划决策		制定工作方案的合理可行，小组成员分工明确			10	
	任务实施		能够正确检查并设置实训工位			5	
			能够准备和规范使用工具设备			5	
			能够正确判断哪个接触器存在故障			20	
			能够正确更换接触器			20	
			能够规范填写任务工单			10	
	任务达成		能按照工作方案操作，按计划完成工作任务			10	
	工作态度		认真严谨，积极主动，安全生产，文明施工			10	
	团队合作		小组组员积极配合，主动交流，协调工作			5	
	6S 管理		完成竣工检验，现场恢复			5	
			小计			100	
教师评价	实训纪律		不出现无故迟到、早退、旷课现象，不违反课堂纪律			10	
	方案实施		严格按照工作方案完成任务实施			20	
	团队协作		任务实施过程互相配合，协作度高			20	
	工作质量		能准确完成检修接触器故障的任务			20	
	工作规范		操作规范，三不落地，无意外事故发生			10	
	汇报展示		能准确表达，总结到位，改进措施可行			20	
			小计			100	
综合评分			小组评价分 ×50%+ 教师评价分 ×50%				
总结与反思							

（如：学习过程中遇到什么问题→如何解决的 / 解决不了的原因→心得体会）

任务三　检修电流传感器故障

学习目标

- 了解电流传感器的定义与作用。
- 掌握电流传感器的结构、分类与工作原理。
- 掌握直流漏电传感器的作用。
- 具备识别电流传感器类型的能力。
- 具备检修电流传感器故障的能力。
- 了解霍尔效应的发现过程,感受坚持怀疑精神的重要性。

知识索引

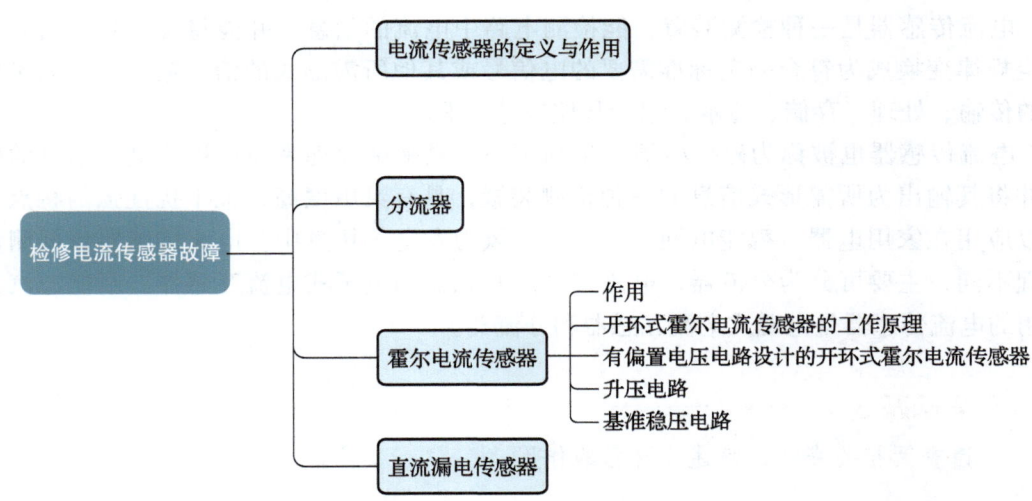

情境导入

　　试装车在做充电测试时,电池组的 SOC 在充电过程中不升反降,车辆在行驶时,电池组的 SOC 只升不降,你作为电池助理测试工程师接到了处理该故障的任务。

新能源汽车动力电池及管理系统检修　　姓名　　　　班级　　　　　日期

📩 获取信息

❓ 引导问题 1

请查阅相关资料，简述电流传感器的作用。
_____
_____
_____

❓ 引导问题 2

请查阅相关资料，简述新能源汽车常用哪几种电流传感器。
_____
_____
_____

电流传感器的定义与作用

电流传感器是一种检测装置，能检测电路中电流的信息，并能将检测到的信息按一定规律变换成为符合一定标准需要的电信号或其他所需形式的信息输出，以满足信息的传输、处理、存储、显示、记录和控制等要求。

电流传感器也被称为磁传感器，是利用霍尔磁平衡原理来完成被测电流信息的感应并将其输出为所需形式信息的一种检测装置，具有灵敏度高、抗干扰性强的特点，可以应用在家用电器、智能电网、电动车、风力发电等场景中。电流传感器依据测量原理不同，主要可分为分流器、电磁式电流互感器和电子式电流互感器。新能源汽车常用的电流传感器是电磁式电流互感器和分流器。

❓ 引导问题 3

请查阅相关资料，简述分流器的作用。
_____
_____
_____

❓ 引导问题 4

请查阅相关资料，简述分流器的特点。
_____
_____
_____

分流器

分流器（图4-3-1）是根据直流电流通过电阻时电阻两端产生电压的原理制作而成，实际就是一个阻值很小的电阻，当有直流电流通过时，产生压降，供直流电流表显示；直流电流表实际为电压表，一般这个电压表量程为75mV、150mV、300mV；根据欧姆定律$I=U/R$，用电压表来测量这个电压，再将这个电压换算成电流，就完成了大电流的测量。新能源汽车刚起步时，由于分流器低成本的优势，主机厂优先采购此配件。新能源汽车高压配电箱的负极端安装1个标准满载电压75mV的分流器，由于其分流器的阻值非常小，基本可以忽略不计，在低频率小幅值电流测量中，分流器表现出高的精度和较快的响应速度。在工业领域中，在不涉及测量回路与被测电流之间电隔离的场合，分流器是将电流信号转变成电压信号的首选低成本方案。

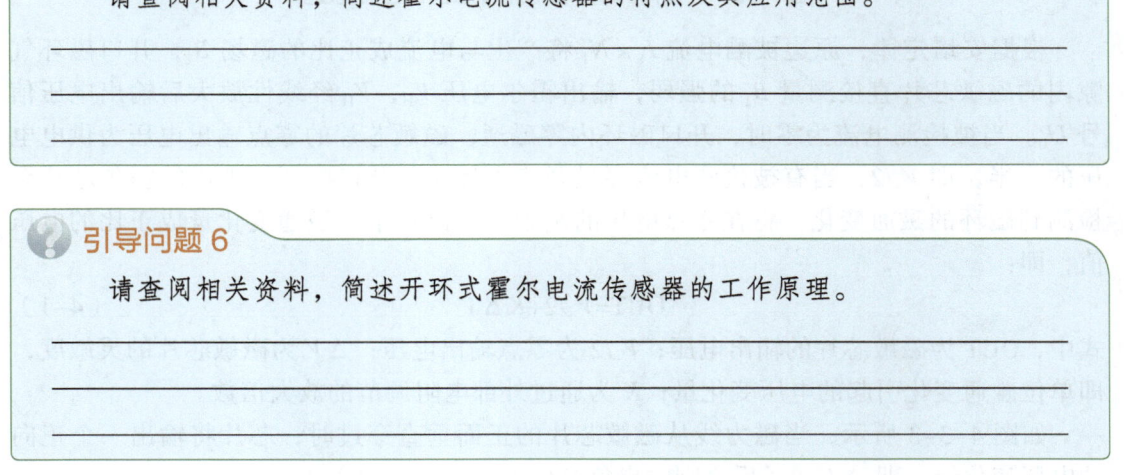

图4-3-1 分流器

引导问题5

请查阅相关资料，简述霍尔电流传感器的特点及其应用范围。

_____

_____

_____

引导问题6

请查阅相关资料，简述开环式霍尔电流传感器的工作原理。

_____

_____

_____

霍尔电流传感器

（一）作用

近年来，霍尔电流传感器产品因具有良好的精度及线性度、检测电压与输出信号高度隔离、高可靠性、低功耗以及维修更换方便等优点，广泛应用于新能源汽车、航空、航天、通信等领域。

在很多应用中要求霍尔电流传感器的零点输出电压为基准的 2.5V，即检测电流为零时，传感器输出电压为 2.5V；当检测电流为负方向时，传感器输出电压为一个小于 2.5V 的电压值；当检测电流正方向时，传感器输出电压为一个大于 2.5V 的电压值，检测电流与输出电压变化呈线性关系。

目前，常规的霍尔元件零点输出电压为供电电压的一半，而很多霍尔电流传感器的供电电压不是精确的固定值，而是一个范围，如 4.5~5.5V 等，这样会导致霍尔电流传感器的零点电压输出不稳定，甚至超过规定值，如比亚迪秦 EV 车型使用的霍尔电流传感器输出的电压范围为 0~4.2V。

（二）开环式霍尔电流传感器的工作原理

开环式霍尔电流传感器（图 4-3-2）的工作原理如图 4-3-3 所示。

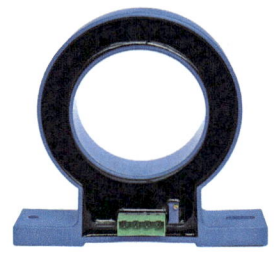

图 4-3-2　开环式霍尔电流传感器

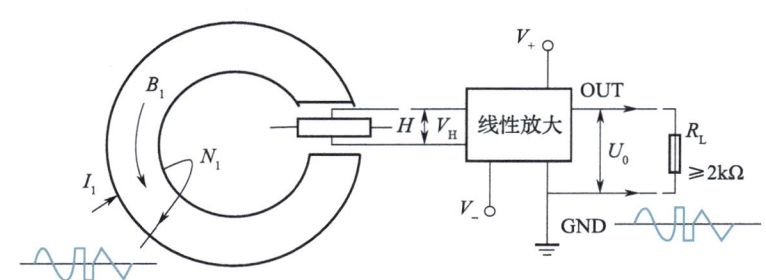

图 4-3-3　开环式霍尔电流传感器的工作原理

根据安培定律，原边被测电流 $I_1 \times N_1$ 将产生与电流成正比的磁场 B_1，开口磁环气隙内的磁敏芯片直接测量 B_1 的强弱，输出霍尔电压 V_H，V_H 经线性放大后输出电压信号 U_0。当被检测电流为零时，开口磁环内零磁通，磁敏芯片的零点输出电压为供电电压的一半，即 $V_+/2$，当有被检测电流穿过开口磁环时，开口磁环气隙内的霍尔芯片会检测到磁环的磁通变化，将在零点电压的基础上输出一个与磁通变化量成正比的电压值，即：

$$\text{OUT} = V_+/2 + K\Delta V \tag{4-1}$$

式中，OUT 为磁敏芯片的输出电压；$V_+/2$ 为零点输出电压；ΔV 为磁敏芯片的灵敏度，即单位磁通变化引起的电压变化量；K 为通过外部电阻调节的放大倍数。

如图 4-3-3 所示，当磁力线从磁敏芯片的正面垂直穿过时，芯片将输出一个正向的电压变化量，即 $\Delta V>0$，反之则输出负电压变化量，即 $\Delta V<0$。

当传感器供电电压为 5V 时，按照式（4-1），传感器会输出一个有 2.5V 偏置电压且与电流呈线性关系的电压信号，但如果供电电压不精确或者误差范围较大时，传感器输出电压的直流偏置将不精确或相应的误差较大，如供电电压为 4.6V 时，传感器的零点偏置电压将是 2.3V，误差太大。

目前，业界有精准直流偏置电压输出的霍尔电流传感器应用较少。常规做法是先隔离传感器的直流偏置电压，只输出一个与原边电流呈线性关系的零偏置电压信号，然后再使用运放加法器加上一个由基准稳压源得到的2.5V基准电压信号，运用该实现方式的电路相对复杂。

（三）有偏置电压电路设计的开环式霍尔电流传感器

可在开环式霍尔电流传感器电路的基础上增加简单的电子元器件，通过升压在一定范围内变化的低压供电信号，然后经过基准稳压电路变换成一个+5.0V的基准电压，以此给磁敏检测电路供电，从而产生一个2.5V的基准零点偏置电压。

磁敏检测电路检测开口磁环内的磁场强度，将其转换成与之呈线性关系的电压信号，与基准的2.5V叠加，经过电压跟随电路后输出，即实现上述有2.5V直流偏置电压输出的直流线性霍尔电流传感器输出。该电路由升压电路、基准稳压电路、磁敏检测电路以及电压跟随电路组成，原理框图如图4-3-4所示。

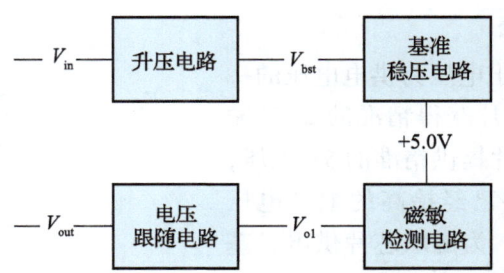

图4-3-4 有精准直流偏置电压输出的霍尔传感器原理框图

有精准直流偏置电压输出的霍尔传感器正常工作时，4.5~5.5V范围内的直流供电电压经升压电路升至一定值V_{bst}，如12V或其他可设定值，V_{bst}经基准稳压电路变换成精确的+5.0V，以给磁敏检测电路供电。磁敏检测电路检测开口磁环内的磁场强度并输出有偏置电压的直流电压V_{o1}，且有：

$$V_{o1}=2.5+K\Delta V \tag{4-2}$$

式中，2.5为磁敏检测电路的零点输出电压（V），该电压为磁敏检测电路供电电压的一半；K为磁敏检测电路放大倍数，可由外部电阻等调节；ΔV为磁敏检测电路的灵敏度，即单位检测电流变化引起的磁敏芯片输出电压变化量，该变化量由磁敏芯片内部的霍尔器件决定。

V_{o1}经过电压跟随电路后直接输出V_{out}，电压跟随器的作用是提高传感器电路的负载能力，避免外接负载对传感器的输出电压造成影响。

（四）升压电路

一般传感器供电电源并不是精确的5.0V，而是一个电压范围，如4.5~5.5V，而磁敏芯片零磁通时的输出电压为供电电压的一半，为保证供电电压在允许范围内变化时磁敏芯片的零点电压输出稳定，需要为磁敏芯片提供一个精准的5V供电电压，即需要将4.5~5.5V供电电压抬高后再变换成精确稳定的5V电压。其原理如图4-3-5所示，

U_1 为升压芯片，可以将 4.5~5.5V 供电电压抬升至 11.4~12.6V，最大输出电流 50mA，不需要电感，外围元件少，具有短路保护及过热保护等功能。

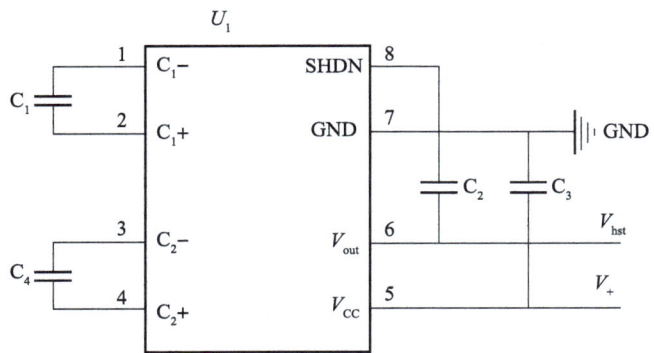

图 4-3-5 升压电路原理

（五）基准稳压电路

由于磁敏芯片的输出电压为供电电压的一半，因此为了使磁敏芯片获得精准的 2.5V 输出电压，需要为磁敏芯片提供精准的 5V 电压，故使用基准稳压电路将已经抬高的 12V 电压转换为精准的 5V 电压，为磁敏芯片供电，基准稳压电路原理图如图 4-3-6 所示。其中，D_1 为基准稳压电源芯片 TL431，R_9 为限流电阻，用于限制后级电路电流，R_2、R_5 以及 R_{11} 为调压电阻，用于调节输出电压为精准的 5V，精准的 5V 可以由分压电阻得到精准的 2.5V。

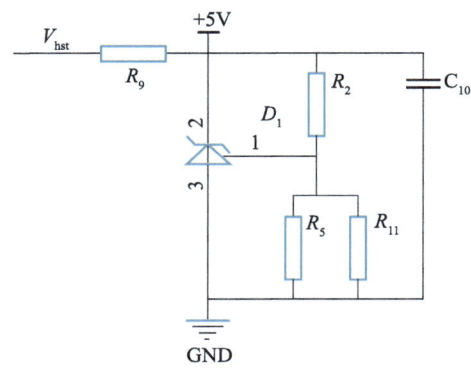

图 4-3-6 基准稳压电路

引导问题 7

请查阅相关资料，简述直流漏电传感器的作用。

_____

_____

_____

直流漏电传感器

直流漏电流传感器环绕安装在直流回路的正负极引线上，当装置运行时，实时检测各支路传感器输出的信号。当支路绝缘情况正常时，流过传感器的电流大小相等，方向相反，其输出信号为零；当支路有接地时，直流漏电传感器有差流流过，传感器的输出不为零。因此通过检测各支路传感器的输出信号，就可以判断直流系统接地支路。

例如：2016/2017 款比亚迪 E5 的高压电控总成在直流母线输入端安装 1 个霍尔电流传感器（图 4-3-7），当电流经过负载端后，安装 1 个霍尔电流传感器检测负载端的电流。高压电控总成检测到输入的电流与经过负载端后的电流不一致时，此时高压电控总成会认为负载端有漏电，高压电控总成通过动力 CAN 与漏电模块通信，漏电模块通过网关控制器与各相关模块通信，电池管理器控制电池包输出的电流，电机控制电机的转矩输出，严重时，直接切断动力输出，以保障车辆安全平稳运行。

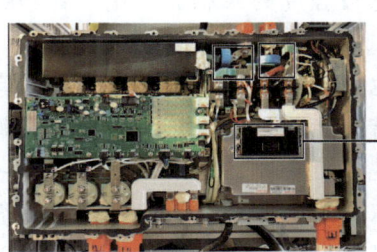

图 4-3-7　霍尔电流传感器

📖 拓展阅读

当通有电流的导体或半导体置于与电流方向垂直的磁场中时，在垂直于电流和磁场的方向，该导体或半导体的两侧会产生一个电势差，这种现象称为霍尔效应。随着半导体技术的发展，霍尔效应和霍尔传感器在科研和工业生产中得到了非常广泛的应用，成为不可或缺的重要的测量手段和工具。因此，了解霍尔做出这一重要发现的历史条件和创新过程也是很有意义的。

霍尔在阅读麦克斯韦的《电和磁》一书时注意到其中的一段话："必须小心地记住，作用在穿过磁力线的有电流流过的导体上的机械力，不是作用在电流上的，而是作用在流过电流的导体上的。"霍尔认为麦克斯韦的这一论断与人们考虑这一情况时的直观推想是矛盾的。不带电流的导线不会受到磁力的作用，通有电流的导线所受的作用力与电流的大小成正比，而作用力的大小通常与作为导线的金属丝的尺寸和材料是没有关系的。

霍尔就这个问题请教了自己的导师罗兰教授，罗兰说他也曾怀疑过麦克斯韦论断的真实性，以前也做过实验，但没有成功。当时罗兰正忙于其他工作，就没有立刻做进一步的研究。

1879 年 10 月，在罗兰教授的鼓励下，霍尔开始了他的探索和实验。一开始，霍尔认为若是导体中的电流受到了作用力，那么电流会偏向导体的一侧，导体的电阻就应当有所增加，根据这一想法，霍尔做了用惠斯通电桥测量银丝电阻变化的实验，尽管电磁铁产生的磁场比地磁场强近 2000 倍，但银丝电阻增加量也只有百万分之一，这个变化太小了，霍尔认为如果是电流偏向导体一侧的话，变化不会这么小，但电阻毕竟有所增加，难道前面的假设不成立吗？霍尔感到很困惑。忽然有一天，霍尔想到可能是电磁铁通电后散发的热量使银丝温度升高造成的。在排除各种热效应干扰后，霍尔反复做了几十次实验，结果银丝电阻值的变化只有五百万分之一，否定了前面的假设。

然而失败并没有使霍尔放弃研究，经过认真思考，改革思路，霍尔重新设计了实验装置。他用安装在玻璃板上的金箔窄条作为导体，磁铁的磁场垂直于金箔面，金箔窄条两侧对应点接上检流计，最后得到了"导体两侧对应点之间的电压与通过导体的电流和磁感应强度的乘积成正比"的结论，发现了霍尔效应的存在。

霍尔把自己的成功归结于他的**不屈不挠的顽强毅力和对问题的清晰理解**，他不认为自己有聪明过人的才智，相反地，他认为自己"理解问题缓慢""动手不熟练"，但是这没有阻止他进行研究，由于他坚持一步一步地解决困难问题，所以他总是能够战胜困难取得成功。这对我们也是一个很好的启发：也许我们并没有过人的天分，但是只要坚持努力，克服困难，深入钻研问题，就能够取得成功。正所谓"锲而舍之，朽木不折；锲而不舍，金石可镂"。

任务分组

学生任务分配表见表 4-3-1。

表 4-3-1　学生任务分配表

班级		组号		指导老师	
组长		学号			
组员角色分配					
信息员		学号			
操作员		学号			
记录员		学号			
安全员		学号			
任务分工					

（就组织讨论、工具准备、数据采集、数据记录、安全监督、成果展示等工作内容进行任务分工）

工作计划

按照前面所了解的知识内容和小组内部讨论的结果，制定工作方案，落实各项工作负责人，如任务实施前的准备工作、实施中主要操作及协助支持工作、实施过程中相关要点及数据的记录工作等，工作计划表见表 4-3-2。

| 姓名 | 班级 | 日期 |

表 4-3-2 工作计划表

步骤	工作内容	负责人
1		
2		
3		
4		
5		
6		
7		
8		

进行决策

1. 各组派代表阐述资料查询结果。
2. 各组就各自的查询结果进行交流，并分享技巧。
3. 教师对各组的计划方案进行点评。
4. 各组长对组内成员进行任务分工，教师确认分工是否合理。

任务实施

 引导问题 8

扫描二维码观看视频，了解如何进行电流传感器的故障检修，思考维修的电流传感器属于哪一种类型，并简述操作要点。
_____
_____

【微课】动力电池电流传感器的维修（秦EV）

参考操作视频，按照规范作业要求完成秦 EV 动力电池电流传感器故障维修的操作步骤，完成数据采集和记录，见表 4-3-3 和表 4-3-4。

表 4-3-3 实训准备

序号	设备及工具名称	数量	设备及工具是否完好
1	比亚迪秦 EV	1辆	□是□否
2	工位防护套装	1套	□是□否
3	人员防护套装	1套	□是□否
4	数字式交直流万用表	1个	□是□否
5	道通 908E 汽车专用解码仪	1个	□是□否
6	万用接线盒	1个	□是□否
7	一体化工量具	1辆	□是□否
质检意见	原因：		□是□否

表 4-3-4 秦 EV 动力电池电流传感器的维修

序号	步骤	记录	完成情况
1	车辆在充电过程中 SOC 不升反降，在行驶过程中 SOC 不降反升		已完成☐ 未完成☐
2	连接道通 908E 汽车专用解码仪，选择比亚迪秦车型，进行全车模块扫描，进入电池管理器读取故障码，显示"霍尔电流传感器故障"		已完成☐ 未完成☐
3	查看电器原理图 		已完成☐ 未完成☐
4	点火开关处于 ON 档，背插测量 BK45（B）/27 对地电压，观察实测值（标准值为 +15V）		已完成☐ 未完成☐
5	点火开关处于 ON 档，背插测量 BK45（B）/18 对地电压，观察实测值（标准值为 –15V）		已完成☐ 未完成☐
6	点火开关处于 ON 档，背插测量 BK45（B）/26 对地电压，观察实测值（标准值为 0~1V）		已完成☐ 未完成☐
7	根据测量出来的结果，分析异常数值，进行下一步的测量，直到确定故障点		已完成☐ 未完成☐
8	恢复故障后，查看车辆能否正常放电、充电		已完成☐ 未完成☐
9	实训现场整理		已完成☐ 未完成☐
总结提升			已完成☐ 未完成☐
质检意见	原因：		已完成☐ 未完成☐

| 姓名 | | 班级 | | 日期 | |

💬 评价反馈

1. 各组代表展示汇报 PPT，介绍任务的完成过程。

2. 请以小组为单位，对各组的操作过程与操作结果进行自评和互评，并将结果填入表 4-3-5 中的小组评价部分。

3. 教师对学生工作过程与工作结果进行评价，并将评价结果填入表 4-3-5 中的教师评价部分。

表 4-3-5　综合评价表

班级			组别		姓名		学号	
实训任务								
评价项目			评价标准				分值	得分
小组评价	计划决策		制定工作方案的合理可行，小组成员分工明确				10	
	任务实施		能够正确检查并设置实训工位				5	
			能够准备和规范使用工具设备				5	
			能够正确识别电流传感器的类型				20	
			能够正确检修电流传感器故障				20	
			能够规范填写任务工单				10	
	任务达成		能按照工作方案操作，按计划完成工作任务				10	
	工作态度		认真严谨，积极主动，安全生产，文明施工				10	
	团队合作		小组组员积极配合，主动交流，协调工作				5	
	6S 管理		完成竣工检验，现场恢复				5	
			小计				100	
教师评价	实训纪律		不出现无故迟到、早退、旷课现象，不违反课堂纪律				10	
	方案实施		严格按照工作方案完成任务实施				20	
	团队协作		任务实施过程互相配合，协作度高				20	
	工作质量		能准确完成维修秦 EV 动力电池电流传感器的任务				20	
	工作规范		操作规范，三不落地，无意外事故发生				10	
	汇报展示		能准确表达，总结到位，改进措施可行				20	
			小计				100	
综合评分			小组评价分 ×50%+ 教师评价分 ×50%					
总结与反思								

（如：学习过程中遇到什么问题→如何解决的 / 解决不了的原因→心得体会）

任务四　检修信息采集模块故障

学习目标

- 了解电池信息采集器的功能。
- 掌握电池组信息采集模块故障的处理方法。
- 具备根据故障诊断仪确认故障原因的能力。
- 具备使用万用表根据电器原理图确认故障点的能力。
- 了解信息采集模块可能出现的各类故障，立足专业技能，培养职业素养。

知识索引

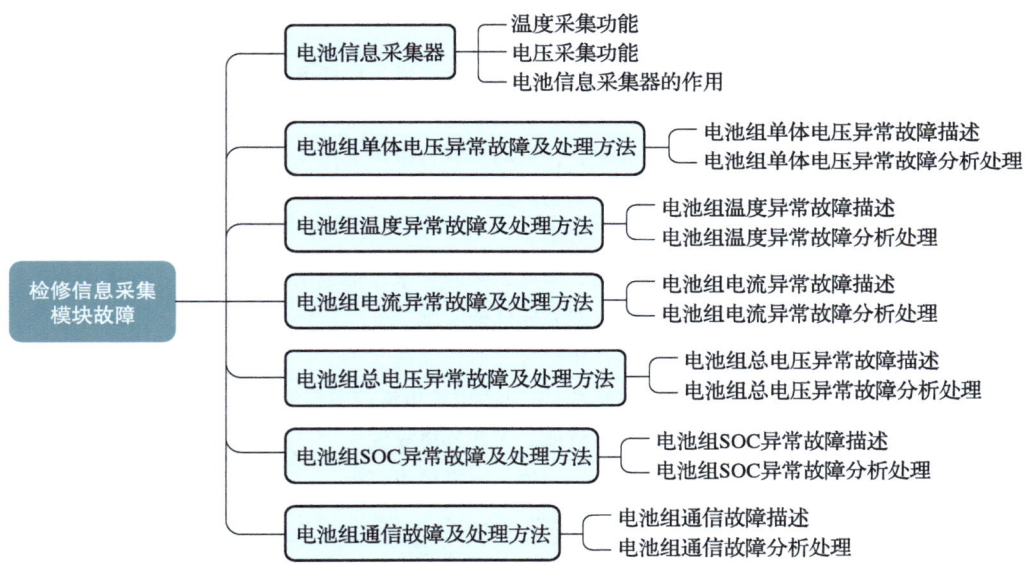

情境导入

试装车在测试过程中，仪表显示"请检查动力系统、EV 功能受限"警示。关闭电源后重新上电，仪表"OK"灯不亮。你作为电池助理测试工程师协助主管处理此故障。

获取信息

引导问题 1

请查阅相关资料,简述电池信息采集器的功能与作用。

_____

_____

电池信息采集器

秦 EV 车型电池管理系统框图如图 4-4-1 所示。

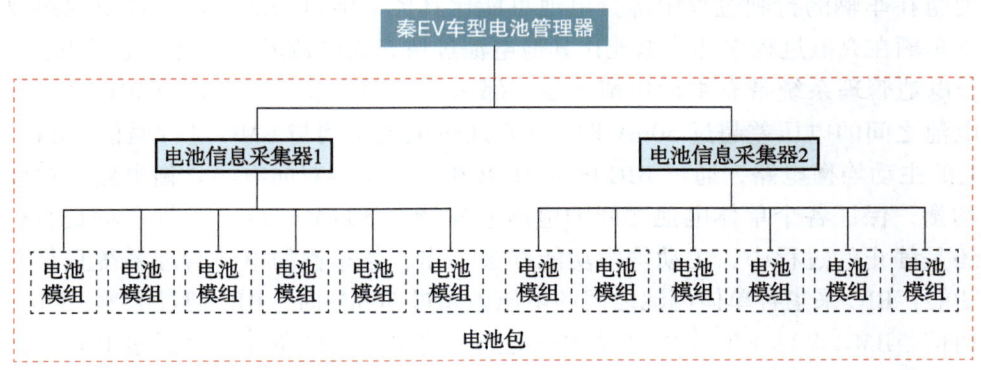

图 4-4-1　秦 EV 车型电池管理系统框图

(一)温度采集功能

电池信息采集器(BIC)有采集电池模组温度信息的功能。电动汽车行驶或充电的过程中,单体电池会产生大量的热,如果不把电池产生的热散出去,就有可能产生安全隐患。安装在电池模组上的热敏温度传感器会采集模组的部分区域的温度,并通过柔性 PCB 采集线输送给 BIC。BIC 根据温度传感器的电阻值判断当前电池模组的温度,通过电池子网与电池管理器(BMC)进行通信,BMC 控制电池组的温度保持在合理的范围内。

例如车辆行驶或充电时,BMC 要保证电池组的温差不能超过 5℃,当车辆在进行直流充电,电池组温度在 33℃时,电池热管理系统要介入;当电池组温度低于 5℃时,电池加热系统介入,待电池组的温度高于 10℃时,电池加热系统停止工作。

BMC 对电池组温度的控制会减少各电池组或单体电池之间因电池的材料和制造水平的差异造成的影响,从而减少电池在苛刻条件下诱发电池局部温度差引起的电池安全问题,保障电动汽车运行安全。

秦 EV 车型的每个模组上安装有 3 个温度传感器,每个温度传感器的阻值为 9.2kΩ。BIC 插接器上的黑色线束为温度传感器的线束。温度传感器和电池信息采集器分别如图 4-4-2 和图 4-4-3 所示。

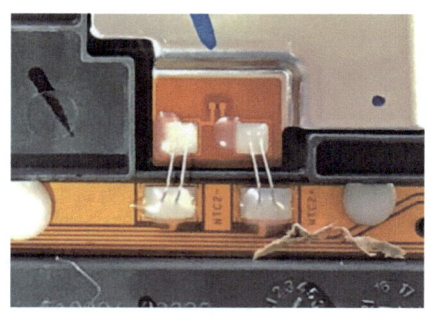

图 4-4-2　温度传感器

图 4-4-3　电池信息采集器

（二）电压采集功能

车辆运行过程中（行驶或充电中），BIC 实时采集各个单体电池的电压，防止车辆的电池组在车辆的行驶过程中部分电池可能比其他电池过快放完电造成电池过放电，或防止车辆在充电过程中部分电池比其他电池过快充满电造成电池过充电现象。

若电池管理系统带有主动均衡功能，那么在车辆行驶过程中，当 BIC 采集到各个单体电池之间的电压差超过 50mV 时，BIC 通过电池子网与 BMC 进行通信，BMC 激活 BIC 上的主动均衡电路，通过 BIC 内部的 DC/DC 变换器双向有源均衡电路对单体电池进行均衡，保证各个单体电池之间的电压差保持在 50mV 以内。不管车辆是在行驶、充电还是静止的过程中，主动均衡功能都会工作。若车辆的电池管理系统只带有被动均衡功能，BIC 采集各单体电池之间的电压差超过 50mV 时，BIC 通过电池子网与 BMC 进行通信，BMC 激活 BIC 上的被动均衡电路，将电压高的单体电池通过 BIC 内部的串联电阻以热量消耗的方式将单体电池的电压保持在合理区间。

注意：被动均衡只发生在车辆充电的过程中。

（三）电池信息采集器的作用

BIC 采集单体电池电压和电池模组的温度主要是为了让 BMC 更好地管控每个单体电池，保障电池在其最适宜的环境温度下进行放电或充电，减缓电池容量的衰减，降低电池热失控及电池内部短路的风险，延长电池的使用寿命。

 引导问题 2

请查阅相关资料，简述电池组单体电压异常故障的分类。
_____
_____

 引导问题 3

请查阅相关资料，简述一般情况下如何处理电池组单体电压异常故障。
_____
_____

电池组单体电压异常故障及处理方法

（一）电池组单体电压异常故障描述

电池组单体电压异常故障可分为单体电压过高、单体电压过低、单体压差过大 3 种报警故障，当出现上述任意故障时，BMC 均会做出相应处理动作，以保护电池组正常、安全运行。

（二）电池组单体电压异常故障分析处理

1. 故障分类

使用诊断仪或上位机软件，查看电池组所有单体数据，查看是个别单体电压异常还是单体电压整体异常，并记录。若在行车过程中出现偶发性的单体电压异常，则需要试车，采集车辆运行数据流后明确单体电压异常编号情况。

2. 个别单体电压异常处理流程（图 4-4-4）

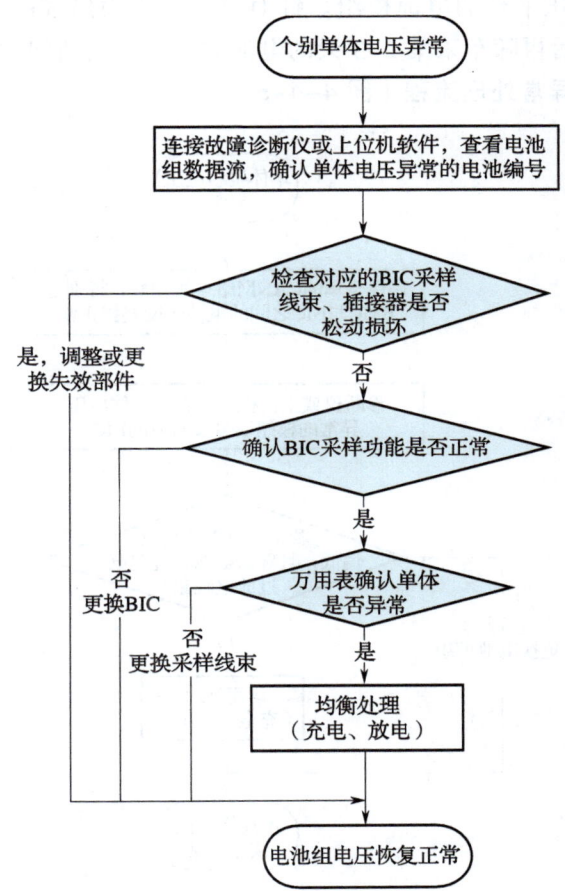

图 4-4-4　个别单体电压异常处理流程

步骤 1：根据采集到的电池数据流，确认异常单体的编号，参考维修资料找到该单体编号所对应的电池模组。

步骤 2：检查模组的采样线束是否有破损、插接器是否松动，若破损则更换线束；

若采样线束正常，则需进行下一步骤排查。

步骤3：检查模组采样线束正常后，检查BIC采样功能是否正常，可通过更换上新的BIC（需配好对应地址），或者相邻两块BIC对换，再通过诊断仪或上位机软件查看所有单体的数据流；若单体采样正常，则说明是BIC问题，更换即可；若单体仍旧采样异常，则说明BIC功能正常，需进行下一步骤确认工作。

步骤4：检查BIC采集功能正常后，检查模组内对应电芯的单体电压，可拔掉BIC端采样插接器，根据线标测量对应单体的实际电压；若实际量取电压与采样值一致，则说明是模组内电芯问题导致的异常，排查结束。

注意：使用万用表测量单体实际电压时，要佩戴绝缘防护手套，避免表笔短路。

3. 个别单体电压异常故障处理流程

在确保电池组绝缘值正常，且单体电芯没有严重欠电压、过电压的前提条件下，可对相应单体电芯做补电或放电均衡处理，保证所有单体电芯电压平台基本一致；否则需要更换相对应电压平台的电池模组。针对行车过程中出现的个别单体电压异常，根据上述步骤处理完后再随车采集2~3天的电池数据流，判断问题是否有效解决。

4. 单体整组电压异常处理流程（图4-4-5）

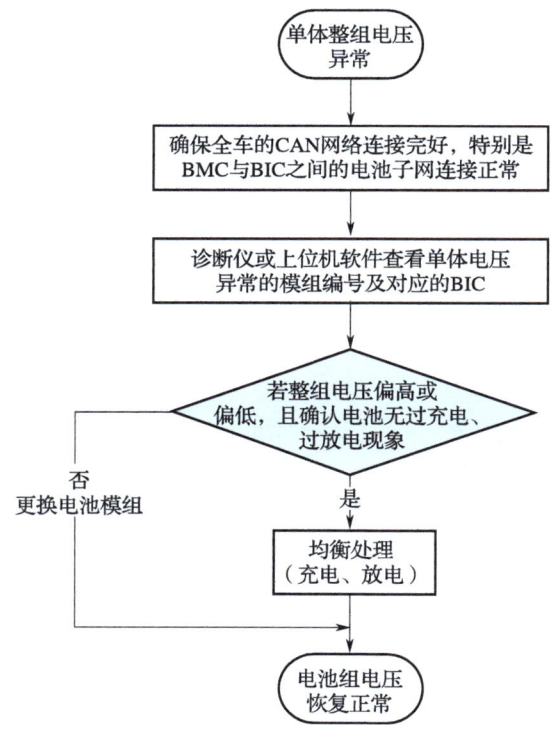

图4-4-5 单体整组电压异常处理流程

步骤1：确保全车CAN网络线束连接完好，包括BMC与BIC之间的电池子网连接正常。

步骤2：使用诊断仪或上位机软件确认整体单体电压异常的模组编号以及对照维修

资料找到相对应的 BIC。

步骤3：若是整组电池组单体电压偏高或偏低导致的故障，则可通过对电池组正常充、放电解决；若单个电池箱内所有单体电压偏高或偏低，则通过对该箱体单独充、放电即可解决。

注意： 电池组过充电或过放电，且超过安全可控范围的，造成电池组单体电压异常，处理后不再使用。

5. 一般情况下的单体电压异常故障处理流程

某个或某几个单体电压异常，一般情况下可能是 BIC 端的插接器引起的，或是电池组有过充电、过放电现象，只需要按照上述步骤处理即可。

单体电压异常处理完后随车采集 2~3 天的电池数据流，判断问题是否有效解决。

6. 电池组单体电压异常问题的其他原因

电池组单体异常问题（过电压、欠电压、压差过大）根据上述步骤分析处理，一般情况下可明确造成问题的原因，主要有插接器、线束松动或磨损、BIC 模块损坏、电芯自身差异等原因。上述原因都不是的情况下，可能是电磁干扰导致数据收集、上传异常，可按照 CAN 总线干扰处理方案进行选择性尝试处理。

引导问题 4

请查阅资料，简述电池温度异常故障的分类。

_____
_____
_____

电池组温度异常故障及处理方法

（一）电池组温度异常故障描述

电池组温度异常可分为电池组温度过高、电池组温差过大、电池组温度传感器异常偏高、电池组温度传感器异常偏低 4 种故障。当出现上述任意故障时，BMC 均会做出相应控制策略，以保护车辆电池组正常、安全运行。

（二）电池组温度异常故障分析处理

使用诊断仪或上位机软件查看电池组温度数据流，查看是否生成故障码，明确电池故障等级／故障现象：温度普遍过高（≥50℃）、温差整体过大（≥15℃）或温度明显异常及传感器异常（如 –40℃或者 125℃等）。

注意： 不同品牌的电池和 BMS，数据会有所区别。

1. 电池组温度普遍过高（≥50℃）与电池组温差整体过大（≥15℃）处理流程

检查步骤 1：检查电池系统的防冻液是否缺少，冷却水泵是否工作正常。

检查步骤 2：检查冷却水路是否有泄漏，水管、散热器是否有堵塞。

检查步骤 3：检查电池高温信号是否已经发送给空调控制器。

检查步骤4:检查空调控制器是否控制电子膨胀阀开启、电动压缩机是否工作。

处理:若按照上述步骤检查完毕,电池系统的热管理系统已正常工作,电池组温度仍旧过高,则可推断为电池本身产热所致,需要对原先设计方案进行优化,如散热方式、散热结构、电池组容量配置等。

2. 温度异常及传感器异常处理流程(图4-4-6)

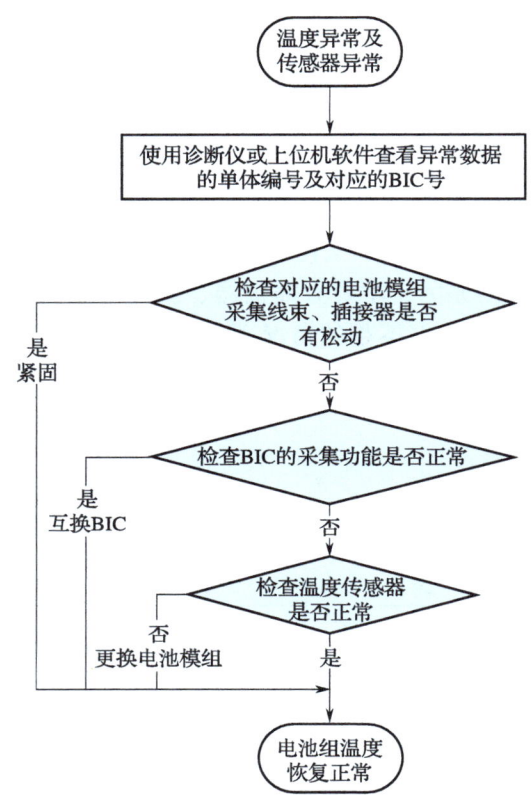

图4-4-6 温度异常及传感器异常处理流程

检查步骤1:使用诊断仪或上位机软件查看电池的数据流,确定异常温度的电池编号或模组编号。

检查步骤2:检查异常温度的单体编号对应的模组编号的采集线束是否有破损、插接器松动现象。

检查步骤3:检查BIC采集功能,有些电池企业提供的BIC模块配对地址后是可以互换的,若通过互换的方式采集数据恢复正常,则说明BIC模块故障,更换即可。

临时处理方式:若上述步骤检查完毕后,电池组的温度还是异常,可以通过上位机软件刷写屏蔽异常的数据流(只可以应急使用)。

最终处理方式:更换对应的电池模组或整包电池更换。

3. 电池组温度异常故障的其他原因

电池组温度异常(温度过高、温差大、传感器异常)根据上述步骤分析处理,基本可解决问题。但针对电池组普遍温度过高或者低温问题造成的车辆运行异常,就需要从电池包结构方面去优化。

> **引导问题 5**
>
> 请查阅资料，简述电池组电流异常故障的分类。
> _____
> _____
> _____

电池组电流异常故障及处理方法

（一）电池组电流异常故障描述

电池组电流异常可分为电池组放电过电流、电池组充电过电流、电流采样异常 3 种故障。当出现上述任意故障时，BMC 均会做出相应对应的控制策略，以保护电池组正常、安全运行。

（二）电池组电流异常故障分析处理

1. 故障分类

使用诊断仪或上位机软件查看电池组充、放电电流，明确属于何种故障：电池组放电过电流、电池组充电过电流、电流采样异常。

2. 电池组充、放电过流处理流程

检查步骤 1：使用诊断仪或上位机软件查看电池组数据流以及查看是否生成故障码。

检查步骤 2：一般情况下，若 BMC 已生成故障码，那么 BMC 会限制电池包的功率输出为 0，则电池组在充、放电过程中都会出现过电流现象，根据故障现象处理即可。

检查步骤 3：根据诊断仪或上位机软件跟踪车辆运行或充电过程的实时电流数据，对比实时电流与充、放电阈值之间的关系，确认充、放电过电流故障。

处理：上述排查结束后，若采集到实际有过电流现象，则应采集对应数据（如行车过程路谱数据），对数据进行分析，BMC 调整相应控制策略或反馈给整车厂协调解决。

3. 电流采样异常处理流程

检查步骤 1：保证 BMC 的程序无误，确认电流传感器的型号以及确认传感器是单霍尔或双霍尔形式还是分流器。

检查步骤 2：检查霍尔传感器至 BMC 之间的连接线束是否破损、插接器是否松动，现场确认；若更换或处理后，电流采样正常，则说明是线束原因所致。

检查步骤 3：可以通过换件的方式检查 BMC 的电流采样功能是否正常。

检查步骤 4：检查电流传感器是否工作正常。若电流传感器是霍尔式的，有故障时会导致电压值异常。若电流传感器是分流器，有故障时会导致分流器两端的电阻值异常。

处理：电流采样异常按照上述步骤检查完后还出现电流采样异常，若是程序问题所致，则需模拟实际工况测试，并优化程序；若是车辆的电磁干扰导致数据延误，则需优化结构设计。

引导问题 6

请查阅资料，简述电池组总电压异常故障的分类。

_____

_____

电池组总电压异常故障及处理方法

（一）电池组总电压异常故障描述

电池组总电压异常可分为电池组工作电压过高、电池组工作电压过低、电池组总电压采样异常 3 种故障。当出现上述任意故障时，BMC 均会做出相应的控制策略，以保护车辆电池组正常、安全运行。

（二）电池组总电压异常故障分析处理

1. 电池组电压偏高或偏低故障处理流程（图 4-4-7）

使用诊断仪或上位机软件查看电池组的总电压数据流，明确电池组总电压属于正常偏高或偏低，还是异常偏高或偏低。

检查步骤 1：使用诊断仪或上位机软件查看电池组采样总电压，以及电池组最高允许充电电压和最低允许放电电压阈值，若实际电压超过对应阈值，BMC 则会报相应故障（总电压过高或过低）。

检查步骤 2：根据实际情况做出对应处理。如电池组工作电压偏高故障时，只需将总电压放电至合理区间即可；如电池组工作电压偏低故障时，只需将总电压充电至合理区间即可。若处理完后依旧出现工作电压偏高或偏低，则需要更换电池组电压高或低的模组。

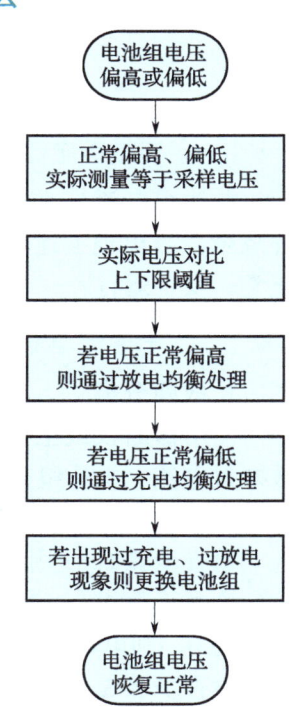

图 4-4-7 电池组电压偏高或偏低处理流程

处理：一般上述故障出现时，均是由于电池组过充电或过放电。若总电压在安全可控范围内，正常放电或充电即可解决该问题；若电池组总电压已超过安全可控范围，则需将电池组放电至安全可控范围，且电池组不能再次使用。

2. 工作电压异常偏高或偏低（实测值与采样值相差较大）处理流程（图 4-4-8）

检查步骤 1：保证高压配电箱内所有高压插接器均插接完好，以及电池模组之间的汇流铜排的螺栓均已紧固。

检查步骤 2：拆开高压配电箱，检查各高压采样线束是否完好且连接正常，否则需要更换或者做相应紧固处理。

检查步骤 3：检查 BMC 的高压采样功能是否正常，可通过更换新的 BMC 来确认，若更换后总电压采样正常，则说明是 BMC 的问题，更换即可。

检查步骤 4：检查高压配电箱内其他高压元器件功能是否正常，如高压熔断器、接触器等。

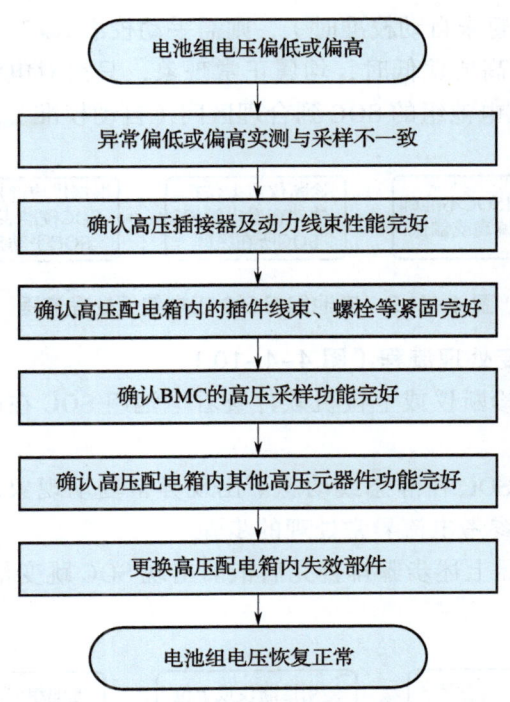

图 4-4-8　工作电压异常偏高或偏低处理流程

> **引导问题 7**
> 请查阅资料，简述电池组 SOC 异常故障的分类。
> _____
> _____

电池组 SOC 异常故障及处理方法

（一）电池组 SOC 异常故障描述

电池组 SOC 异常可分为电池组 SOC 正常偏低、电池组 SOC 跳变 2 种故障。当出现上述任意故障时，BMC 均会做出相应的控制策略，以保护电池组正常、安全运行。

使用诊断仪或上位机软件查看电池组的 SOC 值，明确电池的 SOC 是正常偏低还是 SOC 跳变。

（二）电池组 SOC 异常故障分析处理

1. 电池组 SOC 正常偏低处理流程（图 4-4-9）

检查步骤 1：使用诊断仪或上位机软件查看电池组 SOC 的实际值，与其允许的上、下限阈值比较（如：纯电动 20%~100%、混合动力 20%~93%，有些车企的混合动力会将 SOC 设置在 15%，如比亚迪；有些车企的混合动力将电池组的 SOC 设置在 25%，如理想 ONE），超过该限值报故障均正常。

检查步骤 2：查看电池组单体电压数据，参照 SOC 校准表，检查电池组 SOC 是否跑偏,若偏差较大(暂未自动校准时),则需手动校准 SOC,确保电池组 SOC 正常。

处理:SOC 正常偏高或偏低时,均属正常现象,只需对电池组进行充、放电均衡处理,BMC 会自动修正电池组的 SOC 到合理区间(自动校准)。

图 4-4-9 电池组 SOC 正常偏低处理流程

2. 电池组 SOC 跳变处理流程(图 4-4-10)

检查步骤 1:使用诊断仪或上位机软件查看电池组 SOC 在静态及动态时异常跳动或突变情况。

检查步骤 2:电池 SOC 在静态或动态下出现异常变动现象,多数情况下是电流采样异常所致,处理方法参考电流异常处理的步骤。

检查步骤 3:若按照上述步骤排查完后依旧出现 SOC 跳变情况,则将 BMC 升级至最新程序。

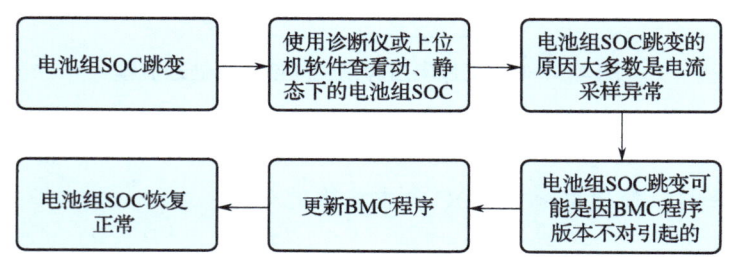

图 4-4-10 电池组 SOC 跳变处理流程

3. 电池组 SOC 异常问题的其他原因

电池组 SOC 异常问题(SOC 正常偏低、SOC 跳变)按照上述流程解决完成后,若仍批量性出现 SOC 偏低或跳变,建议从两个方面分析:软件中是否存在漏洞,导致 SOC 计算误差;BMS 中 SOC 自动校准策略是否合理,需重新优化。

> **引导问题 8**
>
> 请查阅资料,简述电池组通信故障的分类。
> _____
> _____
> _____

电池组通信故障及处理方法

(一)电池组通信故障描述

电池组通信异常可分为电池组内 CAN 数据异常(BIC 之间的电池子网)及电池组外 CAN(动力 CAN)数据异常 2 种故障。当出现上述任意故障时,BMC 均会做出相应控制策略，以保护电池组正常、安全运行。

（二）电池组通信故障分析处理

使用诊断仪或上位机软件查看电池组数据流，明确电池组通信异常是属于电池子网通信异常还是动力 CAN 通信异常。

1. 电池子网数据异常处理流程

检查步骤 1：使用诊断仪或上位机软件查看电池组数据流，无法查看当前电池组的实际数据。

检查步骤 2：保证电池子网内部线束连接完好，同时检查 BMC 输出给 BIC 的 12V 电源是否正常，确认 BIC 之间终端电阻值是否正常。线束的首末两端各有 1 个 120Ω 电阻。

检查步骤 3：确认电池子网线束及终端电阻正常后，查看电池组内网数据，若数据出现间断性恢复，一般可判断为电磁干扰问题。

处理：遇到电磁干扰问题，一般处理方式有增加磁环、滤波电容或优化低压通信线束等方式。

2. 电池动力 CAN 通信异常处理流程

检查步骤 1：使用诊断仪或上位机软件查看电池组数据流，无法进入该模块。

检查步骤 2：检查 BMC 的电源、通信线束是否完好，同时检查 BMC 与网关控制器端的线束首末端的 120Ω 电阻。

任务分组

学生任务分配表见表 4-4-1。

表 4-4-1　学生任务分配表

班级		组号		指导老师	
组长		学号			
组员角色分配					
信息员		学号			
操作员		学号			
记录员		学号			
安全员		学号			
任务分工					
（就组织讨论、工具准备、数据采集、数据记录、安全监督、成果展示等工作内容进行任务分工）					

工作计划

按照前面所了解的知识内容和小组内部讨论的结果，制定工作方案，落实各项工作负责人，如任务实施前的准备工作、实施中主要操作及协助支持工作、实施过程中相关要点及数据的记录工作等，工作计划表见表 4-4-2。

表 4-4-2　工作计划表

步骤	工作内容	负责人
1		
2		
3		
4		
5		
6		
7		
8		

进行决策

1. 各组派代表阐述资料查询结果。
2. 各组就各自的查询结果进行交流，并分享技巧。
3. 教师对各组的计划方案进行点评。
4. 各组长对组内成员进行任务分工，教师确认分工是否合理。

任务实施

引导问题 9

扫描二维码观看视频，学习如何读取故障码，如何使用电器原理图和万用表确认故障点，并简述操作要点。
_____
_____

【微课】信息采集模块故障检修（秦 EV）

参考操作视频，按照规范作业要求完成信息采集模块故障检修的操作步骤，完成数据采集并记录，实训准备见表 4-4-3，信息采集模块故障检修见表 4-4-4。

表 4-4-3　实训准备

序号	设备及工具名称	数量	设备及工具是否完好
1	比亚迪秦 EV	1 辆	□是 □否
2	工位防护套装	1 套	□是 □否
3	人员防护套装	1 套	□是 □否
4	数字式交直流万用表	1 个	□是 □否
5	道通 908E 汽车专用解码仪	1 个	□是 □否
6	万用接线盒	1 个	□是 □否
7	一体化工量具	1 辆	□是 □否
质检意见	原因：		□是 □否

表 4-4-4　信息采集模块故障检修

序号	步骤	记录	完成情况
1	车辆上电，仪表显示"请检查动力系统、EV 功能受限"警告。重新上电，仪表"OK"指示灯不亮		已完成□ 未完成□
2	连接道通 908E 汽车专用解码仪，选择比亚迪秦车型，全车模块扫描，进入电池管理器读取故障码，显示"BIC CAN"故障		已完成□ 未完成□
3	查找电器原理图 电池子网CANH　电池子网CANL　屏蔽地 10　　　　　　4　　　　　　5　BK51 SP3600　B 0.35 BM-33 P 0.35 BM-33　V 0.35 BM-33 SP3601　B 0.35 BM-33 1　　　　　　10　　　　　　2　BK45(A) 电池子网CANH　电池子网CANL　屏蔽地		已完成□ 未完成□
4	根据故障码及查找电器原理图，怀疑电池子网 CAN 故障		已完成□ 未完成□
5	点火开关处于 ON 档，背插测量 BK45（A）/1 对地电压，实测值为 2.5~3.5V，标准值为 2.5~3.5V		已完成□ 未完成□
6	点火开关处于 ON 档，背插测量 BK45（A）/10 对地电压，实测值为 1.5~2.5V，标准值为 1.5~2.5V		已完成□ 未完成□
7	点火开关处于 OFF 档，取下蓄电池负极，断开 BK45（A）、BK51 插接器，测量 BK45（A）/1~BK51/10 线路电阻，实测值为小于 1Ω，正常值为小于 1Ω		已完成□ 未完成□
8	点火开关处于 OFF 档，取下蓄电池负极，断开 BK45（A）、BK51 插接器，测量：BK45（A）/10~BK51/4 线路电阻，实测值为 ∞，正常值为小于 1Ω		已完成□ 未完成□
9	确定故障点"BK45（A）/10~BK51/4"线路断路		已完成□ 未完成□
10	恢复故障，车辆上电，仪表点亮"OK"指示灯，故障排除		已完成□ 未完成□
11	**实训现场整理**		已完成□ 未完成□

新能源汽车动力电池及管理系统检修　　姓名　　　班级　　　日期

（续）

序号	步　骤	记录	完成情况
总结提升			已完成□ 未完成□
质检意见	原因：		已完成□ 未完成□

📝 评价反馈

1. 各组代表展示汇报PPT，介绍任务的完成过程。

2. 请以小组为单位，对各组的操作过程与操作结果进行自评和互评，并将结果填入表4-4-5中的小组评价部分。

3. 教师对学生工作过程与工作结果进行评价，并将评价结果填入表4-4-5中的教师评价部分。

表4-4-5　综合评价表

班级		组别		姓名		学号	
实训任务							
评价项目		评价标准				分值	得分
小组评价	计划决策	制定工作方案的合理可行，小组成员分工明确				10	
	任务实施	能够正确检查并设置实训工位				5	
		能够准备和规范使用工具设备				5	
		能够正确的根据故障诊断仪确认故障原因				20	
		能够正确使用万用表根据电器原理图确认故障点				20	
		能够规范填写任务工单				10	
	任务达成	能按照工作方案操作，按计划完成工作任务				10	
	工作态度	认真严谨，积极主动，安全生产，文明施工				10	
	团队合作	小组组员积极配合，主动交流，协调工作				5	
	6S管理	完成竣工检验，现场恢复				5	
		小计				100	
教师评价	实训纪律	不出现无故迟到、早退、旷课现象，不违反课堂纪律				10	
	方案实施	严格按照工作方案完成任务实施				20	
	团队协作	任务实施过程互相配合，协作度高				20	
	工作质量	能准确完成检修信息采集模块故障的任务				20	
	工作规范	操作规范，三不落地，无意外事故发生				10	
	汇报展示	能准确表达，总结到位，改进措施可行				20	
		小计				100	
综合评分		小组评价分×50%+教师评价分×50%					
总结与反思							

（如：学习过程中遇到什么问题→如何解决的/解决不了的原因→心得体会）

新能源汽车动力电池
及管理系统检修

能力模块五
新能源汽车整车动力电池
系统检修

任务一　检修动力电池热管理系统故障

学习目标

- 了解动力电池热管理的重要性。
- 掌握动力电池热管理系统的分类。
- 了解电池热失控的诱因。
- 具备判断电池热管理系统故障原因的能力。
- 具备排除电池热管理系统故障的能力。
- 了解中国第一辆重型汽车"黄河"的诞生,树立职业自豪感。

知识索引

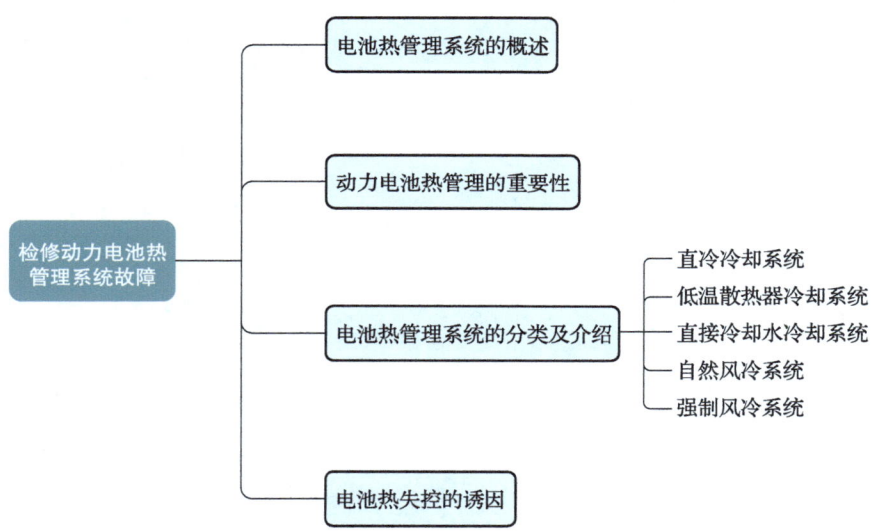

情境导入

试装车在进行直流充电测试时,仪表显示"请检查动力系统",同时动力电池温度过高报警指示灯亮,你作为一名电池测试助理工程师接到了处理此故障的任务。

获取信息

引导问题 1

请查阅相关资料,简述新能源汽车的动力电池组如果不能及时散热会发生什么。

_____
_____
_____

引导问题 2

请查阅相关资料,简述制约电动汽车在寒冷地区推广的因素是什么。

_____
_____
_____

电池热管理系统的概述

由于每个驾驶员的驾驶习惯不一样,新能源汽车上装载的动力电池会以不同倍率放电,并以不同生热速率产生大量热量,再加上时间累积以及空间影响将会聚集大量热量,从而导致电池组运行环境温度情况复杂多变。

电池包内温度上升会严重影响电池组电化学系统的运行、循环寿命、充电可接受性、电池包充放电功率和能量、安全性和可靠性等。如果电动汽车电池组不能及时散热,将导致电池组系统的温度过高或分布不均匀,其结果将降低电池充放电循环效率,影响电池的充放电功率和能量发挥,严重时还将导致热失控,影响电池系统的安全性与可靠性;另外,由于发热电池体的密集摆放,中间区域必然热量聚集较多,边缘区域热量较少则增加了电池包中各单元之间的温度不均衡,这将造成各电池模块、单体性能的不均衡,最终影响电池性能的一致性及电池荷电状态(SOC)估算,影响到电动汽车的系统控制。电池热管理系统面对的问题如图 5-1-1 所示。

在低温环境下充电容易在负极表面形成锂沉积,金属锂在负极表面积累析锂会刺穿电池隔膜,造成电池正负极短路,威胁电池使用安全。电动汽车电池系统低温充电的安全问题极大地制约了电动汽车在寒冷地区的推广。

为了提高整车性能,使电池组发挥最佳的性能,延长使用寿命,需要优化电池包的结构,

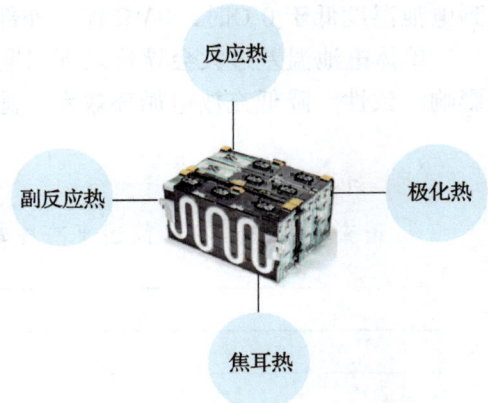

图 5-1-1 电池热管理系统面对的问题

新能源汽车动力电池及管理系统检修　　姓名　　　班级　　　日期

设计能够适应高温和低温的电动汽车电池包热管理系统。

> **引导问题 3**
>
> 　　请查阅相关资料，简述三元锂电池由 NCM622/523 向 NCM811 发展产生了哪些影响。
> _____
> _____
> _____

动力电池热管理的重要性

　　随着我国新能源汽车的蓬勃发展，在消费者对长续驶版的新能源汽车的渴望以及国家对购买新能源汽车的消费者补贴退坡的双重作用下，主机厂既要满足消费者的需求，同时又想通过长续驶版的新能源汽车拿到更多的国家补贴。

　　因此动力电池企业的侧重点从磷酸铁锂电池转向三元锂电池，而三元锂电池也由原来的 NCM622/523 开始向 NCM811 发展。提高镍的比例，能够增加电池的能量密度，提高新能源汽车的续驶里程，满足消费者的长续驶需求，提高新能源汽车的充电电流，缩短充电时间。减少钴的含量，能够降低动力电池的成本。但镍含量的提高会带来更加激烈的电化学反应，严重影响了电池的安全性能。因此必须提升电池管理系统的安全管控，留出更多的冗余备份来保障整个动力电池系统的安全。

　　锂电池最佳的工作温度为（23±2）℃。

　　电池温度过高会导致以下问题：锂电池工作过程中电流通过和发生电化学反应所产生的热量会导致电池温度升高，影响其内阻、电压、SOC/SOH、可用容量、充放电倍率等，甚至可能导致安全隐患。

　　电池温度过低会导致以下问题：锂电池温度过低会使电池容量降低，容易出现过放电，对锂电池造成不可逆的伤害。锂电池温度低于 0℃ 时，若 BMC 不管控充电，该情况会引发单体电池内部析锂刺穿电池内部隔膜，引起电池内部短路。因此 BMC 监测到电池温度低于 0℃ 时，BMC 控制外部充电桩不能对动力电池充电。

　　单体电池温差过大会导致以下问题：电池产生的热量累积会造成各处温度不均匀，影响一致性、降低充放电循环效率，甚至导致单体热失控而起火燃烧。

> **引导问题 4**
>
> 　　请查阅相关资料，简述直冷冷却系统的特点和应用范围。
> _____
> _____
> _____
> _____

❓ **引导问题 5**

请查阅相关资料，简述低温散热器冷却系统的优缺点。
_____
_____
_____

❓ **引导问题 6**

请查阅相关资料，简述直接冷却水冷却系统的优缺点。
_____
_____
_____
_____

❓ **引导问题 7**

请查阅相关资料，简述自然风冷系统的优缺点。
_____
_____
_____
_____

❓ **引导问题 8**

请查阅相关资料，简述强制风冷系统的优缺点。
_____
_____
_____
_____

职业认证

电动汽车高电压系统评测与维修职业技能等级要求（初级）中的动力电池热管理系统检查、保养与拆装、测试任务就要求报考人员能正确对部署在动力电池系统总成外的动力电池热管理系统部件进行拆装与检测，报考人员通过电动汽车高电压系统评测与维修职业技能等级（初级）考核可获得教育部 1+X 证书中的《电动汽车高电压系统评测与维修职业技能等级证书（初级）》。

电池热管理系统的分类及介绍

不同的电池材料所搭载的热管理系统会有所区别,其零部件类型的结构不同、重量不同以及系统的成本不同和控制方式不同,使得系统所达到的性能也不相同。电池热管理系统分类如图 5-1-2 所示。

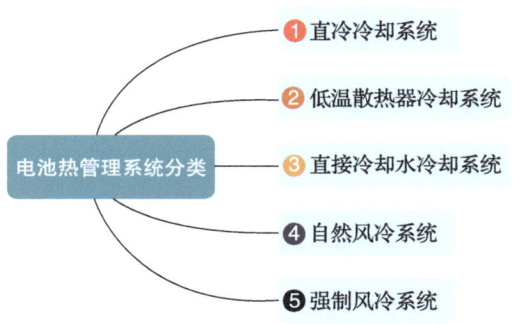

图 5-1-2 电池热管理系统分类

(一)直冷冷却系统

直冷是指在液冷的基础上增加空调制冷剂冷却。通过空调系统中的 R134a 或其他介质的制冷剂直接冷却冷却液。其散热效果非常好,也是目前比亚迪全系新能源汽车所搭载的动力电池散热方式。

秦 EV 的空调暖风系统由 PTC 水加热器、暖风电动水泵、暖风芯体、鼓风机、空调控制器和空调供暖管路等组件构成。空调控制器通过控制 PTC 水加热器、暖风电动水泵、鼓风机和冷暖风门实现空调的供暖。

1. 参与电池热管理的部件

秦 EV、汉 EV 等车型直接将热管理控制器(图 5-1-3)集成在空调控制器里。参与电池热管理部件有水泵、电子膨胀阀、板式换热器等,分别如图 5-1-4、图 5-1-5、图 5-1-6 所示。

图 5-1-3 热管理控制器

图 5-1-4 水泵

图 5-1-5 电子膨胀阀

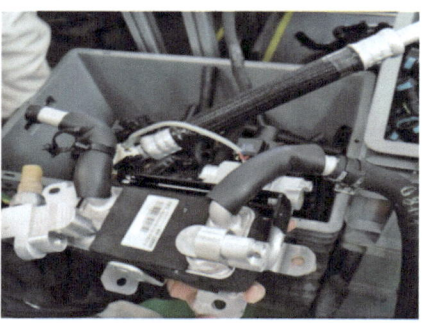

图 5-1-6 板式换热器

2. 秦 EV 车型电池热管理框图（图 5-1-7）

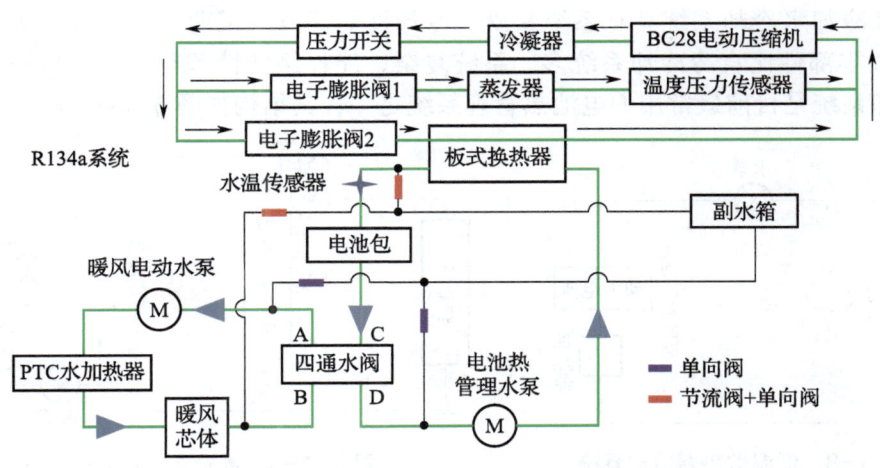

图 5-1-7 秦 EV 车型电池热管理框图

3. 秦 EV 车型的热管理系统控制策略

秦 EV 车型的电池管理器（BMC）设置的温度在 35℃，是最佳的锂电池工作温度。车辆在行驶或交流充电时，当电池信息采集器（BIC）采集到电池模组的温度≥35℃时，BMC 通过动力 CAN 与整车控制器（VCU）进行通信，VCU 控制散热风扇低速运转，直到 BIC 采集到电池模组温度 <35℃时，VCU 控制风扇停止工作。

当车辆在行驶或交流充电的过程中，BIC 采集到单体最高与最低的温度差≥5℃时，BMC 通过动力 CAN 与 VCU 进行通信，VCU 控制散热风扇高速运转，直到 BIC 采集到电池模组温度差 <5℃时，VCU 控制风扇低速工作。

当车辆在急加速或直流充电的过程中，BIC 采集到电池模组的温度≥33℃时，BMC 通过动力 CAN 与网关控制器进行通信，由空调控制器控制电子膨胀阀 1 关闭（视驾驶室是否需要空调），电子膨胀阀 2 打开，电动压缩机开始工作，空调控制器控制图 5-1-7 中的四通水阀 AB 通、CD 通、AC 不通、BD 不通，通过空调系统中的制冷剂在板式换热器模块中为电池冷却液散热，直到电池模组的温度降至 33℃时，空调控制器控制电子膨胀阀 2 关闭。若驾驶室和动力电池同时需要空调系统，那么空调控制器会控制电子膨胀阀 1 和 2 都打开。随着动力电池的温度持续上升，空调控制器会逐步关闭电子膨胀阀 1，控制电子膨胀阀 2 的开度加大，直到电池组的温度降至 33℃时，空调控制器控制电动压缩机停止工作，VCU 继续控制风扇运转。

当车辆在高寒地区充电时，当 BIC 检测到电池组的温度 <5℃时，空调控制器控制 PTC 水加热器进行水加热，同时控制四通水阀 AC 通、BD 通、AB 不通、CD 不通，通过电池的水泵将加热过后的冷却液泵入电池组内；当 BIC 检测到电池组的温度 >10℃时，空调控制器控制 PTC 水加热器停止工作。

（二）低温散热器冷却系统

低温散热器冷却系统是电池的一个单独系统，由散热器、水泵和加热器组成，如图 5-1-8 所示。该冷却系统具有系统简单、成本低、低温环境下经济节能等优点。但是此系统有着冷却性能低、夏天水温高、应用受天气限制等缺点。

（三）直接冷却水冷却系统

直接冷却水冷却系统具有系统紧凑、冷却性能好以及工业应用范围广等优点。但是此系统零部件比直冷冷却系统多、系统复杂、能耗经济性差且压缩机负载高。此类型的冷却系统是目前最常用的电池热管理系统之一，其结构如图5-1-9所示。

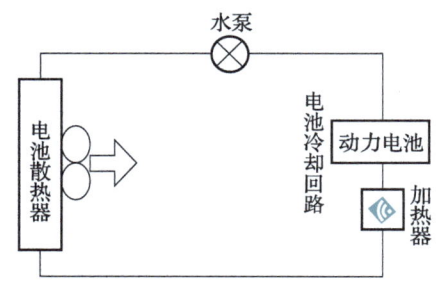

图5-1-8　低温散热器冷却系统　　　　图5-1-9　直接冷却水冷却系统

（四）自然风冷系统

自然风冷系统是指动力电池不依靠外部附加强制通风措施，只通过电池包自身产生的流体变化而产生的气流进行冷却散热的方式。此方式散热的效果极差，电池包散热的最低温度只能降至环境温度。此散热方式适用于对高温不敏感的磷酸铁锂电池等动力电池，如图5-1-10所示。2016年之前的新能源汽车基本上都是使用自然风冷的散热方式，其结构简单，成本低，便于维护。

（五）强制风冷系统

强制风冷系统是以低温空气为介质，利用热的对流，降低电池温度的一种散热方式。它利用自然风或风机，配合汽车自带的蒸发器为电池降温，系统结构简单、便于维护。目前，城市公交车（纯电动城市公交采用的是磷酸铁锂电池）多采用自然风冷的方式。丰田普锐斯、卡罗拉双擎车型属于强制风冷的典型代表。使用强制风冷系统的电池包如图5-1-11所示。

图5-1-10　使用自然风冷系统的电池包　　　图5-1-11　使用强制风冷系统的电池包

引导问题9

请查阅相关资料，简述引起电池热失控的原因。

电池热失控的诱因

热量是电池工作过程中的必然产物，假如电池的热释放即热扩散的速度比产热速度要快，电池温度就不会上升，不会达到热失控温度。引起电池热失控的原因分为以下两类。

第一类是电池外部因素。例如电池所处的环境温度过高，电池散热不好，或者电池在制造过程中内部卷绕不好，导致电池散热不通畅。此外，还有一种情况就是电池脊柱有时候会导热，电池的金属脊柱有铜的，有铝的，导热性都比较好，电路中有某些高热源的元器件一定要离电池脊柱远一些，让热量充分发挥。

第二类是电池内部因素。一是电池微短路，微短路有两种情况，一种是电池工艺中的短路，比如毛刺；另一种是使用过程中的短路，比如低温环境下析锂刺穿电池隔膜，这些都会引起微短路，导致电池局部温度高于热失控温度，从而出现热失控现象。二是电池过充电，过充电以后会降低材料的热失控温度，比如电池在使用中后期的容量已经衰减了，这时候电池本身就已经处于过充电状态，热失控温度自然会下降。三是电解质用量，假如用量过多，爆炸的危害性会很大，火焰喷得很高很远，因此要严格控制电解质用量。

📖 拓展阅读

在十余年前的一次采访中，年逾八旬的"重汽特别功勋"王子开说他至今还清晰地记得一段令人热血沸腾的话。这番话是原机械工业部副部长沈鸿在60多年前对时任济南汽车制造厂副厂长的王子开说的：你是个老兵，肯定懂得反围剿的意义。我们成功地进行了无数次的军事突围，才赢得了革命的胜利。今天国家在进行着一场政治和经济上的反围剿，速度就是生命！我们制造两弹一星，就是要拥有空中的速度、宇宙的速度，在地面上我们要掌握所有车轮的速度，无论是铁轨上的还是公路上的车轮。国家要强大，必须车轮滚滚……

每个重汽人都不会忘记，1960年4月15日，当新中国首辆国产黄河JN150型8t载货汽车在济南汽车制造厂成功下线之时，新中国没有重型汽车的历史一去不复返了！那欢腾的热浪完全是泪和泪的撞击。半个月后，毛泽东、朱德等党和国家领导人就来到这辆大货车跟前，前后左右，看看拍拍，洋溢着抑制不住的喜爱之情。

面对第一辆国产重型货车，这些开国元勋们毫不掩饰自己的激动和欣慰。其间，时任国务院副总理的李先念还坐进驾驶室亲身感受了一番它的性能。操着一口四川口音的朱老总当场挥毫，为此车命名——"黄河"。重汽人说，黄河是中华民族的"母亲河"，以5000年的雄浑壮阔和坚韧不拔，孕育了灿烂辉煌的中华文明。作为中国重型汽车史上第一个民族品牌，"黄河"传承着黄河的精神——那是一种民族的精神，母亲的精神。

在中国重汽历史档案馆里，有一篇60多年前的报道。这篇"历史黄页"写道：

"黄河"车一上公路，别的车都情不自禁地为它让道。这种"礼让三先"不仅是践行"交通规则"，更是向它表达一种历史的敬意。它的大块头，在公路上堪称"巨无霸"；在民族的征途中，它是一座"英雄纪念碑"。

"黄河"问世之后，为了彻底改变中国汽车工业"缺重少轻"的局面，在1983年，国家以当时的济南汽车制造总厂、四川汽车制造厂和陕西汽车制造厂为基础，引进奥地利斯太尔重型汽车技术项目，宣布成立中央直属企业——中国重型汽车工业企业联营公司。至此，中国重型汽车生产的"联合舰队"闻鸡起舞、拔锚远航。

汽车产业涉及面广、关联度高、消费拉动大，是国民经济的战略性、支柱性产业。我国的新能源汽车产业逐步发展，市场占有率逐渐提高。这就更需要我们继承前辈的敬业精神，继续为新能源汽车产业的发展添砖加瓦。

愿同学们有敢为人先的锐气，做锐意进取、开拓创新的新时代人才。

任务分组

学生任务分配表见表 5-1-1。

表 5-1-1　学生任务分配表

班级		组号		指导老师	
组长		学号			
组员角色分配					
信息员		学号			
操作员		学号			
记录员		学号			
安全员		学号			
任务分工					
（就组织讨论、工具准备、数据采集、数据记录、安全监督、成果展示等工作内容进行任务分工）					

📋 工作计划

按照前面所了解的知识内容和小组内部讨论的结果，制定工作方案，落实各项工作负责人，如任务实施前的准备工作、实施中主要操作及协助支持工作、实施过程中相关要点及数据的记录工作等，工作计划表见表 5-1-2。

表 5-1-2　工作计划表

步骤	工作内容	负责人
1		
2		
3		
4		
5		
6		
7		
8		

进行决策

1. 各组派代表阐述资料查询结果。
2. 各组就各自的查询结果进行交流，并分享技巧。
3. 教师对各组的计划方案进行点评。
4. 各组长对组内成员进行任务分工，教师确认分工是否合理。

任务实施

引导问题 10

扫描二维码观看视频，了解如何进行动力电池热管理系统的故障检修，并简述操作要点。

_____
_____
_____
_____

【微课】动力电池系统温度传感器故障的诊断与排除

参考操作视频，按照规范作业要求完成动力电池热管理系统故障检修的操作步骤，完成数据采集并记录。实训准备见表 5-1-3，动力电池热管理系统故障检修见表 5-1-4。

表 5-1-3　实训准备

序号	设备及工具名称	数量	设备及工具是否完好
1	比亚迪秦 EV	1 辆	□是□否
2	工位防护套装	1 套	□是□否
3	人员防护套装	1 套	□是□否
4	数字式交直流万用表	1 个	□是□否
5	道通 908E 汽车专用解码仪	1 个	□是□否
6	万用接线盒	1 个	□是□否
质检意见	原因：		□是□否

表 5-1-4　动力电池热管理系统故障检修

序号	步　骤	记录	完成情况
1	车辆上电，仪表显示"请检查动力系统"，同时动力电池温度过高报警指示灯亮		已完成□ 未完成□
2	连接道通 908E 汽车专用解码仪，选择比亚迪秦车型，全车模块扫描，读取故障代码："电池冷却水泵故障"		已完成□ 未完成□
3	查找电器原理图 IG4 F1/7 电池冷却水泵 10A 15 B1D 15/B1D G/W 0.5 ALL 1 B66 IG4 电动水泵（电池热管理） PWM 2 B66　　3 B66 B/L 0.5 ALL　　GND 1 BJG01 1 GJB01 B/L 0.5 ALL　　B 0.5 ALL 6 G21(B) PWM Eb03-2		已完成□ 未完成□

（续）

序号	步骤	记录	完成情况
4	根据故障代码及查找电器原理图，怀疑电池冷却水泵线路及本体故障		已完成☐ 未完成☐
5	点火开关处于 ON 档，背插测量 B66/1 对地电压，实测值为 0V，正常值为 11~14V		已完成☐ 未完成☐
6	点火开关处于 ON 档，测量 F1/7 上端对地电压，实测值为 11~14V，正常值为 11~14V		已完成☐ 未完成☐
7	点火开关处于 ON 档，测量 F1/7 下端对地电压，实测值为 0V，正常值为 11~14V		已完成☐ 未完成☐
8	点火开关处于 OFF 档，断开 F1/7，测量 F1/7 两端电阻，实测值为 ∞，正常值为小于 1Ω		已完成☐ 未完成☐
9	测量 F1/7 下端熔丝座对地电阻，实测值为 ∞，正常值为 ∞		已完成☐ 未完成☐
10	确定故障点 F1/7 熔丝座损坏		已完成☐ 未完成☐
11	更换全新熔丝座，车辆正常上电，故障排除		已完成☐ 未完成☐
12	实训现场整理		已完成☐ 未完成☐
总结提升			已完成☐ 未完成☐
质检意见	原因：		已完成☐ 未完成☐

评价反馈

1. 各组代表展示汇报 PPT，介绍任务的完成过程。

2. 请以小组为单位，对各组的操作过程与操作结果进行自评和互评，并将结果填入表 5-1-5 中的小组评价部分。

3. 教师对学生工作过程与工作结果进行评价，并将评价结果填入表 5-1-5 中的教师评价部分。

新能源汽车动力电池及管理系统检修   姓名   班级   日期

表 5-1-5 综合评价表

班级			组别		姓名		学号	
实训任务								
	评价项目		评价标准				分值	得分
小组评价	计划决策		制定工作方案的合理可行，小组成员分工明确				10	
	任务实施		能够正确检查并设置实训工位				5	
			能够准备和规范使用工具设备				5	
			能够正确判断电池热管理系统故障的原因				20	
			能够正确排除电池热管理系统的故障				20	
			能够规范填写任务工单				10	
	任务达成		能按照工作方案操作，按计划完成工作任务				10	
	工作态度		认真严谨，积极主动，安全生产，文明施工				10	
	团队合作		小组组员积极配合，主动交流，协调工作				5	
	6S 管理		完成竣工检验，现场恢复				5	
	小计						100	
教师评价	实训纪律		不出现无故迟到、早退、旷课现象，不违反课堂纪律				10	
	方案实施		严格按照工作方案完成任务实施				20	
	团队协作		任务实施过程互相配合，协作度高				20	
	工作质量		能准确完成检修动力电池热管理系统故障的任务				20	
	工作规范		操作规范，三不落地，无意外事故发生				10	
	汇报展示		能准确表达，总结到位，改进措施可行				20	
	小计						100	
综合评分			小组评价分 ×50%+ 教师评价分 ×50%					
总结与反思								

（如：学习过程中遇到什么问题→如何解决的 / 解决不了的原因→心得体会）

任务二　检修动力电池无法充放电故障

学习目标

- 掌握交流充电的工作原理。
- 掌握直流充电的工作原理。
- 掌握秦 EV 充配电总成的结构。
- 具备使用万用表根据电器原理图确认故障点的能力。
- 具备排除动力电池无法充放电故障的能力。
- 检索新能源汽车的多种补能方式,了解可能的就业方向,树立正确的就业观。

知识索引

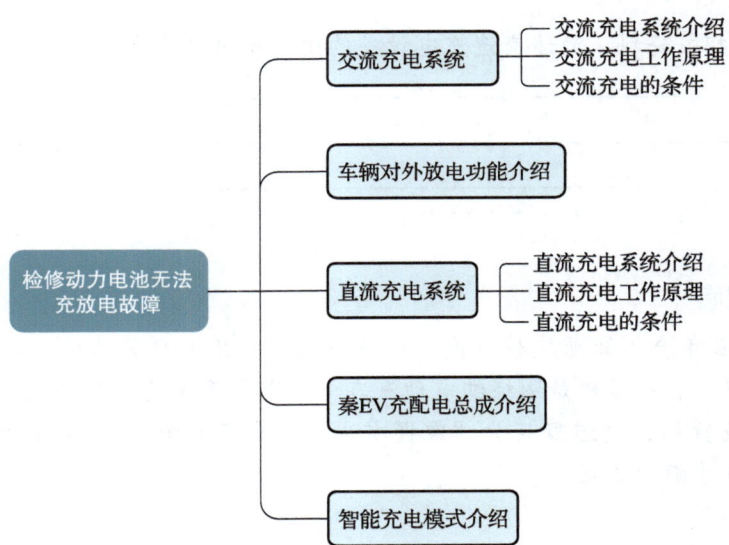

情境导入

对试装车进行耐久性测试,给车辆进行充电时,仪表显示"请检查动力系统",重新给车辆上电,发现车辆无法上"OK"电,你作为一名电池测试助理工程师接到了处理此故障的任务。

获取信息

引导问题 1

请查阅相关资料，简述交流充电的过程。
_____
_____
_____

引导问题 2

请查阅相关资料，简述 CC 检测的逻辑。
_____
_____
_____

引导问题 3

请查阅相关资料，简述交流充电设备的用电功率是否有限制。
_____
_____
_____

竞赛指南

在 2022 年全国职业院校技能大赛——汽车技术赛项里的纯电动汽车技术模块的样题中，有一道题是围绕纯电动汽车"三电"系统的"车辆无法（交流）充电"现象设置的，这道题目为"掌握交流充电口至 OBC 之间的 CP 信号线路对地虚接 200 欧姆的方法"。

交流充电系统

（一）交流充电系统介绍

先通过交流充电设备连接电动汽车的国标交流充电接口，再通过车载充电器（OBC）对输入的交流电进行升压，然后通过 OBC 内部的整流模块整流成符合电动汽车所需要的电压对动力电池进行充电，该过程称为交流充电。

秦 EV 车型的交流充电接口安装在右后翼子板上，如图 5-2-1 所示。国标交流充电接口有 7 个端子，分别为 CC、CP、L1、L2、L3、N、PE，各端子作用见表 5-2-1。其中 L2 和 L3 在秦 EV 车型上是空脚，只有秦 EV 300 和 2017 款之前的 E5 才有 AC 380V

三相交流充电功能。

 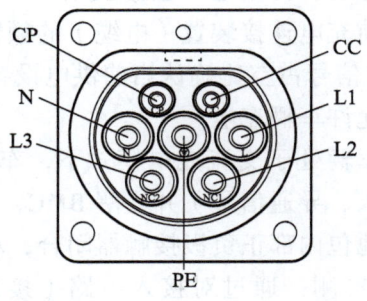

图 5-2-1　秦 EV 车型的交流充电接口

表 5-2-1　国标交流充电接口端子作用

序号	端子名称	作用
1	L1	交流电源（单相）
2	L2	交流电源（三相）空
3	L3	交流电源（三相）空
4	N	中性线
5	PE	保护接地（PE），连接供电设备地线和车辆电平台
6	CC	充电连接确认
7	CP	控制导引

（二）交流充电工作原理

新能源汽车动力电池的充电过程由 BMC 进行实时监测和保护。车载充电器工作状态及指令均由 BMC 发出的指令进行控制，包括工作模式指令、动力电池允许充电的最大电压、充电允许最大电流、电池包加热状态的电流值等。交流充电系统原理示意图如图 5-2-2 所示。

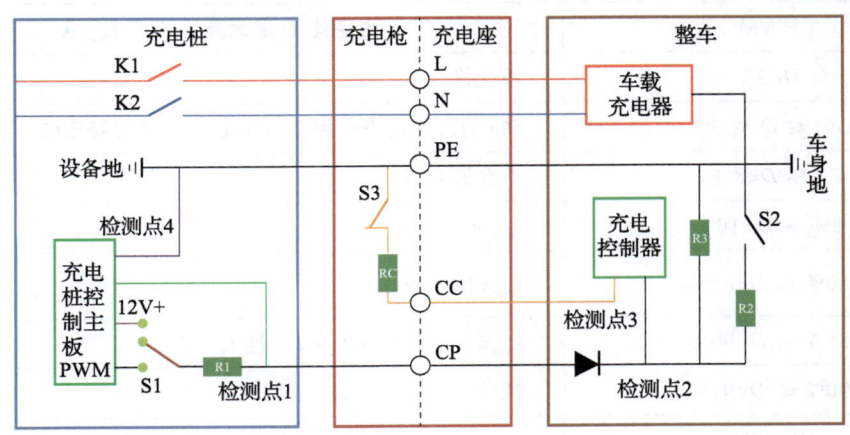

图 5-2-2　交流充电系统原理示意图

充电 CC/CP 控制逻辑：点火开关处于 OFF 档时，当车辆插入交流充电枪后，CC 检测由悬空变为接地，通过检测点 3 与 PE 间电阻来判断车辆插头与车辆插座连接状态，确认当前充电连接装置（电缆）的额定功率并点亮充电连接指示灯。通过测量检测点 2 的 PWM 信号占空比确认当前供电设备的最大供电电流，当车辆检测到充电枪输出占空比时，允许车辆充电。

当车辆处于交流充电模式下，车载充电器检测交流充电接口的 CC、CP 信号（充电枪插入、导通信号）并唤醒 BMC，BMC 唤醒车载充电器并发送充电指令，同时 BMC 控制电池包内部正负极接触器闭合，动力电池开始充电。

CC 检测：通过对接入电路（接地）的检测来判断 CC 是否连接，如检测到压降则认为 CC 已经连接。CC 与 PE 的信号可判断充电枪的功率大小及最大充电电流，见表 5-2-2。

表 5-2-2　CC 与 PE 的阻值判断充电功率

电阻	交流充电的最大电流	充电功率	备注
1.5kΩ	10A	随车充电器	—
680Ω	16A	3.3kW 充电桩	—
220Ω	32A	7kW 充电桩	—
100Ω	63A	三相交流充电桩	
2kΩ	放电功能 16A（VTOL）	放电功率 3.3kW	秦 EV 车型不具备此功能
220Ω	放电功能 32A（VTOV）	放电功率 7kW	
100Ω	放电功能 63A（VTOG）	放电功率 40kW	—

CP 检测：当充电枪成功连接后，CP 信号为占空比信号，通过 CP 检测线输入的信号，可以得出该充电器允许的最大交流充电电流，CP 信号判断充电枪最大输出电流。CP 信号判断充电功率大小情况见表 5-2-3。

表 5-2-3　CP 信号判断充电功率大小

PWM 占空比 D	最大允许电流 I_{max}/A
$D<3\%$	不允许充电
$3\% \leq D \leq 7\%$	5% 的占空比表示需要数字通信，且需要充电
$7\%<D<8\%$	不允许充电
$8\% \leq D<10\%$	$I_{max}=6$
$10\% \leq D<85\%$	$I_{max}=100D \times 0.6$
$85\% \leq D<90\%$	$I_{max}=(100D-64) \times 2.5$ 且 $I_{max} \leq 63$
$90\% \leq D<97\%$	预留
$D>97\%$	—

（三）交流充电的条件

1）交流充电枪与交流充电接口连接确认信号正常。

2）车载充电器供电电源正常（含 AC 220V 和充电枪端的 DC 12V）及车载充电器低压控制线束及本体正常。

3）充电唤醒信号输出正常（DC 12V）。

4）车载充电器、整车控制器、BMS 之间通信正常，电池包正、负极接触器闭合、BMC 向车载充电器发送电流强度需求的指令。

5）动力电池单体之间的最高温度与最低温度之差不超过 5℃，且单体电池的温度 >5℃。

6）单体电池最高电压与最低电压之差 <0.03V（30mV）。

7）电池组的绝缘阻值 >500Ω/V。

8）高、低压电路连接正常。

提示： 交流充电设备用电功率不能超过家庭电网的负载上限，避免引起电网损坏或烧毁。

> **引导问题 4**
>
> 请查阅相关资料，简述车辆对外放电的方式。
> _____
> _____

车辆对外放电功能介绍

秦 EV 300 和 2017 款之前的 E5 车型具备车辆对外放电功能，即车对车放电（VTOV）、车对插排放电（VTOL）、车对电网放电（VTOG），而全新的秦 EV 车型不具备对外放电功能。当交流充电接口 CC 与 PE 之间的 5V 电源检测到充电枪端的不同电阻值时，车辆的高压电控总成会根据电阻值进行相对应的控制策略。例如，充电接口检测到 2kΩ 的电阻值，车辆进入对外放电状态，按下驾驶室内的"放电"按钮，通过多功能方向盘上下键选择所对应的放电方式，如 VTOV、VTOL，如图 5-2-3 所示。电池包输出的高压直流电通过高压电控总成中的双向逆变器将直流电逆变成交流电，通过变压将交流电压降低至 AC 220V 后通过交流充电接口输出到公牛插排上供用电设备使用。

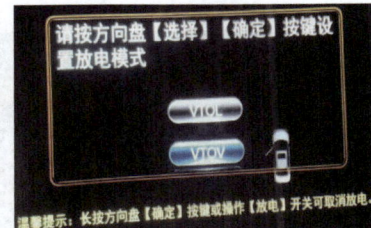 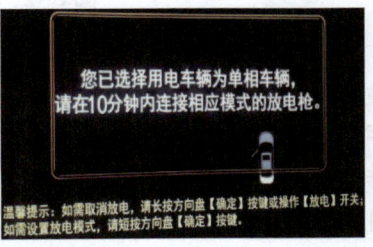

图 5-2-3　车辆对外放电

车辆对外放电高压结构如图 5-2-4 所示。

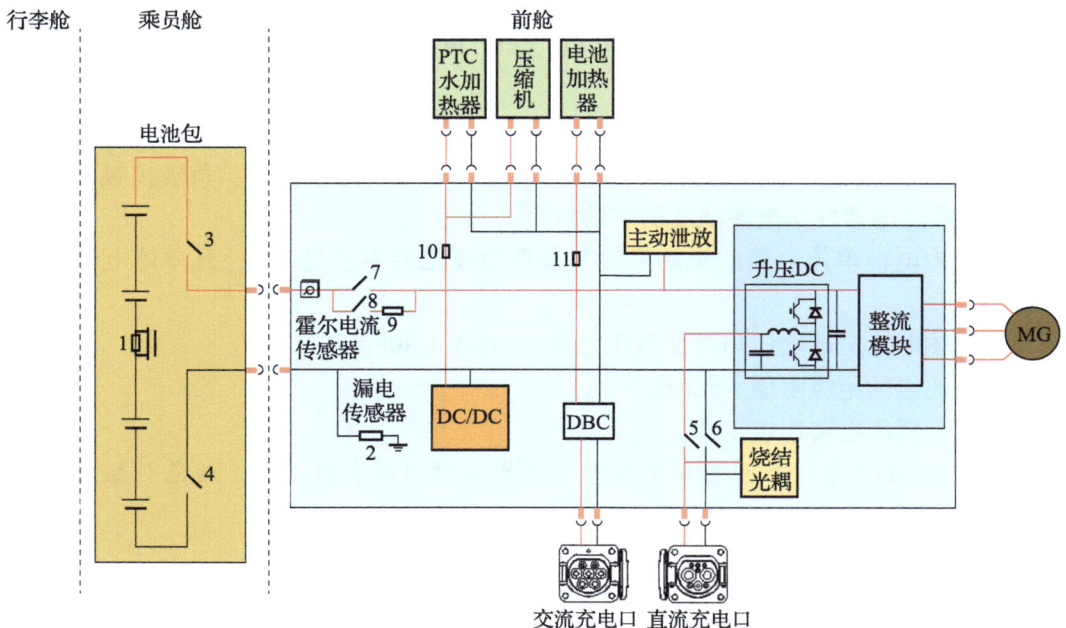

图 5-2-4 车辆对外放电高压结构
1—维修开关 2—漏电传感器 3—正极接触器 4—负极接触器
5—直流充电正极接触器 6—直流充电负极接触器 7—放电主接触器
8—预充接触器 9—预充电阻 10—空调熔断器 11—电池加热器熔断器

VTOV 即 Vehicle To Vehicle，用于车辆对车辆进行充电，可用于纯电动车辆动力电池包亏电救援，如图 5-2-5 所示。该设备两端都是连接车辆交流充电接口的充电枪，两头的充电枪完全相同，CC 与 PE 阻值为 220Ω。

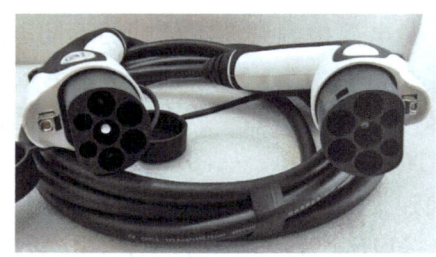 

图 5-2-5 VTOV

VTOL 即 Vehicle To Load，车辆对负载放电，正名为"车辆对插排放电连接装置"，可直接为功率 ≤3kW 的家用电器供电。该设备一端是交流放电枪，另一端为插排，其中交流放电枪上的 CC 与 PE 阻值为 2000Ω，如图 5-2-6 所示。

VTOG，即 Vehicle To Grid，车辆对电网放电。E5 车型可通过比亚迪 40kW 壁挂式交流充电盒实现对电

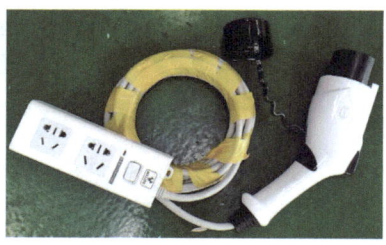

图 5-2-6 VTOL

网放电，如图 5-2-7 所示。交流充电枪上 CC 与 PE 阻值为 100Ω。

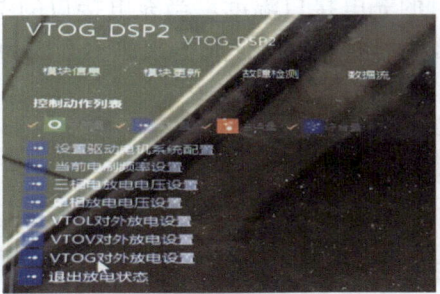

图 5-2-7　VTOG

引导问题 5

请查阅相关资料，简述秦 EV 车型的直流充电接口的安装位置。
_____
_____
_____

引导问题 6

请查阅相关资料，简述直流充电的工作原理。
_____
_____
_____

引导问题 7

请查阅相关资料，简述直流充电的条件。
_____
_____
_____

直流充电系统

（一）直流充电系统介绍

直流充电枪通过直流充电接口后，通过充电枪和充电接口端的 S+、S− 实现与电池管理器进行交互，并通过充电桩端的辅助电源 A+、A− 唤醒电池管理器，高压直流电通过充配电总成中的直流充电正极、负极接触器后给动力电池充电。

秦 EV 车型的直流充电接口安装在车头 logo 后面，如图 5-2-8 所示。国标直流充电接口有 9 个端子，分别为 DC+、DC−、PE、A+、A−、S+、S−、CC1、CC2，各端子作用见表 5-2-4。直流充电接口 DC+ 与 DC- 高压电缆之间安装有温度传感器，用来检测直流充电时的充电接口温度。当充电接口的温度上升到 75℃时，BMC 控制直流充电正极、负极接触器断开，保证充电接口不会因为温度过高而熔化，保证车辆充电安全。

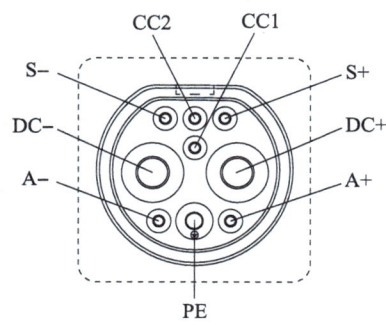

图 5-2-8　秦 EV 车型直流充电接口

表 5-2-4　国标直流充电接口端子作用

引脚号	定义	备注
DC+	高压直流正极输入	—
DC-	高压直流负极输入	—
A+	低压辅助电源正	直流充电桩给车辆输入 12V 低压电，其中 A- 接车身地，用来唤醒 BMC
A-	低压辅助电源负	
S+	CAN-H	—
S-	CAN-L	—
CC1	1kΩ ± 30Ω	直流充电接口上 CC1 与 PE 之间阻值为 1kΩ，直流充电桩通过它确认是否已插枪
CC2	直流充电感应信号	直流充电枪上 CC2 与 PE 之间阻值为 1kΩ，整车 BMC 通过它确认是否已插枪
PE	接地	与大地连接起来

（二）直流充电工作原理

将直流充电枪插入直流充电接口，直流充电枪端的 S+、S- 与电池管理器 BMC 的充电 CAN 进行通信，直流充电接口上的 CC1 与 PE 上的 1kΩ 电阻检测直流充电枪已插入充电接口，同时充电枪端的 CC2 与 PE 上的 1kΩ 电阻点亮仪表充电指示灯，并提醒驾驶员"充电已连接，请稍候……"。充电枪端的 A+、A- 辅助电源唤醒 BMC，即 BMC、整车控制器、电机控制器等模块得到双路电，BMC 将电池当前状态通过充电 CAN 做信息交互，直流充电桩输出 DC 500V 的电通过充配电总成中的直流充电正极、负极接触器给动力电池充电。直流充电系统原理示意图如图 5-2-9 所示。

注意：直流充电在进入直流充电确认之前，通过烧结检测模块分别对直流充电正极接触器、充电负极接触器进行烧结检测。当检测直流充电正极接触器时，烧结检测模块控制直流充电负极接触器吸合，检测光耦电子元件是否导通，若导通则说明正极接触器烧结。检测负极接触器烧结过程同上。其原理如图 5-2-10 所示。

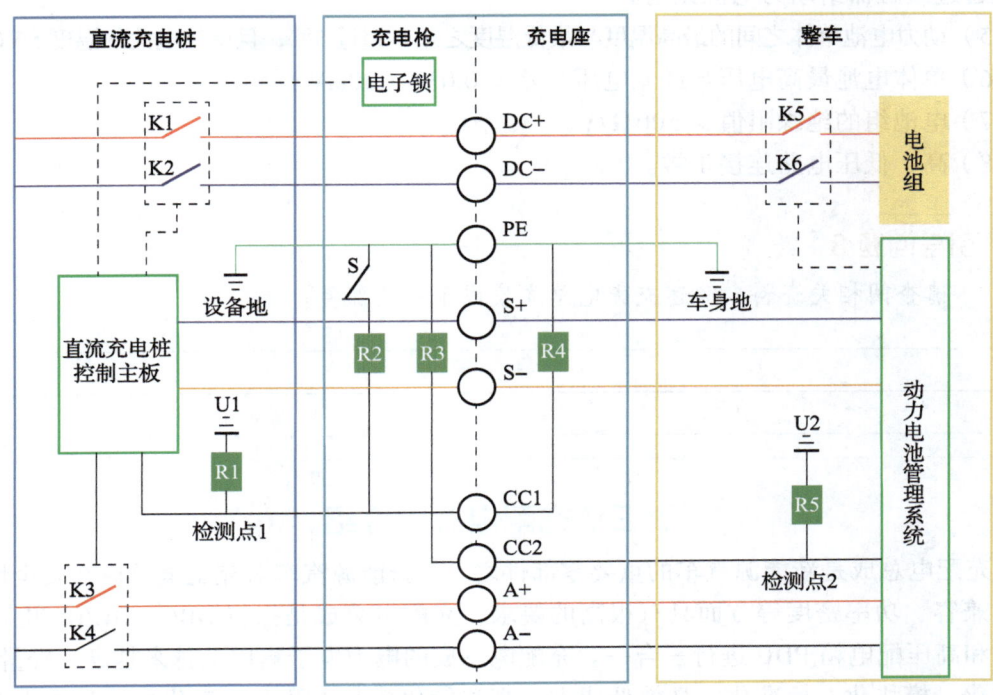

图 5-2-9　直流充电系统原理示意图

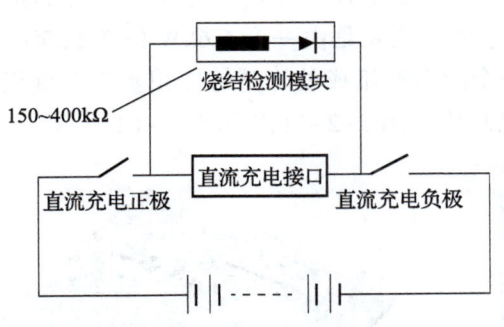

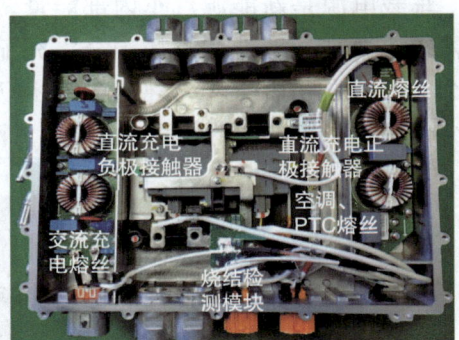

图 5-2-10　烧结检测模块原理

（三）直流充电的条件

1）直流充电枪与直流充电接口连接确认信号正常，即直流充电桩通过充电接口上的 CC1 与 PE 的电阻有 1kΩ 左右，说明直流充电枪连接正常。

2）直流充电枪端的 A+、A- 输出 12V 用来唤醒 BMC 及 VCU 等模块。

3）直流充电枪端的 S+、S- 通过充电网与 BMC 进行通信，BMC 检测到直流充电感应信号 CC2 后，BMC 控制高压预充，待预充完成后，直流充电桩的 DC+、DC- 输出 DC 500V。

4）直流充电在进入直流充电确认之前，通过烧结检测模块分别对直流充电正极接触器、充电负极接触器进行烧结检测,待接触器烧结检测完后,直流充电桩输出的直流电通过接触器给动力电池充电。

5)动力电池单体之间的最高温度与最低温度之差不超过5℃,且单体电池的温度>5℃。

6)单体电池最高电压与最低电压之差 < 0.03V(30mV)。

7)电池组的绝缘阻值 > 500Ω/V。

8)高、低压电路连接正常。

> **引导问题 8**
>
> 请查阅相关资料,简述充配电总成集成了哪些部件。
>
> _____
> _____
> _____

秦 EV 充配电总成介绍

充配电总成是新能源汽车的重要零部件之一,新能源汽车对充配电总成在安全性、电磁兼容、功率密度等方面具有很高的要求。充配电总成是指将 OBC、DC/DC 电源变换器和高压配电箱 PDU 进行三合一。充配电总成的电力电子集成度越来越高,轻量化、小型化、模块化、标准化、高效低成本、高智能化控制以及全数字化控制是未来充配电总成的发展方向。

车载电源是新能源汽车内部能量转换的核心零部件,大功率是车载电源的重要性能需求之一。比亚迪的高压三合一充配电总成,主要是由一个 6.6kW 的车载充电器和一个 2.2kW 的 DC/DC 电源变换器,以及一个配电箱组成的,整体体积基本上就相当于一个传统车载充电器的体积。秦 EV 充配电总成如图 5-2-11 和图 5-2-12 所示。

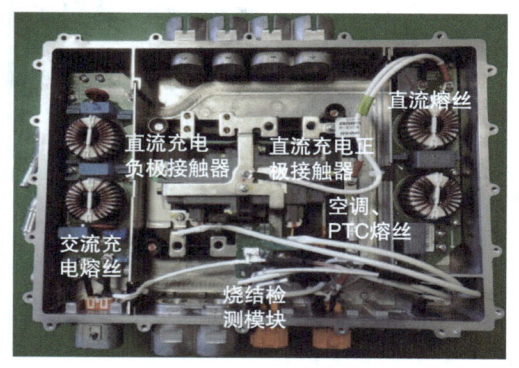
图 5-2-11　秦 EV 充配电总成内部结构

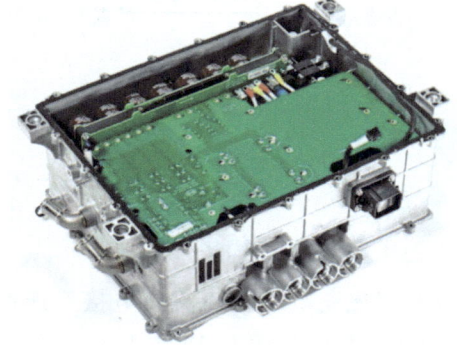
图 5-2-12　秦 EV 充配电总成外观

高压三合一充配电总成的作用主要是控制能量流入和流出电池,通过配电箱来做管理和保护。通常电池在充电或放电时可能会出现一些故障,因此充配电总成的安全性和可靠性是研发当中比较重要的部分。

在配电的部分,配电箱主要负责把电池输出的高压电与电机控制器相连接,再与直流充电的回路相连接,并与空调加热的 PTC 水加热器、空调压缩机等高压附件进行动力的分配。高压配电原理图如图 5-2-13 所示。

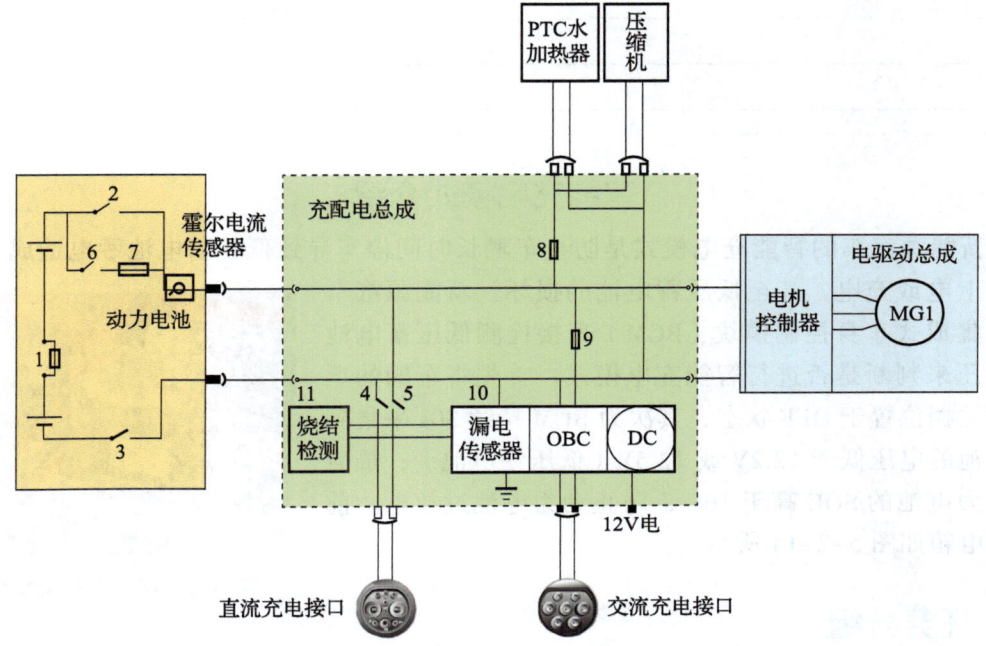

图 5-2-13　高压配电原理图

1—熔断器　2—主接触器　3—负极接触器　4—直流充电负极接触器
5—直流充电正极接触器　6—预充接触器　7—预充电阻　8—空调熔丝
9—交流充电和 DC/DC 变换器熔丝　10—漏电传感器　11—烧结检测模块

对于充配电总成来说,其失效多表现为不能充电、上电或限功率,主要的故障是控制信号输入异常或元件故障失效导致的。一般情况下,充配电总成出现故障后都会生成相对应的故障码,可以根据故障码及数据流快速锁定故障点,充配电总成故障码见表 5-2-5。

表 5-2-5　充配电总成故障码

序号	故障码	故障描述	可能故障点
1	P157016	交流侧电压低	交流充电桩、OBC、电网
2	P157017	交流侧电压高	交流充电桩、OBC、电网
3	P157216	整流后直流侧电压低	OBC、预充失败
4	P157897	CC 信号异常	OBC、充电枪线束
5	P157B00	交流侧过流	交流充电桩、OBC、电网
6	P157C00	硬件保护	OBC
7	P158798	充电接口温度严重过高	充电接口、OBC
8	P158900	充电接口温度采样异常	充电接口、OBC
9	P151100	交流端高压互锁故障	充配电总成插接器
10	U011100	BMC 通信超时	BMC、CAN 通信线、OBC

引导问题 9

请查阅相关资料，简述智能充电模式的作用。

_____

_____

智能充电模式介绍

新能源汽车的智能充电模式是防止车辆长时间停车导致低压蓄电池亏电造成车辆无法上电或充电，甚至低压蓄电池的损坏。新能源汽车通过集成式车身控制模块（BCM）直接检测低压蓄电池的电压来判断是否进行智能充电模式。首先将车辆的点火开关档位置于 OFF 状态，其次为 BCM 持续 30s 采集到蓄电池的电压低于 12.2V 或 12.5V（低压铁电池）；最后为动力电池的 SOC 高于 10%，防止动力电池过放电。前舱配电箱如图 5-2-14 所示。

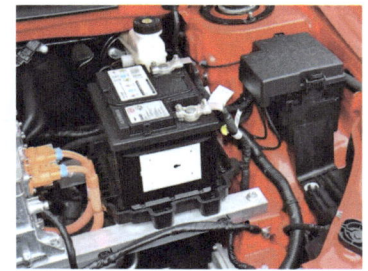

图 5-2-14 前舱配电箱

任务分组

学生任务分配表见表 5-2-6。

表 5-2-6 学生任务分配表

班级		组号		指导老师	
组长		学号			
组员角色分配					
信息员		学号			
操作员		学号			
记录员		学号			
安全员		学号			
任务分工					
（就组织讨论、工具准备、数据采集、数据记录、安全监督、成果展示等工作内容进行任务分工）					

工作计划

按照前面所了解的知识内容和小组内部讨论的结果，制定工作方案，落实各项工作负责人，如任务实施前的准备工作、实施中主要操作及协助支持工作、实施过程中相关要点及数据的记录工作等，工作计划表见表 5-2-7。

表 5-2-7　工作计划表

步骤	工作内容	负责人
1		
2		
3		
4		
5		
6		
7		
8		

进行决策

1. 各组派代表阐述资料查询结果。
2. 各组就各自的查询结果进行交流，并分享技巧。
3. 教师对各组的计划方案进行点评。
4. 各组长对组内成员进行任务分工，教师确认分工是否合理。

任务实施

引导问题 10

扫描二维码观看视频，了解如何进行高压配电系统的检修，并简述操作要点。

【微课】动力电池无法充放电故障检修（秦 EV）

参考操作视频，按照规范作业要求完成高压配电系统检修的操作步骤，完成数据采集并记录。实训准备见表 5-2-8，动力电池无法充放电故障检修见表 5-2-9。

表 5-2-8　实训准备

序号	设备及工具名称	数量	设备及工具是否完好
1	比亚迪秦 EV	1 辆	□是□否
2	工位防护套装	1 套	□是□否
3	人员防护套装	1 套	□是□否
4	数字式交直流万用表	1 个	□是□否
5	道通 908E 汽车专用解码仪	1 个	□是□否
6	万用接线盒	1 个	□是□否
质检意见	原因：		□是□否

表 5-2-9　动力电池无法充放电故障检修

序号	步骤	记录	完成情况
1	车辆充电时，仪表显示"请检查动力系统"，重新给车辆上电，无法上"OK"电		已完成□ 未完成□
2	连接道通 908E 汽车专用解码仪，选择比亚迪秦车型，全车模块扫描，进入整车控制器模块读取故障码显示："电池管理器"控制单元无法进入，单独进入"电池管理器"控制单元，无法进入		已完成□ 未完成□
3	查找电器原理图		已完成□ 未完成□
4	点火开关处于 ON 档，背插测量 BK45（B）/1 对地电压，实测值为 0V，正常值为 11~14V		已完成□ 未完成□
5	点火开关处于 ON 档，测量 F1/4 上端对地电压，实测值为 11~14V，正常值为 11~14V		已完成□ 未完成□

（续）

序号	步骤	记录	完成情况
6	点火开关处于 ON 档,测量 F1/4 下端对地电压,实测值为 0V,正常值为 11~14V		已完成□ 未完成□
7	点火开关处于 OFF 档,断开蓄电池负极,拔下 F1/1,测量 F1/4 两端电阻,实测值为 ∞,正常值为小于 1Ω		已完成□ 未完成□
8	点火开关处于 OFF 档,断开蓄电池负极,测量 F1/4 下端熔丝座对地电阻,实测值为 ∞,正常值为 ∞		已完成□ 未完成□
9	确定故障点,F1/4 熔丝座损坏,更换全新熔丝座,故障排除		已完成□ 未完成□
10	实训现场整理		已完成□ 未完成□
总结提升			已完成□ 未完成□
质检意见	原因:		已完成□ 未完成□

评价反馈

1. 各组代表展示汇报 PPT,介绍任务的完成过程。

2. 请以小组为单位,对各组的操作过程与操作结果进行自评和互评,并将结果填入表 5-2-10 中的小组评价部分。

3. 教师对学生工作过程与工作结果进行评价,并将评价结果填入表 5-2-10 中的教师评价部分。

表 5-2-10　综合评价表

班级		组别		姓名		学号	
实训任务							
评价项目		评价标准				分值	得分
小组评价	计划决策	制定工作方案的合理可行,小组成员分工明确				10	
	任务实施	能够正确检查并设置实训工位				5	
		能够准备和规范使用工具设备				5	
		能够正确使用电器原理图和万用表确认故障点				20	
		能够正确排除动力电池无法充放电故障				20	
		能够规范填写任务工单				10	
	任务达成	能按照工作方案操作,按计划完成工作任务				10	
	工作态度	认真严谨,积极主动,安全生产,文明施工				10	
	团队合作	小组组员积极配合,主动交流,协调工作				5	
	6S 管理	完成竣工检验,现场恢复				5	
		小计				100	

（续）

评价项目		评价标准	分值	得分
教师评价	实训纪律	不出现无故迟到、早退、旷课现象，不违反课堂纪律	10	
	方案实施	严格按照工作方案完成任务实施	20	
	团队协作	任务实施过程互相配合，协作度高	20	
	工作质量	能准确完成检修动力电池无法充放电故障的任务	20	
	工作规范	操作规范，三不落地，无意外事故发生	10	
	汇报展示	能准确表达，总结到位，改进措施可行	20	
		小计	100	
综合评分		小组评价分 ×50%+ 教师评价分 ×50%		

总结与反思

（如：学习过程中遇到什么问题→如何解决的/解决不了的原因→心得体会）

任务三　检修动力电池限功率故障

学习目标

- 了解动力电池限功率故障相关术语。
- 掌握限功率故障的成因。
- 掌握限功率故障的排查方法。
- 具备使用电器原理图和万用表确认故障点的能力。
- 具备排除动力电池限功率故障的能力。
- 了解中国重汽走出国门的故事,感受自主知识产权的重要性。

知识索引

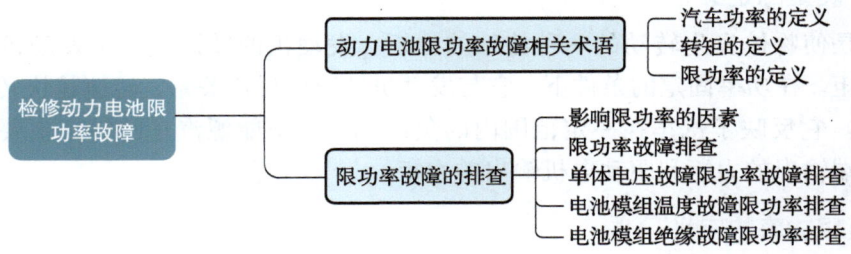

情境导入

　　试装车在进行充电效率测试时,插上直流充电枪给车辆充电一段时间后,电池组的 SOC 在 52% 时,出现充电电流降低,你作为一名电池测试助理工程师接到了处理此故障的任务。

获取信息

引导问题 1

请查阅相关资料,简述汽车功率的定义。

_____

_____

> **引导问题 2**
>
> 请查阅相关资料，简述限功率的定义。
> _____
> _____
> _____

动力电池限功率故障相关术语

（一）汽车功率的定义

功率是指物体在单位时间内所做的功，是表示物体做功快慢的物理量，物理公式为 $P=W/t$，其中的 P 表示功率，其单位是"瓦特"，简称"瓦"，符号是 W；W 表示功，其单位是"焦耳"，简称"焦"，符号是 J；t 表示时间，其单位是"秒"，符号是 s。

汽车功率是指汽车在单位时间内所做的功。功率越大，扭力越大，汽车的拉力也越高，常用最大功率来描述汽车的动力性能，最大功率一般用马力（ps）或千瓦（kW）来表示（1ps=0.735kW）。

（二）转矩的定义

转矩是使物体发生转动的一种特殊的力矩。发动机的转矩就是指发动机从曲轴端输出的力矩。在功率固定的条件下，它与发动机转速成反比关系，转速越快转矩越小，反之越大。它反映了汽车在一定范围内的负载能力。新能源汽车的转矩主要是指发动机从曲轴端输出的力矩和驱动电机输出的力矩。

（三）限功率的定义

限功率指的是车辆的动力系统不能全负载工况下工作的一种状态。例如车辆正常状态下可以以 120km/h 的速度行驶，当车辆的某一部件出现异常情况时，此时车辆只能以不超过 40km/h 的速度行驶，其可能原因就是动力系统中（如动力电池某个单体温度超过 50℃）出现了故障。这时，车辆组合仪表会点亮限功率指示灯 提醒驾驶员，如图 5-3-1 所示。

图 5-3-1　汽车限功率指示灯

大多数车辆出现限功率故障时，仪表会亮起限功率指示灯 。车辆在限功率工况下，车辆的高压系统可以正常运行，因此不能单纯地看仪表上的"OK"或者"READY"

指示灯去判断车辆的当前状态。一般情况下，车辆出现限功率会有以下表现：
1）车辆动力不足，如爬坡无力、深踩加速踏板，车速只能到 40km/h。
2）在充电工况下，无法达到车辆额定的充电功率，充电时间增加。
3）无法使用空调系统。

> **引导问题 3**
>
> 请查阅相关资料，简述影响限功率的因素有哪些。

> **引导问题 4**
>
> 请查阅相关资料，简述限功率故障的排查步骤。

> **引导问题 5**
>
> 请查阅相关资料，简述电池均衡过后的注意事项。

限功率故障的排查

（一）影响限功率的因素

车辆限功率通常不是独立存在的，多数情况下是伴随着车辆高压系统绝缘故障、驱动电机及控制器温度故障、动力电池故障等存在，还有少数情况是伴随着其他线路故障存在，例如加速踏板信号校验错误、转向系统异常、ABS 或 ESP 系统故障等，此类以底盘系统和动力控制系统的原因居多。

（二）限功率故障排查

车辆限功率故障排查步骤如下：
1）观察仪表是否亮起限功率故障灯，若有限功率故障灯亮起，说明此时车辆的整车控制器接收到车辆限功率的信号，通过 CAN 总线向组合仪表发出警示标志，即可判断此时车辆有异常状况，此时车辆有动力性能下降或者空调系统不运转等故障现象发生。

2）在观察仪表有无限功率故障灯的同时，还需要注意有没有其他伴随的故障灯出现，如动力电池故障指示灯、动力系统故障指示灯、驱动电机或动力电池过热警告灯、ABS 故障灯、转向系统故障指示灯等。若有以上故障指示灯点亮，我们可以根据故障指示灯有针对性地进行故障分析和排除。

3）确定了限功率的现象之后，使用故障诊断仪扫描全车所有的 ECU 模块，观察有没有故障码产生。除了驱动电机转子退磁这种控制单元不可检测控制的故障之外，多数的限功率故障都生成对应的故障码，例如与转向助力模块通信异常、与 ESC 模块通信异常、单体电池电压一般过低、一般漏电、加速踏板信号校验故障、驱动电机温度过高、电池水温过高等具有明显指向性的故障码，如图 5-3-2 所示。借助这些故障码的提示，我们可以直接有效地进行故障筛查。

图 5-3-2　车辆故障码信息

4）了解车辆的故障码信息之后，我们可以直接读取相应模块的数据流（失去通信的模块除外），如图 5-3-3 所示，通过数据流、仪器测量的具体数值来判断此时车辆系统的运行的状态。例如，电池绝缘阻值、最高单节电池温度、最低单节电池电压、最高单节电池电压、电池水温、驱动电机温度以及 IGBT 的温度过高等。

高压系统状态	正常		
最低电压电池编号	60	1~256	
最低单节电池电压	2.666	0~5	V
最高电压电池编号	24	1~256	
最高单节电池电压	3.208	0~5	V

图 5-3-3　模块数据流信息

5）做完以上的筛查动作之后，接下来就可以综合故障现象、故障码、数据流信息来查找故障点。

（三）单体电压故障限功率故障排查

1）通过诊断仪或上位机软件查看动力电池系统是否有故障码，查看单体电池的最高电压和最低电压的数据流。

2）不同车辆搭载的动力电池材料不同，充满电后的单体电压也不一样，如三元锂电池充满电静置后在 4.0V 左右，磷酸铁锂电池满电静置后电压在 3.35V 左右。若出现单体最高电压与最低电压的差超过 50mV 时，此时电池管理器（BMC）通过动力 CAN 向仪表发送单体压差过大的故障，同时仪表故障指示灯亮，提醒驾驶员"请检查动力系统"，BMC 控制电池包输出功率，若单体的压差超过 50mV 未超过 100mV，BMC 控制电池输出功率或充电功率，车速以不超过 40km/h 的速度行驶或以最小充电电流充电（10A）。

3）根据诊断仪或上位机软件确认压差过大的电池模组的编号及电池号。用仪器测量确认是否有压差过大故障。

4）对单体电压过高的电池进行放电均衡，对单体电压低的电池进行充电均衡，待最高单体与最低单体的压差不超过 50mV 即可。

5）电池均衡过后要进行 2~3 天的跟踪处理，若继续会出现压差过大的故障，则需要更换电池相同容量的模组。

（四）电池模组温度故障限功率排查

1）通过诊断仪或上位机软件查看动力电池系统是否有故障码，查看单体电池的最高温度和单体电池的最低温度的数据流。

2）无论车辆搭载何种材料的动力电池，电池管理系统的温差设置基本上都是按照 NEDC 标准设置，单体最高温度与单体最低温度差不超过 5℃。有些电池企业也会执行自己的标准，如宁德时代的电池温差设置为 3℃。若电池组的温差超过了 5℃，此时电池管理器通过动力 CAN 与网关控制器进行信息交互，空调控制器控制压缩机工作，同时打开电子膨胀阀 2，通过制冷剂冷却电池冷却液，若电池包的温度无法降下来，BMC 通过动力 CAN 向仪表发送电池模组温差过大的故障，同时仪表故障指示灯亮，提醒驾驶员"请检查动力系统"，BMC 控制电池包输出功率，若电池模组的温差超过 5℃ 未超过 10℃，BMC 控制电池输出功率或充电功率，车速以不超过 40km/h 的速度行驶或以最小充电电流充电（10A）。

3）根据诊断仪或上位机软件确认温差过大的电池模组的编号及电池号。用仪器测量确认是否有温差过大故障。

4）对失效的部件进行更换（如电池信息采集器、温度传感器、采样线束等）或更换电池模组。

（五）电池模组绝缘故障限功率排查

1）通过诊断仪或上位机软件查看动力电池系统是否有故障码，查看电池组的绝缘电阻值数据流。

2）电池管理系统设置的绝缘阻值是按照国标要求的，若绝缘阻值 >500Ω/V，则判断电池组的绝缘值是正常的。当 BMC 监测到电池组的绝缘值 <500Ω/V 时，此时 BMC 通过动力 CAN 向仪表发送电池一般绝缘故障，同时仪表故障指示灯亮，提醒驾驶员"请检查动力系统"，BMC 控制电池包输出功率，BMC 控制电池输出功率或充电功率，车

速以不超过 40km/h 的速度行驶或以最小充电电流充电（10A）。

3）对电池包进行拆检，对每个模组进行绝缘测试。对绝缘不良的电池模组进行更换。

拓展阅读

　　之前我们讲述了 60 年前中国重汽激动人心的光辉时刻，本节我们要讲述的是重汽集团的企业文化。

　　中国重汽的企业文化以学习创新为动力，在思想上提倡"学习、改进、创新"，在这背后还有一则逸闻，之前提过重汽集团创立的时候引进了奥地利斯太尔重型汽车技术项目，"斯太尔"也曾经给中国重汽带来过如日中天的辉煌，但在重汽集团准备开拓沙特市场的时候，他们却收到了中国重汽出口产品不能打"斯太尔"品牌的律师函。

　　走别人的路终归会使自己无路可走。此后，重汽着力于二次创新和原始创新，努力开发新产品，打造自己的品牌。于是，重汽在斯太尔之外有了斯太尔王、HOWO、金王子、豪骏、豪运等一系列自主品牌产品。中国重汽总裁蔡东坦言，中国重汽的目标是走向全球，中国重汽不能做西方国家的代理工厂，所以我们要完善自己的产业链，把核心竞争力牢牢掌握在自己手中。

　　在一次采访中，时任中国重汽董事长的马纯济不胜感慨地回忆道，在 2000 年的时候，中国重汽只有单一系列的产品，没有一项专利。当时跟国外大公司谈合作，别人拿出专利技术要跟我们算投资和入股的问题，展开一张大纸竟然是几百项专利技术，而我们当时一条都没有。从那之后，中国重汽高度重视产品研发和自主知识产权保护，2011 年的时候，重汽已累计授权专利达 1300 项，成为当时我国汽车行业专利最多的企业。

　　2008 年 7 月 1 日，我国全面实施国Ⅲ排放标准。这项政策的实施对于许多重卡生产企业而言无疑是一个巨大的挑战。但对重汽而言，却是一次难得的发展机遇，因为它既掌握了国际先进的高压共轨技术，又掌握了一项同行所没有的"独门武器"——EGR 国Ⅲ发动机。早在 2005 年底，中国重汽就开始组织技术力量重点研究国Ⅲ技术，前后投入 2 亿元，历时近两年，终于在国内率先成功完成了具有自主知识产权的采用 ERG（排气再循环）技术的国Ⅲ柴油发动机，这也是国内当时唯一采用 ERG 技术的国Ⅲ柴油发动机。

　　关键核心技术是买不到的，只能靠自力更生，重汽走出国门的故事正是这个道理的最好注脚。自主知识产权是我国新能源汽车蓬勃发展的助推动力之一，希望同学们都能在职业领域开拓创新，砥砺奋进。

任务分组

学生任务分配表见表 5-3-1。

| 姓名 | 班级 | 日期 | 能力模块五　新能源汽车整车动力电池系统检修 |

表 5-3-1　学生任务分配表

班级		组号		指导老师	
组长		学号			
组员角色分配					
信息员		学号			
操作员		学号			
记录员		学号			
安全员		学号			
任务分工					

（就组织讨论、工具准备、数据采集、数据记录、安全监督、成果展示等工作内容进行任务分工）

工作计划

按照前面所了解的知识内容和小组内部讨论的结果，制定工作方案，落实各项工作负责人，如任务实施前的准备工作、实施中主要操作及协助支持工作、实施过程中相关要点及数据的记录工作等，工作计划表见表 5-3-2。

表 5-3-2　工作计划表

步骤	工作内容	负责人
1		
2		
3		
4		
5		
6		
7		
8		

进行决策

1. 各组派代表阐述资料查询结果。
2. 各组就各自的查询结果进行交流,并分享技巧。
3. 教师对各组的计划方案进行点评。
4. 各组长对组内成员进行任务分工,教师确认分工是否合理。

任务实施

引导问题 6

扫描二维码观看视频,了解如何进行动力电池限功率故障的检修,并简述操作要点。

_____
_____
_____
_____

【微课】动力电池热管理系统水泵检测(秦EV)

参考操作视频,按照规范作业要求完成动力电池限功率故障检修的操作步骤,完成数据采集并记录。实训准备见表5-3-3,动力电池限功率故障检修见表5-3-4。

表 5-3-3 实训准备

序号	设备及工具名称	数量	设备及工具是否完好
1	比亚迪秦 EV	1辆	□是□否
2	工位防护套装	1套	□是□否
3	人员防护套装	1套	□是□否
4	数字式交直流万用表	1个	□是□否
5	道通908E 汽车专用解码仪	1个	□是□否
6	万用接线盒	1个	□是□否
质检意见	原因:		□是□否

表 5-3-4 动力电池限功率故障检修

序号	步骤	记录	完成情况
1	插上直流充电枪给车辆充电一段时间后,电池组的SOC在52%时,出现充电电流降低		已完成□ 未完成□
2	连接道通908E汽车专用解码仪,选择比亚迪秦车型,进行全车模块扫描,进入空调控制器模块读取故障码,为"电动水泵(电池热管理)"故障		已完成□ 未完成□

（续）

序号	步　　骤	记录	完成情况
3	查找电器原理图 IG4 F1/7 电池冷却水泵 10A 15 B1D 15/B1D G/W 0.5 ALL 1 B66 IG4 电动水泵（电池热管理） 2 B66 PWM　　3 B66 GND B/L 0.5 ALL 1/1 BJG01/GJB01 B/L 0.5 ALL B 0.5 ALL 6 G21(B) PWM Eb03-2		已完成□ 未完成□
4	根据故障码及查找电器原理图，怀疑电动水泵（电池热管理）本体及线路故障		已完成□ 未完成□
5	点火开关处于 ON 档，背插测量 B66/1 对地电压，实测值为 11~14V，正常值为 11~14V。注意：测量前万用表要先校准		已完成□ 未完成□
6	点火开关处于 ON 档，背插测量 B66/2 对地电压，实测值为 0V，正常值为占空比信号		已完成□ 未完成□

（续）

序号	步骤	记录	完成情况
7	点火开关处于 OFF 档，取下蓄电池负极，断开 B66、G21（B）插接器，测量 B66/2~G21（B）/6 线路电阻，实测值为 ∞，正常值小于 1Ω		已完成□ 未完成□
8	点火开关处于 OFF 档，取下蓄电池负极，测量 B66/1~BJG01/1 线路电阻，实测值为 ∞，正常值小于 1Ω		已完成□ 未完成□
9	确定故障点"电动水泵 B66/1~BJG01/1"线路断路，恢复故障，车辆正常放电、充电		已完成□ 未完成□
10	实训现场整理		已完成□ 未完成□
总结提升			已完成□ 未完成□
质检意见	原因：		已完成□ 未完成□

评价反馈

1. 各组代表展示汇报 PPT，介绍任务的完成过程。
2. 请以小组为单位，对各组的操作过程与操作结果进行自评和互评，并将结果填入表 5-3-5 中的小组评价部分。
3. 教师对学生工作过程与工作结果进行评价，并将评价结果填入表 5-3-5 中的教师评价部分。

表 5-3-5 综合评价表

班级		组别		姓名		学号	
实训任务							
评价项目		评价标准				分值	得分
小组评价	计划决策	制定工作方案的合理可行，小组成员分工明确				10	
	任务实施	能够正确检查并设置实训工位				5	
		能够准备和规范使用工具设备				5	
		能够正确使用电器原理图和万用表确认故障点				20	
		能够正确排除动力电池限功率故障				20	
		能够规范填写任务工单				10	
	任务达成	能按照工作方案操作，按计划完成工作任务				10	
	工作态度	认真严谨，积极主动，安全生产，文明施工				10	
	团队合作	小组组员积极配合，主动交流，协调工作				5	
	6S 管理	完成竣工检验，现场恢复				5	
		小计				100	

| 姓名 | | 班级 | 日期 | | 能力模块五 新能源汽车整车动力电池系统检修 |

（续）

评价项目		评价标准	分值	得分
教师评价	实训纪律	不出现无故迟到、早退、旷课现象，不违反课堂纪律	10	
	方案实施	严格按照工作方案完成任务实施	20	
	团队协作	任务实施过程互相配合，协作度高	20	
	工作质量	能准确完成检修动力电池限功率故障的任务	20	
	工作规范	操作规范，三不落地，无意外事故发生	10	
	汇报展示	能准确表达，总结到位，改进措施可行	20	
		小计	100	
综合评分		小组评价分 ×50%+ 教师评价分 ×50%		
总结与反思				

（如：学习过程中遇到什么问题→如何解决的/解决不了的原因→心得体会）

任务四　检修动力电池 SOC 跳变故障

学习目标

- 了解电池 SOC 的估算方法及缺陷。
- 掌握影响电池 SOC 估算的因素。
- 掌握电池组 SOC 跳变的检修流程。
- 具备使用电器原理图和万用表确认故障点的能力。
- 具备排除动力电池 SOC 跳变故障的能力。
- 在需要多人合作的实训任务中感受团队精神的重要性。

知识索引

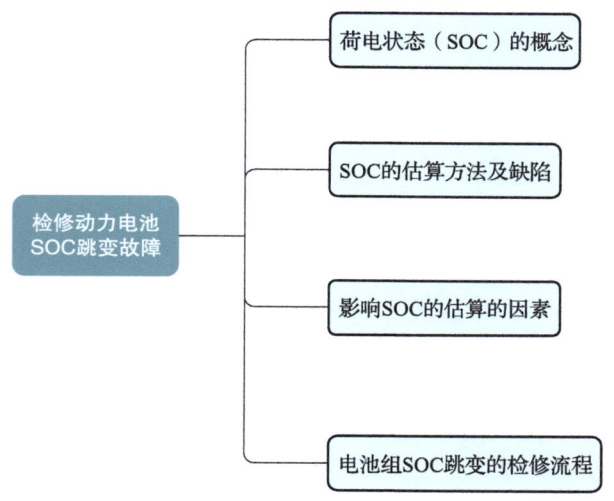

情境导入

　　试装车在进行道路测试时，电池组的 SOC 在 52% 时突然变成 0，仪表显示"EV 功能受限"，你作为一名电池测试助理工程师接到了处理此故障的任务。

| 姓名 | 班级 | 日期 | 能力模块五　新能源汽车整车动力电池系统检修 |

获取信息

引导问题 1

请查阅相关资料，简述电池的上下限值的作用。

_____
_____
_____

荷电状态（SOC）的概念

荷电状态（SOC）是当前动力电池中按照规定放电条件可以释放的容量占可用容量的百分比。SOC 状态范围百分比一般是 0~100%。

实际上电池的 SOC 有一定的可用范围：SOC 范围减掉 SOC 的缓冲区域，剩下的部分就是 SOC 的可用范围了，即 15%~95%。

SOC 的可用范围是通过电池管理系统的精准细致的控制策略、电池信息采集器精确的数据采集，确定电池的上下限值。电池在不同条件、工况下保证电池组工作安全。比如：电池的上限值是防止车辆在充电的过程中过充电引起电池热失控。因此在电动汽车直流充电时，电池组的 SOC 到 80% 时（各车企数据设置可能会不一样）转入恒压充电；交流充电时，可以依靠小电流给电池组充电到 95%。电池的下限值主要考虑的是放电工况和放电电流变化能力，会影响电池包的动力输出和消费者的驾乘感受。

引导问题 2

请查阅相关资料，简述电池组 SOC 估算的最大的难题是什么，SOC 产生估算误差会导致什么后果。

_____
_____
_____
_____

SOC 的估算方法及缺陷

电池组 SOC 估算的方法有很多种，既有传统的电流积分法、电池内阻法、放电试验法、开路电压法、负载电压法，也有较为创新的卡尔曼滤波法、模糊逻辑理论法和神经网络法等，各种估算方法都有自己的优缺点，适用于不同的电池系统。

电池组 SOC 估算最大的难题在于电池组一致性问题，也是目前新能源汽车最难解决的难题。它影响新能源汽车实际充放电量和汽车续驶里程，情况严重的话会发生电池热失控，甚至起火燃烧。因此解决电池一致性问题，电池组的 SOC 估算才有意义。

在 BMS 中，电池荷电状态（State Of Charge，SOC）、电池能源状态（State Of Power，SOP）、电池健康状态（State Of Health，SOH）都是非常重要的管理指标，直

接关系到 BMS 的管理质量，特别是实时监控的电池组 SOC 值。与其匹配一个相对应的预估的续驶里程，它是驾驶员在新能源汽车实际使用中判断电池系统状态的依据，直接影响出行计划的安排和实施。

电池系统中的 SOC、SOH、SOP 都是建立在电池组一致性良好的条件下，若电池组发生了一致性问题，SOC 估算就会产生非常大的估算误差，给驾驶员带来误导甚至引发安全事故。如电动汽车行驶过程中，组合仪表或中控屏显示续驶里程远远高于驾驶员的实际路程，驾驶员就可以放心行驶，但行驶途中因 BMS 对 SOC 的估算不准确导致车辆急速掉电，甚至突然没电，半路抛锚，如果是在高速公路上行驶，则非常容易发生被追尾事件。

引导问题 3

请查阅相关资料，简述影响 SOC 的估算的因素有哪些。
_____
_____
_____

影响 SOC 的估算的因素

锂离子动力电池组的实时 SOC 是一个变量，无法直接测量，不能通过传感器件直接测量得到，在工作时会受到外部环境多方面因素的影响，包括电池组的工作温度、放电电流、放电倍率、电池内阻、自放电率、衰减程度等，如图 5-4-1 所示。

上述因素中，影响最大的因素是电池组的衰减程度，其直接影响和决定了电池组的 SOC 估算值和可用范围。衰减程度只是外在表现，实际是电池组的一致性问题引起的。

电池组的 SOC 值取决于电池组中容量最小，即衰减程度最严重的单体电池，类似于"木桶原理"中的最短木板。其他电池即使未发生容量的衰减，超过衰减电池容量的部分也是无法得到利用的，从而影响新能源汽车实际续驶里程，如图 5-4-2 所示。

图 5-4-1 影响电池组 SOC 估算的因素

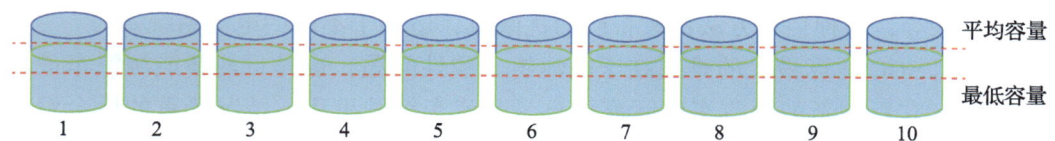

图 5-4-2 电池组的 SOC 值取决于电池组中容量最小，即衰减程度最严重的单体电池

通过图 5-4-2 可以看到，衰减后的电池组，5 号电池由于衰减最严重，在整个电池组中的剩余容量最小，因此电池组的 SOC 值就取决于 5 号电池。其他电池的衰减程度

虽然相对较小，剩余容量都远远高于 5 号电池，由于动力电池有 BMC 保护，因此 BMC 保护容量最小的 5 号电池不发生过放电，其他电池的容量即使再多也会被 BMC 忽略，不起任何作用。因此电池组实际放电容量的最大值就是 5 号电池的容量，即电池组的可使用容量的最大值就是图 5-4-2 中的最低容量线的容量。图 5-4-2 中还有一条平均容量线，它介于最高容量和最小容量之间，近似于所有容量之和的平均值。

由于电池一致性问题的存在，最低容量与平均容量存在较大的差异，一致性问题越严重，这个差异越大，最终可用 SOC 与平均 SOC 存在较大差异，这将直接影响电池组的实际续驶里程。

SOC 估算需要用到电流、单体电池电压、单体电池内阻等参数，最终转换成实际 SOC 值。在一致性问题的影响下，不管 SOC 估算策略如何，受限于 BMS 在均衡管理功能上的短板，SOC 估算值只能无限接近于组内最小容量的单体电池的 SOC，低于平均 SOC 值，即整组电池中，发生衰减的一两块电池的 SOC 值决定了整个电池组的 SOC 值，与其他电池的 SOC 值基本无关。电池组的一致性问题越严重，SOC 估算值就越低，就会更严重偏离 SOC 平均值，不仅导致电池组的 SOC 利用率下降严重，更严重影响电池组的实际续驶里程和利用效率。电量估算技术如图 5-4-3 所示。

图 5-4-3　电量估算技术

容量衰减的单体电池普遍具有内阻偏高、自放电率大、单体温度相对高等特点，当对其进行充放电操作时，电压、温度的波动幅度明显高于正常电池，这一特征会严重影响 SOC 的实时估算，甚至会使计算值严重偏离实际值，影响新能源汽车的驾乘体验。

❓ 引导问题 4

请查阅相关资料，简述比亚迪车系更换电池管理器需要注意什么。

电池组 SOC 跳变的检修流程

步骤 1：连接故障诊断仪或上位机软件查看动力电池系统中是否有故障码，同时查看电池组的最高单体、最低单体电池的电压是否正常。

步骤 2：若车辆静止时发现电池组的最高单体和最低单体的电压是正常的，那么需要连接上位机软件试车，特别是车辆急加速时查看单体电池的电压是否有急剧下降的现象，将有故障的单体编号及模组号记录下来；或给车辆进行直流充电，查看是否有个别单体的电压上升特别快。

步骤 3：若充电和放电时的电池数据流都正常，则检查电池组中的霍尔传感器是否工作正常。比亚迪的霍尔传感器的电源是 +15V、–15V，霍尔信号是 0~4.2V。

步骤 4：若霍尔传感器的电源及信号检查正常，那么需要更换电池管理器（注意：比亚迪车系更换电池管理器需要标定动力电池的电池容量及 SOC）。

任务分组

学生任务分配表见表 5-4-1。

表 5-4-1　学生任务分配表

班级		组号		指导老师	
组长		学号			
组员角色分配					
信息员		学号			
操作员		学号			
记录员		学号			
安全员		学号			
任务分工					

（就组织讨论、工具准备、数据采集、数据记录、安全监督、成果展示等工作内容进行任务分工）

工作计划

按照前面所了解的知识内容和小组内部讨论的结果，制定工作方案，落实各项工作负责人，如任务实施前的准备工作、实施中主要操作及协助支持工作、实施过程中相关要点及数据的记录工作等。工作计划表见表 5-4-2。

| 姓名 | 班级 | 日期 |

表 5-4-2　工作计划表

步骤	工作内容	负责人
1		
2		
3		
4		
5		
6		
7		
8		

进行决策

1. 各组派代表阐述资料查询结果。
2. 各组就各自的查询结果进行交流,并分享技巧。
3. 教师对各组的计划方案进行点评。
4. 各组长对组内成员进行任务分工,教师确认分工是否合理。

任务实施

引导问题 5

扫描二维码观看视频,了解如何进行动力电池 SOC 跳变故障的检修,并简述操作要点。

_____

_____

【微课】SOC异常综合故障诊断与维修

参考操作视频,按照规范作业要求完成动力电池 SOC 跳变故障检修的操作步骤,完成数据采集并记录。实训准备见表 5-4-3,动力电池 SOC 跳变故障检修见表 5-4-4。

表 5-4-3　实训准备

序号	设备及工具名称	数量	设备及工具是否完好
1	比亚迪秦 EV	1 辆	□是 □否
2	工位防护套装	1 套	□是 □否
3	人员防护套装	1 套	□是 □否
4	数字式交直流万用表	1 个	□是 □否
5	道通 908E 汽车专用解码仪	1 个	□是 □否
6	万用接线盒	1 个	□是 □否
7	电池举升平台	1 台	□是 □否
8	铆钉枪、电池密封胶	1 个	□是 □否
质检意见	原因:		□是 □否

新能源汽车动力电池及管理系统检修　　姓名　　　　班级　　　　　　日期

表 5-4-4　动力电池 SOC 跳变故障检修

序号	步　骤	记录	完成情况
1	电池组的 SOC 在 52% 时突然变成了 0，仪表显示"EV 功能受限"		已完成□ 未完成□
2	连接道通 908E 汽车专用诊断仪，选择比亚迪秦车型，进行全车模块扫描，读取故障码为"单体电池电压低"。单独进入电池管理器模块，选择读取数据流，显示有一节单体电池电压过低		已完成□ 未完成□
3	将车辆停入作业工位 ①车辆下电，将车辆钥匙存放在安全处 ②打开前发动机舱，铺设前发动机舱翼子板垫 ③断开蓄电池负极，负极电缆插头用绝缘胶布包好。蓄电池负极接线柱用盖子盖好或用绝缘胶布包好 ④放置车辆 5~10min，对新能源汽车的高压电容器进行放电 ⑤断开前发动机舱动力电池包母线进行验电。断开动力蓄电池母线后，需要对动力电池的母线进行验电，如果母线有残余电荷，则需用放电设备进行放电，确保动力蓄电池母线无电荷 ⑥验电完毕，将动力电池包母线插接器用盖子盖好或用绝缘胶布包好		已完成□ 未完成□
4	举升车辆 ①调节举升臂位置，将垫块对准车辆的举升点 ②按下举升按钮，当汽车被举起时，观察车辆是否水平托举 ③当车辆离地面 5~10cm 时停下，检查车辆是否被平稳托举、晃动车辆是否牢固无偏差 ④确认无问题后，将车辆举升到合适高度 ⑤拉下锁定装置		已完成□ 未完成□
5	动力电池包外观检查 围绕动力电池总成四周检查外观		已完成□ 未完成□
6	拆卸动力电池包附件及检测 ①拆下电池包托盘底部安装的四周的护板 ②拆下电池包低压插接器及高压插接器（高压需佩戴绝缘手套） ③用万用表检查检测电池包是否漏电。检测方法（需佩戴绝缘手套）：将万用表正极分别搭在电池正负极引出，负极搭车身地。正常值为 10V 以下。若过大请不要拆卸，检查漏电原因和地方，排除问题后再进行以下操作 ④排空动力电池总成冷却液 ⑤拆卸动力电池总成搭铁线或等电位线 ⑥在电池包正下方准备电池包举升平台，举升平台需要升至电池包的高度托举电池包		已完成□ 未完成□
7	拆卸动力电池包 ①在电池包正下方准备电池包举升平台，举升平台需要升至电池包的高度托举电池包 ②佩戴绝缘手套，使用套筒卸掉动力电池与车身固定螺栓，将电池包拆放至举升平台 ③缓慢将电池包举升平台降至合适高度后，拉出车辆举升工位并将电池包放置专用工位，设置安全警示牌及隔离栏		已完成□ 未完成□

（续）

序号	步骤	记录	完成情况
8	拆卸动力电池包上盖 ①使用手持式电动枪钻，选用合适大小的钻头，沿电池一周取下电池上盖固定铆钉 ②使用一体化工量具里的平面铲刀，沿电池一周把密封胶铲出，使电池上盖与电池底板分离 ③选用一体化工量具里面合适的棘轮、接杆、套筒，活动电池高低压插接器处压板固定螺栓，取下固定压板 ④将动力电池包上盖取下		已完成☐ 未完成☐
9	更换电池模组 根据解码仪提供的数据流，找到电压过低的单体电池位于电池包的几号模组。由于比亚迪秦EV单体电池与单体电池之间是通过汇流铜排点焊连接的，如果没有专用工具是无法单独更换单体电池的。这里我们找到故障模组后，把故障模组拆下来，由于有一节单体电池电压已经趋近于0V，无法再进行均衡和补充充电了，这里我们更换一个无故障模组上去		已完成☐ 未完成☐
10	安装电池包 更换好模组后，按照与拆卸相反的顺序安装动力电池包，注意：电池上盖在安装时，电池密封胶一定要均匀填充，铆钉按照标准孔位去铆。保证电池的密封绝缘性		已完成☐ 未完成☐
11	上电 安装好动力电池包后，车辆上电，查看仪表"OK"指示灯是否正常点亮，并使用道通908E进行读取故障码，无故障码无异常数据流，则为正常		已完成☐ 未完成☐
12	实训现场整理		已完成☐ 未完成☐
总结提升			已完成☐ 未完成☐
质检意见	原因：		已完成☐ 未完成☐

📋 评价反馈

1. 各组代表展示汇报PPT，介绍任务的完成过程。

2. 请以小组为单位，对各组的操作过程与操作结果进行自评和互评，并将结果填入表5-4-5中的小组评价部分。

3. 教师对学生工作过程与工作结果进行评价，并将评价结果填入表5-4-5中的教师评价部分。

表 5-4-5 综合评价表

班级			组别		姓名		学号	
实训任务								
评价项目			评价标准				分值	得分
小组评价	计划决策		制定工作方案的合理可行,小组成员分工明确				10	
	任务实施		能够正确检查并设置实训工位				5	
			能够准备和规范使用工具设备				5	
			能够正确使用电器原理图和万用表确认故障点				20	
			能够正确排除动力电池 SOC 跳变故障				20	
			能够规范填写任务工单				10	
	任务达成		能按照工作方案操作,按计划完成工作任务				10	
	工作态度		认真严谨,积极主动,安全生产,文明施工				10	
	团队合作		小组组员积极配合,主动交流,协调工作				5	
	6S 管理		完成竣工检验,现场恢复				5	
	小计						100	
教师评价	实训纪律		不出现无故迟到、早退、旷课现象,不违反课堂纪律				10	
	方案实施		严格按照工作方案完成任务实施				20	
	团队协作		任务实施过程互相配合,协作度高				20	
	工作质量		能准确完成检修动力电池 SOC 跳变故障的任务				20	
	工作规范		操作规范,三不落地,无意外事故发生				10	
	汇报展示		能准确表达,总结到位,改进措施可行				20	
	小计						100	
综合评分			小组评价分 ×50%+ 教师评价分 ×50%					
总结与反思								

(如:学习过程中遇到什么问题→如何解决的 / 解决不了的原因→心得体会)

新能源汽车动力电池及管理系统检修

能力模块六
新能源汽车动力电池模组检修

任务一　完成动力电池模组均衡

学习目标

- 了解锂电池不一致性的危害。
- 掌握应对锂电池不一致性的措施。
- 掌握锂电池的常用均衡策略。
- 具备根据故障信息找到需要均衡的电池模组的能力。
- 具备完成电池模组均衡操作的能力。
- 通过法拉第的故事了解终身学习的必要性。

知识索引

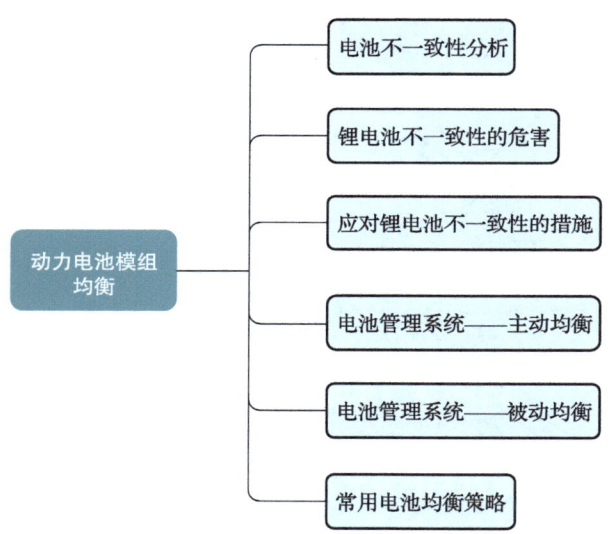

情境导入

试装车在进行道路测试时,仪表显示"EV功能受限",无法行驶。通过诊断仪查询到电池模组压差过大,你作为一名电池测试助理工程师接到了处理此故障的任务。

获取信息

引导问题 1

请查阅相关资料,简述电池不一致性受哪些因素影响。

_____
_____
_____

电池不一致性分析

锂离子电池组的不一致性是一个不断累积的过程,时间越长,单体电池之间出现的差异越大,并且锂离子电池组还会受到使用环境以及消费者对电池滥用的影响,在使用过程中单体电池的不一致性会被逐渐放大,从而导致某些单体电池性能加速衰减,最终导致电池组过早失效。锂离子电池组的不一致性主要受时间的影响较大,原因主要包括以下两个方面:

首先是制造过程中存在工艺上的问题和材质的不均匀等问题,使得锂离子电池的材料、工艺和技术等存在很微小的差别。在锂离子电池组投入使用后,电池组中各个电池的电解液密度、温度和通风条件、自放电程度及充放电过程等存在一定差别的影响,同一批次出厂的同一型号电池容量和内阻可能存在差异性。

其次是电池装车使用时,锂离子电池组中各个单体电池受电解液密度、温度和通风条件、自放电程度及充放电过程等的影响,存在一定差别。

引导问题 2

请查阅相关资料,简述锂电池的不一致性会造成哪些方面的损失。

_____
_____
_____

锂电池不一致性的危害

(1)容量损失　单体电池组成锂离子电池组,容量符合木桶原理,最小的那颗单体电池的容量决定整个电池组的充放电能力。

(2)寿命损失　小容量的单体,每次都是满充满放,很大可能最先到达寿命的终点。一个单体电池寿命终结,一组串联在一起的电池模组就会失效。

(3)电池模组的内阻增大　不同的内阻,流过相同的电流,内阻大的电芯发热量相对较多。电池组的温度过高造成电池组的劣化速度加快,内阻又会进一步升高。内阻和温升形成一对负反馈,使高内阻单体电池加速劣化。

> **引导问题 3**
>
> 请查阅相关资料,简述如何解决内阻不一致的单体电池发热量不同的问题。
>
> _____
>
> _____

应对锂电池不一致性的措施

1）不同批次的单体电池,理论上不能放在一起使用。即使是相同批次的单体电池,也要经过筛选,把电池性能参数相对集中的单体电池放在一个锂离子电池组里和同一个电池包里。

2）针对内阻不一致的单体电池发热量也不相同的问题,电池管理系统中加入了热管理系统,可以调节整个锂离子电池组的温差,使电池模组保持在一个合理的温度范围内。生成热量较多的单体电池依然温升偏高,但不会与其他单体电池拉开差距,劣化水平就不会出现明显的差距。

3）电池管理系统(BMS)设计了均衡功能,保证锂离子电池组良好的使用环境,尽量保证恒温,减小振动,保证水、尘土等物质不会污染电池极柱。掌握锂离子电池组中单体电池不一致性发展规律,对极端参数电池进行及时调整或更换,以保证电池组参数不一致性不随使用时间而增大。

4）能量管理方面,在电池包输出功率允许的情况下,尽量减小电池放电深度。引入实用性电池组能量管理和均衡系统,制定合理的电池均衡策略,主动干预和降低电池的不一致性。尽量在电池深度放电的同时,防止电池的过充电。

> **引导问题 4**
>
> 请查阅相关资料,简述主动均衡启动的条件。
>
> _____
>
> _____

电池管理系统——主动均衡

主动均衡是以能量转移的方式进行均衡,将能量从单体能量高的电池转移到单体能量低的电池,从而实现整组电压的均衡,在转移的过程中几乎不涉及能量的损耗,如图 6-1-1 所示。

主动均衡启动的条件:新能源汽车不管是在充电、行驶还是车辆静置状态,只要压差大于电池管理系统设定阈值时便开始启动主动均衡。因

图 6-1-1 主动均衡

此，只要有压差存在，主动均衡应该是全天24h在工作，直到压差小于设定的阈值才停止。

主动均衡电流：由于主动均衡是能量转移的方式，不发热，均衡电流可以做到较大而不影响散热，一般主动均衡电流可以做到1~2A比较常见。由于主动均衡不受充电时间的限制，均衡时间较长，同时均衡电流比较大，比较适合在大容量电池组中使用。

> **引导问题 5**
>
> 请查阅相关资料，简述被动均衡启动的条件。
> _____
> _____

电池管理系统——被动均衡

被动均衡一般通过电阻放电的方式，对电压较高的电池进行放电，以热量形式释放电量，实现整组电压的均衡，为其他电池争取更多充电时间，如图6-1-2所示。因此，被动均衡只发生在充电阶段。

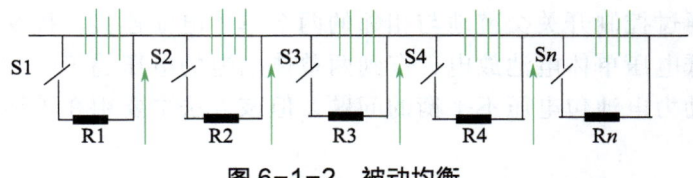

图 6-1-2 被动均衡

被动均衡启动的条件：因为被动均衡在单体电池充电至恒压阶段时才能启动放电均衡，所以被动均衡的启动均衡时间是比较短的，从电池接近满电到充满截止，根据充电桩的功率不同，被动均衡一般就维持1h左右的均衡时间。

被动均衡电流：被动均衡是电阻耗能式均衡，所消耗的能量都以热量的方式释放，所以在均衡过程中BMS会发热，导致均衡电流不能设置过大，否则会引起电池组温度过高。一般被动均衡电流为35~200mA不等，均衡电流越大，发热越严重。如果均衡电流小，那么在大容量电池组、电量差别大的情况下所起到的电量平衡作用效率很低，要达到平衡需要很长时间。在应用中，被动均衡电路简单，成本较低，适用于容量较低的电池组。

> **引导问题 6**
>
> 请查阅相关资料，简述在动力电池包的各单体电池上附加一个并联均衡电路有什么用途？这个方法有什么优缺点？
> _____
> _____

常用电池均衡策略

目前主要有以下几种方法可以实现对串联电池包的各单体电池进行均衡充电：

1）在动力电池包的各单体电池上附加一个并联均衡电路，以达到分流。在这种模式下，当某个单体电池首先达到满充时，均衡装置能阻止其过充电并将多余的能量转化成热能，继续对未充满的单体电池进行充电。该方法简单，但会带来能量的损耗，不适合快充系统。

2）在均衡充电前对每个单体逐一通过同一负载放电至同一水平，然后再进行恒流充电，以此保证各个单体之间较为准确的均衡状态。但对电池包，由于个体间的物理差异，各单体深度放电后难以达到完全一致的理想效果。即使放电后达到同一效果，在充电过程中也会出现新的不均衡现象。

3）按时、定序、单独对电池包中的单体电池进行检测及均衡充电。在对电池包进行充电时，能保证电池包中的每一个电池不会发生过充电或过放电的情况，因而就保证了电池包中的每个电池均处于正常的工作状态。

4）运用分时原理，通过开关组件的控制和切换，使额外的电流流入电压相对较低的单体电池中以达到均衡充电的目的。该方法效率比较高，但控制比较复杂。

5）以各单体电池的电压参数为均衡对象，使各单体电池的电压恢复一致。均衡充电时，电容通过控制开关交替地与相邻的两个单体电池连接，接受高电压单体电池的充电，再向低电压单体电池放电，直到两单体电池的电压趋于一致。该种均衡方法较好地解决了动力电池包电压不平衡的问题，但该方法主要用在单体电池数量较少的场合。

6）整个电池管理系统由单片机控制，单体电池都有独立的一套模块。模块根据设定程序，对各单体电池分别进行充电管理，充电完成后自动断开。

📖 拓展阅读

君子曰：学不可以已。

这句话出自《荀子·劝学篇》，荀子以君子的口吻进行告诫，说学习不可以因为任何缘故而停止，这是放之四海而皆准的道理。被誉为"交流电之父"的法拉第，正是一位践行了这个道理的伟大科学家。

迈克尔·法拉第，1791年出生在一个贫穷的铁匠之家，7岁上学，9岁就辍学去书店当送报童，后来书店老板见他机灵勤快，便收他做了书籍装订学徒工。在从事书籍装订工作之后，法拉第就住在了书店上面的一间小阁楼里，对法拉第来说，这里简直就是书的世界。他看到不会念的字就虚心请教，读到理解不了的内容就反复琢磨，他利用工余时间阅读了《大英百科全书》《化学漫谈》等大量科学文化书籍，对自然科学产生了浓厚兴趣。除了阅读书籍，那段时间他还经常到"都市哲学学会"听课，那里定期为失学青少年举办文化教育和科学讲座。他不仅利用工余时间刻苦学习，还从自己微薄的收入中拿出钱来购买化学药品，把他居住的小阁楼建成一个化学实验室，边看书、边做实验。这种学习方式不仅加深了他对理论的理解,而且还提高了他的实验技能。

可对于一个连小学都没毕业的穷孩子来说,从事自然科学研究工作简直就是异想天开,但法拉第始终没有放弃。他首先鼓足勇气给皇家学会会长班克斯教授写了一封信,表达了从事科学工作的强烈愿望,恳求让他到英国皇家学院工作,但遭到了拒绝。虽然倍受打击,但他并不灰心,他又给大化学家戴维教授写了一封更恳切的信,随信还寄去了他整理、装订的戴维的 4 次演讲记录,足有 386 页,不仅补上了许多未讲到的内容,还配上漂亮的插图。

戴维被感动了,他出身于木匠家庭,读过小学,没有受到系统的教育。他从这个陌生的青年身上,看到了自己当年的影子,也看到了一种最宝贵的东西,那就是对科学的热爱。就在当天晚上,戴维教授就给法拉第写了一封简短的回信,愿意与他会面,在与法拉第深入交谈后,他邀请法拉第做自己的实验助手,法拉第终于可以从事自己热爱的科学研究工作了。

1820 年,丹麦物理学家奥斯特发现了电流的磁效应,这个领域的热度被迅速引燃。戴维被邀请撰写一系列文章,评述电磁学实验的发展情况,戴维把这一工作交给了法拉第。法拉第用戴维教给他的实验方法重复了期刊文章中描述过的所有实验,完成了世界上第一组可以被大众所理解的电磁学综述,受到了读者们的热烈欢迎,法拉第这个名字开始出现在大众视野。

无论身处怎样的情景,我们都不应该忘记学习。生活中有许多提升自己的机会,可这些机会往往稍纵即逝,只有提升自己,才能在抓住这些来之不易的机会。

任务分组

学生任务分配表见表 6-1-1。

表 6-1-1 学生任务分配表

班级		组号		指导老师	
组长		学号			
组员角色分配					
信息员		学号			
操作员		学号			
记录员		学号			
安全员		学号			
任务分工					
(就组织讨论、工具准备、数据采集、数据记录、安全监督、成果展示等工作内容进行任务分工)					

工作计划

按照前面所了解的知识内容和小组内部讨论的结果，制定工作方案，落实各项工作负责人，如任务实施前的准备工作、实施中主要操作及协助支持工作、实施过程中相关要点及数据的记录工作等。工作计划表见表 6-1-2。

表 6-1-2　工作计划表

步骤	工作内容	负责人
1		
2		
3		
4		
5		
6		
7		
8		

进行决策

1. 各组派代表阐述资料查询结果。
2. 各组就各自的查询结果进行交流，并分享技巧。
3. 教师对各组的计划方案进行点评。
4. 各组长对组内成员进行任务分工，教师确认分工是否合理。

任务实施

引导问题 7

扫描二维码观看视频，了解完成动力电池模组均衡的操作过程，并简述操作要点。

_____
_____
_____
_____
_____

【微课】动力电池模组均衡（秦EV）

参考操作视频，按照规范作业要求完成动力电池模组均衡的操作步骤，完成数据采集并记录。实训准备见表 6-1-3，动力电池模组均衡见表 6-1-4。

姓名		班级		日期	

表 6-1-3　实训准备

序号	设备及工具名称	数量	设备及工具是否完好
1	比亚迪秦 EV	1 辆	□是 □否
2	工位防护套装	1 套	□是 □否
3	人员防护套装	1 套	□是 □否
4	数字式交直流万用表	1 个	□是 □否
5	道通 908E 汽车专用解码仪	1 个	□是 □否
6	万用接线盒	1 个	□是 □否
7	电池举升平台	1 台	□是 □否
8	铆钉枪、密封胶	1 个	□是 □否
质检意见	原因：		□是 □否

表 6-1-4　动力电池模组均衡

序号	步　骤	记录	完成情况
1	仪表显示"EV 功能受限"，无法行驶		已完成□ 未完成□
2	连接道通 908E 汽车专用解码仪，选择比亚迪秦车型，全车模块扫描，进入电池管理器模块读取故障码，显示"单体电池电压过低"，查看数据流发现有一节单体电池电压过低		已完成□ 未完成□
3	将车辆停入作业工位 ①车辆下电，将车辆钥匙存放在安全处 ②打开前发动机舱，铺设前发动机舱翼子板垫 ③断开蓄电池负极，负极电缆插头用绝缘胶布包好。蓄电池负极接线柱用盖子盖好或用绝缘胶布包好 ④放置车辆 5~10min，对新能源汽车的高压电容器进行放电 ⑤断开前机舱动力电池包母线进行验电，断开动力蓄电池母线后，需要对动力电池的母线进行验电，如果母线有残余电荷，需用放电设备进行放电，确保动力蓄电池母线无电荷 ⑥验电完毕，将动力电池包母线接插件用盖子盖好或用绝缘胶布包好		已完成□ 未完成□
4	举升车辆 ①调节举升臂位置，将垫块对准车辆的举升点 ②按下举升键，当汽车被举起时，观察车辆是否水平托举 ③当车辆离地面 5~10cm 时停下，检查车辆是否被平稳托举、晃动车辆是否牢固无偏差 ④确认无问题后，将车辆举升到合适高度 ⑤拉下锁定装置		已完成□ 未完成□
5	动力电池包外观检查 围绕动力电池总成四周检查外观		已完成□ 未完成□

新能源汽车动力电池及管理系统检修　　姓名　　　　班级　　　　日期

（续）

序号	步　骤	记录	完成情况
6	拆卸动力电池包附件及检测 ①拆下电池包托盘底部安装的四周的护板 ②拆下电池包低压插接器及高压插接器（高压需佩戴绝缘手套） ③用万用表检查检测电池包是否漏电。检测方法（需佩戴绝缘手套）：将万用表正极分别搭在电池正负极引出，负极搭车身地。正常值为 10V 以下。若过大请不要拆卸，检查漏电原因和地方，排除问题后再进行以下操作 ④排空动力电池总成冷却液 ⑤拆卸动力电池总成搭铁线或等电位线 ⑥在电池包正下方准备电池包举升平台，举升平台需要升至电池包的高度托举电池包		已完成□ 未完成□
7	拆卸动力电池包 ①在电池包正下方准备电池包举升平台，举升平台需要升至电池包的高度托举电池包 ②佩戴绝缘手套，使用套筒卸掉动力电池与车身固定螺栓，将电池包拆放至举升平台 ③缓慢将电池包举升平台降至合适高度后，拉出车辆举升工位并将电池包放置专用工位，设置安全警示牌及隔离栏		已完成□ 未完成□
8	拆卸动力电池包上盖 ①使用手持式电动枪钻，选用合适大小的钻头，沿电池一周取下电池上盖固定铆钉 ②使用一体化工具里的平面铲刀，沿电池一周把密封胶铲出，使电池上盖与电池底板分离 ③选用一体化工具里面合适的棘轮、接杆、套筒，活动电池高低压插接器处压板固定螺栓，取下固定压板 ④将动力电池包上盖取下		已完成□ 未完成□
9	拆卸电池模组 根据数据流提供的电压过低单体电池的信息，找到是电池包里面的几号电池模组，选用一体化工具车里面合适的棘轮、接杆等工具，把故障模组拆卸下来		已完成□ 未完成□
10	电池模组均衡 （注意要穿戴好防护用品，不能因为烦琐而不带防护用具） ①查看电池组连接方式，找到当前电池组总负端，找到当前电池组总输出端。总负端为黑色夹具，一节电池用一个夹具连接（本设备最低均衡为 4 节电池），依次连接当前电池组 ②找到电池负极和正极，并记录好相应位置		已完成□ 未完成□

（续）

序号	步　　骤	记录	完成情况
10	③最多支持24节电池均衡 ④连接好相应电池组，按下设备启动开关，启动界面显示如下 ⑤双击界面图标——极空BMS字样图标，单击扫描 ⑥单击蓝牙连接 ⑦单击参数设置，设置当前需要的均衡电池节数与电压差 ⑧单击上方均衡开关，界面显示均衡开始，有当前均衡电流，平均单体		
11	电池模组均衡完成后，按照与拆卸相反的顺序安装动力电池包 注意：电池上盖在安装时，电池密封胶一定要均匀填充，铆钉按照标准孔位去铆，保证电池的密封绝缘性		已完成□ 未完成□
12	安装好动力电池包后，车辆上电，查看仪表"OK"指示灯是否正常点亮，并使用道通908E进行读取故障码，无故障码，无异常数据流，则为正常		已完成□ 未完成□
13	实训现场整理		已完成□ 未完成□
总结提升			已完成□ 未完成□
质检意见	原因：		已完成□ 未完成□

新能源汽车动力电池及管理系统检修　　姓名　　　　班级　　　　日期

📝 评价反馈

1. 各组代表展示汇报 PPT，介绍任务的完成过程。

2. 请以小组为单位，对各组的操作过程与操作结果进行自评和互评，并将结果填入表 6-1-5 中的小组评价部分。

3. 教师对学生工作过程与工作结果进行评价，并将评价结果填入表 6-1-5 中的教师评价部分。

表 6-1-5　综合评价表

班级			组别		姓名		学号	
实训任务								
评价项目			评价标准				分值	得分
小组评价	计划决策		制定工作方案的合理可行，小组成员分工明确				10	
	任务实施		能够正确检查并设置实训工位				5	
			能够准备和规范使用工具设备				5	
			能够正确的根据故障信息找到需要均衡的电池模组				20	
			能够正确完成电池模组均衡操作				20	
			能够规范填写任务工单				10	
	任务达成		能按照工作方案操作，按计划完成工作任务				10	
	工作态度		认真严谨，积极主动，安全生产，文明施工				10	
	团队合作		小组组员积极配合，主动交流，协调工作				5	
	6S 管理		完成竣工检验，现场恢复				5	
	小计						100	
教师评价	实训纪律		不出现无故迟到、早退、旷课现象，不违反课堂纪律				10	
	方案实施		严格按照工作方案完成任务实施				20	
	团队协作		任务实施过程互相配合，协作度高				20	
	工作质量		能准确完成动力电池模组均衡的任务				20	
	工作规范		操作规范，三不落地，无意外事故发生				10	
	汇报展示		能准确表达，总结到位，改进措施可行				20	
	小计						100	
综合评分			小组评价分 ×50%+ 教师评价分 ×50%					
总结与反思								

（如：学习过程中遇到什么问题→如何解决的 / 解决不了的原因→心得体会）

任务二　更换动力电池模组

学习目标

- 掌握动力电池拆卸注意事项。
- 掌握动力电池拆装步骤。
- 具备正确地识别并选择人员防护用品及操作工具的能力。
- 具备拆卸与安装动力电池模组的能力。
- 在实训的过程中掌握标准作业流程并理解遵守作业标准的重要性。

知识索引

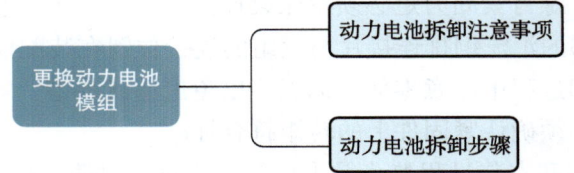

情境导入

　　试装车在进行道路测试时,仪表显示"EV功能受限",无法行驶。通过充放电均衡后试车依旧出现"EV功能受限",你作为一名电池测试助理工程师接到了处理此故障的任务。

获取信息

 引导问题 1

　　请查阅相关资料,简述动力电池拆卸和安装过程中有哪些禁止行为。

新能源汽车动力电池及管理系统检修　　姓名　　班级　　日期

职业认证

新能源汽车检测维修专业能力评价标准要求报考人员能制定动力电池的维修方案（包括电池模组均衡、更换、电池管理系统的检修与标定、动力电池故障检测诊断与排除等内容）。报考人员通过相应考核可获得由交通运输部颁发的《交通运输专业能力评价合格证书》。

动力电池拆卸注意事项

1）动力电池橙黄线连接部分或者贴有高压标识的零部件没有经过比亚迪公司授权的服务店人员不能私自拆卸。

2）动力电池卸下前应立即断开电池包维修开关（装有时），且对开关插座进行覆盖绝缘保护，防止异物进入导致损坏。

3）动力电池母线输出端高压插接器必须进行绝缘覆盖保护，避免异物落入造成触电。

4）拆卸过程中，注意采样线不得用力拉拔、过度弯曲，以防采样线受损。

5）安装过程中，螺钉紧固力矩必须按照设计力矩要求使用专业工具紧固。

6）动力电池内部的汇流铜排连接片与模组的连接位置在装配前应除尘、去污处理。

7）动力电池拆卸过程中注意零部件标识，以免遗漏或装错。

8）安装完成后必须确认紧固件上的转矩符合标准。

9）动力电池拆卸和安装过程禁止暴力拆卸、跌落、碰撞、模组倾斜、重压模组、采样线过度拉扯、人为短路等非正常工作行为。

10）禁止非工作人员拆卸动力电池，它属于高压元器件，操作不当易造成人员伤亡。所有拆装过程及注意事项请严格参照拆装规范。

引导问题 2

请查阅相关资料，简述动力电池部件的拆卸顺序。

_____

_____

_____

动力电池拆卸步骤

步骤1：将车辆停放在举升平台工位内，关闭点火开关，断开蓄电池负极，等待3min，将举升臂伸入车辆底部。

步骤2：预举升车辆，检查车辆安全平稳后举升车辆。

步骤3：拆卸电池护板、等电位线等附属件。

步骤4：佩戴绝缘防护手套，依次拆下动力电池低压插接器、高压插接器；用万用表检测电池是否漏电。检测方法为将万用表正极分别搭在电池正负极引出，负极搭车身地。正常值为 10V 以下。若过大请不要拆卸，检测漏电原因和地方，排除问题后再进行以下操作。

步骤 5：拆卸电池包进、出水管，注意收集好电池的冷却液。
步骤 6：将电池举升平台推入动力电池底部，将举升平台举升至与电池托盘贴合。
步骤 7：拆卸动力电池固定螺栓 M14。
步骤 8：降低电池举升平台的高度，放下动力电池。

任务分组

学生任务分配表见表 6-2-1。

表 6-2-1 学生任务分配表

班级		组号		指导老师	
组长		学号			
组员角色分配					
信息员		学号			
操作员		学号			
记录员		学号			
安全员		学号			
任务分工					
（就组织讨论、工具准备、数据采集、数据记录、安全监督、成果展示等工作内容进行任务分工）					

工作计划

按照前面所了解的知识内容和小组内部讨论的结果，制定工作方案，落实各项工作负责人，如任务实施前的准备工作、实施中主要操作及协助支持工作、实施过程中相关要点及数据的记录工作等。工作计划表见表 6-2-2。

表 6-2-2 工作计划表

步骤	工作内容	负责人
1		
2		
3		
4		
5		
6		
7		
8		

进行决策

1. 各组派代表阐述资料查询结果。
2. 各组就各自的查询结果进行交流,并分享技巧。
3. 教师对各组的计划方案进行点评。
4. 各组长对组内成员进行任务分工,教师确认分工是否合理。

任务实施

引导问题 3

扫描二维码观看视频,了解如何进行动力电池模组拆卸与安装,并简述操作要点。

_____
_____
_____

【微课】动力电池模组的拆卸与安装(秦EV)

参考操作视频,按照规范作业要求完成动力电池模组拆卸与安装的操作步骤,完成数据采集并记录。实训准备见表 6-2-3。动力电池模组的拆卸与安装见表 6-2-4。

表 6-2-3　实训准备

序号	设备及工具名称	数量	设备及工具是否完好
1	比亚迪秦 EV	1 辆	□是　□否
2	工位防护套装	1 套	□是　□否
3	人员防护套装	1 套	□是　□否
4	数字式交直流万用表	1 个	□是　□否
5	道通 908E 汽车专用解码仪	1 个	□是　□否
6	万用接线盒	1 个	□是　□否
7	电池举升平台	1 台	□是　□否
8	铆钉枪、密封胶	1 个	□是　□否
9	冷却液回收与加注机	1 台	□是　□否
质检意见	原因:		□是　□否

表 6-2-4　动力电池模组的拆卸与安装

序号	步骤	记录	完成情况
1	仪表显示"EV 功能受限",无法行驶		已完成□ 未完成□
2	连接道通 908E 汽车专用解码仪,选择比亚迪秦车型,全车模块扫描,进入电池管理器模块读取故障码,显示"单体电池电压过低",查看数据流发现有一节单体电池电压趋近于 0V		已完成□ 未完成□

（续）

序号	步骤	记录	完成情况
3	将车辆停入作业工位 ①车辆下电，将车辆钥匙存放在安全处 ②打开前发动机舱，铺设前发动机舱翼子板垫 ③断开蓄电池负极，负极电缆插头用绝缘胶布包好。蓄电池负极接线柱用盖子盖好或用绝缘胶布包好 ④放置车辆5~10min，对新能源汽车的高压电容器进行放电 ⑤断开前发动机舱动力电池包母线进行验电，断开动力蓄电池母线后，需要对动力电池的母线进行验电，如果母线有残余电荷，需用放电设备进行放电，确保动力蓄电池母线无电荷 ⑥验电完毕，将动力电池包母线插接器用盖子盖好或用绝缘胶布包好		已完成□ 未完成□
4	举升车辆 ①调节举升臂位置，和臂上的垫块对准车辆的举升点 ②按下举升键，当汽车被举起时，观察车辆是否水平托举 ③当车辆离地面5~10cm时停下，检查车辆是否被平稳托举、晃动车辆是否牢固无偏差 ④确认无问题后，将车辆举升到合适高度 ⑤拉下锁定装置		已完成□ 未完成□
5	动力电池包外观检查 ①围绕动力电池总成四周检查外观 ②检查电池托盘是否有裂纹及磕碰的痕迹		已完成□ 未完成□
6	拆卸动力电池包附件及检测 ①拆下电池包托盘底部安装的四周的护板 ②拆下电池包低压插接器及高压插接器（高压需佩戴绝缘手套） ③用万用表检查检测电池包是否漏电。检测方法（需佩戴绝缘手套）：将万用表正极分别搭在电池正负极引出，负极搭车身地。正常值为10V以下。若过大请不要拆卸，检查漏电原因和地方，排除问题后再进行以下操作 ④排空动力电池总成冷却液 ⑤拆卸动力电池总成搭铁线或等电位线 ⑥在电池包正下方准备电池包举升平台，举升平台需要升至电池包的高度托举电池包		已完成□ 未完成□
7	拆卸动力电池包 ①在电池包正下方准备电池包举升平台，举升平台需要升至电池包的高度托举电池包 ②佩戴绝缘手套，使用套筒卸掉动力电池与车身固定螺栓，将电池包拆放至举升平台 ③缓慢将电池包举升平台降至合适高度后，拉出车辆举升工位并将电池包放置专用工位，设置安全警示牌及隔离栏		已完成□ 未完成□

（续）

序号	步　　骤	记录	完成情况
8	拆卸动力电池包上盖 ①使用手持式电动枪钻，选用合适大小的钻头，沿电池一周取下电池上盖固定铆钉 ②使用一体化工量具里的平面铲刀，沿电池一周把密封胶铲出，使电池上盖与电池底板分离 ③选用一体化工量具里面合适的棘轮、接杆、套筒，活动电池高低压插接器处压板固定螺栓，取下固定压板 ④将动力电池包上盖取下		已完成□ 未完成□
9	拆卸电池模组 ①根据数据流提供的电压过低单体电池的信息，由于单体电池的电压已经趋近于0V，同时比亚迪秦EV单体电池与单体电池之间的连接方式同是汇流铜排点焊连接，无法单独取下单体电池，且单体电池电压过低也无法进行均衡 ②选用一体化工量具里面合适的棘轮、接杆、套筒等工具，拆下故障电池模组。注意：这里一定要做好个人安全防护，拆装工具尽量使用绝缘工具 ③安装无故障电池模组，按照与拆卸相反的顺序进行安装		已完成□ 未完成□
10	安装动力电池包 ①按照与拆卸相反的顺序进行安装。注意：在安装电池包上盖的时候，电池包密封胶要均匀填充，铆钉按照标准孔位进行安装 ②添加动力电池冷却液的液面在min与max之间		已完成□ 未完成□
11	上电 安装好动力电池包后，车辆上电，查看仪表"OK"指示灯是否正常点亮，并使用道通908E进行读取故障码，无故障码，无异常数据流，则为正常		已完成□ 未完成□
12	排气 车辆上电运作15min以上，观察动力电池冷却液液面是否有下降或使用诊断仪中的动作测试选择排气操作		已完成□ 未完成□
总结提升			已完成□ 未完成□
质检意见	原因：		已完成□ 未完成□

评价反馈

1. 各组代表展示汇报PPT，介绍任务的完成过程。

2. 请以小组为单位，对各组的操作过程与操作结果进行自评和互评，并将结果填入表6-2-5中的小组评价部分。

3. 教师对学生工作过程与工作结果进行评价，并将评价结果填入表6-2-5中的教师评价部分。

表 6-2-5　综合评价表

班级		组别		姓名		学号	
实训任务							
评价项目		评价标准				分值	得分
小组评价	计划决策	制定工作方案的合理可行，小组成员分工明确				10	
	任务实施	能够正确检查并设置实训工位				5	
		能够准备和规范使用工具设备				5	
		能够正确识别并选择人员防护用品及操作工具				20	
		能够正确完成动力电池模组的拆卸与安装操作				20	
		能够规范填写任务工单				10	
	任务达成	能按照工作方案操作，按计划完成工作任务				10	
	工作态度	认真严谨，积极主动，安全生产，文明施工				10	
	团队合作	小组组员积极配合，主动交流，协调工作				5	
	6S 管理	完成竣工检验，现场恢复				5	
		小计				100	
教师评价	实训纪律	不出现无故迟到、早退、旷课现象，不违反课堂纪律				10	
	方案实施	严格按照工作方案完成任务实施				20	
	团队协作	任务实施过程互相配合，协作度高				20	
	工作质量	能准确完成拆卸与安装动力电池模组的任务				20	
	工作规范	操作规范，三不落地，无意外事故发生				10	
	汇报展示	能准确表达，总结到位，改进措施可行				20	
		小计				100	
综合评分		小组评价分 ×50%+ 教师评价分 ×50%					
总结与反思							

（如：学习过程中遇到什么问题→如何解决的/解决不了的原因→心得体会）

任务三 完成动力电池标定

学习目标

- 了解标定动力电池容量的意义。
- 掌握动力电池的 SOC 标定方法。
- 具备根据故障信息找到需要均衡的电池模组的能力。
- 具备完成电池模组均衡操作的能力。
- 通过高铁的发展了解中国速度,牢固树立"四个自信"。

知识索引

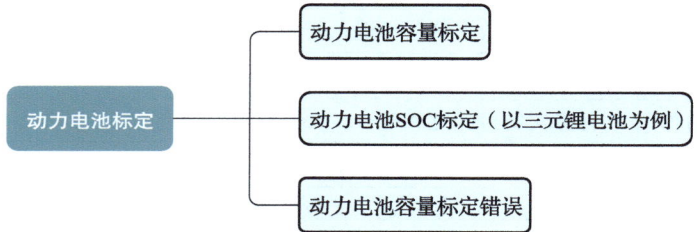

情境导入

试装车在进行耐寒、耐热测试时,仪表显示"EV 功能受限",无法行驶。将有故障的电池模组更换完后,你作为一名电池测试助理工程师接到了标定电池容量的任务。

获取信息

引导问题 1

请查阅相关资料,简述有哪些方法可以标定动力电池的容量。

_____

_____

_____

动力电池容量标定

对于电动汽车来说,最主要的核心部件就是动力电池,大家经常会看到动力电池上有对电池容量的描述,那么如何标定电动汽车的动力电池容量呢?我们之前讲过,额定容量是指设计和制造电池时,规定或保证电池在一定放电条件下应该放出的最低限度的电量,常常被称为标称容量。电动汽车锂离子电池容量标定是在环境温度25℃的条件下用恒定电流放电至终止电压,放电时间和放电电流相乘得到的就是电池的容量。电池容量的标定方法与锂离子电池放电性能检测的方法基本一致,有恒电流放电法、恒电阻放电法、恒电压放电法、定电压定电流放电法、持续放电法和间歇放电法等。根据放电的时间与电流的大小就可以计算电池的容量。

恒电流放电法的放电容量与放电电流有很大的关系,并且放电温度、充电制度、搁置时间等都会对容量有影响。在同样的放电制度下,不同的充电制度对电池的充电效率是不一致的,因此电池的放电容量也会有区别。同样,在相同的充电制度下,搁置10min与搁置1h再进行放电容量的标定,其结果也会有2%~5%的差别,具体视电池的自放电性能而定。

在恒电阻放电法标定容量的放电过程中,放电电流不是定值。放电开始电流较大,然后逐渐变小。而放电电阻越大,放电电流越小,产生的电压降越小,工作电压下降缓慢,放电曲线较平坦,放电容量也越大。

引导问题2

请查阅相关资料,写出在环境温度为40℃、放电电压为3.571V时,三元锂动力电池的SOC应当如何标定。

_____

_____

_____

_____

动力电池SOC标定(以三元锂电池为例)

动力电池SOC标定电压见表6-3-1。

表6-3-1 动力电池SOC标定电压

(单位:V)

SOC(%)	温度						
	-20℃	-10℃	0℃	10℃	20℃	30℃	40℃
0	3.584	3.533	3.498	3.466	3.426	3.367	3.282
1	3.587	3.539	3.507	3.476	3.438	3.384	3.309
2	3.590	3.546	3.514	3.485	3.449	3.400	3.334

（续）

SOC (%)	温度						
	−20℃	−10℃	0℃	10℃	20℃	30℃	40℃
3	3.593	3.551	3.522	3.493	3.460	3.415	3.357
4	3.596	3.557	3.528	3.501	3.470	3.430	3.378
5	3.598	3.562	3.535	3.509	3.480	3.443	3.398
6	3.601	3.567	3.541	3.516	3.489	3.456	3.417
7	3.604	3.571	3.546	3.523	3.498	3.468	3.434
8	3.606	3.575	3.552	3.530	3.506	3.479	3.449
9	3.609	3.579	3.557	3.536	3.513	3.489	3.464
10	3.612	3.583	3.561	3.541	3.521	3.498	3.477
11	3.614	3.586	3.566	3.547	3.528	3.507	3.489
12	3.617	3.590	3.570	3.552	3.534	3.516	3.500
13	3.619	3.593	3.574	3.557	3.540	3.524	3.510
14	3.622	3.596	3.578	3.562	3.546	3.531	3.520
15	3.625	3.599	3.581	3.566	3.552	3.538	3.528
16	3.627	3.602	3.584	3.570	3.557	3.544	3.536
17	3.630	3.604	3.588	3.574	3.562	3.550	3.543
18	3.633	3.607	3.591	3.578	3.567	3.556	3.549
19	3.636	3.610	3.594	3.582	3.571	3.561	3.555
20	3.639	3.612	3.597	3.586	3.576	3.566	3.561
21	3.642	3.615	3.600	3.589	3.580	3.571	3.566
22	3.645	3.618	3.603	3.593	3.584	3.576	3.571
23	3.648	3.620	3.605	3.596	3.588	3.580	3.575
24	3.652	3.623	3.608	3.599	3.592	3.584	3.579
25	3.655	3.626	3.611	3.602	3.595	3.588	3.583
26	3.659	3.629	3.614	3.606	3.599	3.592	3.586
27	3.662	3.631	3.617	3.609	3.602	3.595	3.590
28	3.666	3.634	3.619	3.612	3.606	3.599	3.593
29	3.670	3.637	3.622	3.615	3.609	3.602	3.596
30	3.674	3.641	3.625	3.618	3.613	3.606	3.599
31	3.678	3.644	3.628	3.621	3.616	3.609	3.602
32	3.682	3.647	3.632	3.625	3.619	3.613	3.605

（续）

SOC (%)	温度						
	−20℃	−10℃	0℃	10℃	20℃	30℃	40℃
33	3.687	3.651	3.635	3.628	3.623	3.616	3.608
34	3.691	3.654	3.638	3.631	3.626	3.619	3.611
35	3.696	3.658	3.641	3.635	3.630	3.623	3.615
36	3.700	3.662	3.645	3.638	3.633	3.626	3.618
37	3.705	3.666	3.649	3.642	3.637	3.630	3.621
38	3.710	3.670	3.653	3.646	3.641	3.634	3.624
39	3.715	3.674	3.656	3.649	3.645	3.637	3.628
40	3.720	3.679	3.660	3.653	3.648	3.641	3.632
41	3.725	3.683	3.665	3.657	3.652	3.645	3.636
42	3.731	3.688	3.669	3.662	3.657	3.649	3.640
43	3.736	3.693	3.674	3.666	3.661	3.654	3.644
44	3.742	3.698	3.678	3.670	3.665	3.658	3.648
45	3.748	3.703	3.683	3.675	3.670	3.663	3.653
46	3.753	3.709	3.688	3.680	3.675	3.667	3.658
47	3.759	3.714	3.694	3.685	3.679	3.672	3.663
48	3.765	3.720	3.699	3.690	3.685	3.677	3.668
49	3.772	3.726	3.705	3.696	3.690	3.683	3.674
50	3.778	3.732	3.711	3.701	3.695	3.688	3.679
51	3.784	3.738	3.716	3.707	3.701	3.694	3.685
52	3.791	3.745	3.723	3.713	3.707	3.700	3.691
53	3.797	3.751	3.729	3.719	3.713	3.706	3.698
54	3.804	3.758	3.735	3.725	3.719	3.712	3.704
55	3.810	3.765	3.742	3.732	3.725	3.718	3.711
56	3.817	3.772	3.749	3.738	3.732	3.725	3.718
57	3.824	3.779	3.756	3.745	3.738	3.732	3.725
58	3.831	3.786	3.764	3.752	3.745	3.739	3.733
59	3.838	3.794	3.771	3.760	3.753	3.746	3.741
60	3.845	3.801	3.779	3.767	3.760	3.754	3.748
61	3.853	3.809	3.786	3.775	3.768	3.762	3.756
62	3.860	3.817	3.794	3.783	3.775	3.770	3.765

（续）

SOC(%)	温度						
	−20℃	−10℃	0℃	10℃	20℃	30℃	40℃
63	3.867	3.825	3.803	3.791	3.784	3.778	3.773
64	3.875	3.833	3.811	3.799	3.792	3.786	3.782
65	3.882	3.842	3.820	3.807	3.800	3.795	3.791
66	3.890	3.850	3.828	3.816	3.809	3.803	3.800
67	3.898	3.859	3.837	3.825	3.818	3.812	3.809
68	3.905	3.867	3.846	3.834	3.827	3.821	3.818
69	3.913	3.876	3.855	3.843	3.836	3.831	3.827
70	3.921	3.885	3.865	3.853	3.845	3.840	3.837
71	3.929	3.894	3.874	3.862	3.855	3.850	3.847
72	3.937	3.903	3.884	3.872	3.865	3.860	3.857
73	3.945	3.913	3.893	3.882	3.875	3.870	3.867
74	3.953	3.922	3.903	3.892	3.885	3.880	3.877
75	3.962	3.931	3.913	3.902	3.895	3.890	3.887
76	3.970	3.941	3.923	3.912	3.906	3.901	3.897
77	3.978	3.950	3.933	3.923	3.916	3.911	3.908
78	3.987	3.960	3.944	3.933	3.927	3.922	3.919
79	3.995	3.970	3.954	3.944	3.938	3.933	3.929
80	4.004	3.980	3.964	3.955	3.949	3.944	3.940
81	4.012	3.990	3.975	3.966	3.960	3.955	3.951
82	4.021	4.000	3.986	3.977	3.971	3.967	3.962
83	4.030	4.010	3.996	3.988	3.982	3.978	3.973
84	4.039	4.020	4.007	3.999	3.994	3.990	3.985
85	4.048	4.030	4.018	4.010	4.005	4.001	3.996
86	4.057	4.040	4.029	4.021	4.017	4.013	4.008
87	4.066	4.050	4.040	4.033	4.028	4.025	4.019
88	4.075	4.061	4.050	4.044	4.040	4.036	4.031
89	4.085	4.071	4.061	4.055	4.051	4.048	4.043
90	4.094	4.082	4.072	4.066	4.063	4.060	4.055
91	4.104	4.092	4.083	4.079	4.076	4.073	4.067
92	4.114	4.102	4.094	4.090	4.088	4.085	4.080

（续）

SOC (%)	温度						
	-20℃	-10℃	0℃	10℃	20℃	30℃	40℃
93	4.124	4.113	4.105	4.101	4.099	4.097	4.092
94	4.134	4.123	4.116	4.113	4.111	4.109	4.105
95	4.144	4.134	4.127	4.124	4.123	4.122	4.118
96	4.155	4.145	4.138	4.135	4.134	4.134	4.131
97	4.165	4.156	4.149	4.146	4.146	4.146	4.145
98	4.176	4.166	4.160	4.157	4.157	4.159	4.158
99	4.187	4.177	4.171	4.168	4.169	4.171	4.172
100	4.197	4.187	4.181	4.178	4.179	4.182	4.185

> **引导问题 3**
>
> 请查阅相关资料，简述容量标定错误的出现原因和可能的后果。
>
> _____
> _____
> _____
> _____

动力电池容量标定错误

容量标定错误是指外界人为因素对电池包容量大小、当前电池组 SOC 未进行标定匹配引起的错误。容量标定错误将会导致车辆的续驶里程与当前 SOC 值不匹配，严重情况下会出现续驶里程跳变或驾驶员误判续驶里程导致车辆抛锚。

处理方法：

1）条件允许的情况下，通过充电柜对车辆进行放电至车辆自动切断动力，然后给车辆进行充电至 SOC 为 100%。在 SOC 为 90% 左右时，通过前舱动力网 CAN 接口连接上位机，打开电池管理控制器监控系统，采集车辆充电到 SOC 为 100% 时的本次充电容量，将此充电容量对应 SOC 100% 重新标定入电池管理控制器中，恢复车辆上电，车辆恢复正常。

2）如果不能通过充电柜对车辆进行放电，则需要在 SOC 尽量小的情况下将车辆停放在充电位上，开启 PTC 水加热器制热将车辆电量放电至动力自动切断，然后给车辆进行充电至 SOC 为 100%。在 SOC 为 90% 左右时，通过前舱动力网 CAN 接口连接上位机，打开电池管理控制器监控系统，采集车辆充电到 SOC 为 100% 时的本次充电容量，将此充电容量对应 SOC 100% 重新标定入电池管理控制器中，恢复车辆上电，车辆恢复正常。

3）车辆电池管理控制器自带 SOC 修正功能，如果上述两种情况均无法操作，车辆在多次充放电后会将车辆容量修正为接近实际容量。但是此方法可能会让驾驶员误判续驶里程导致车辆抛锚。

拓展阅读

　　随着时代的发展，我们的交通工具也在不断发生变化，从两条腿赶路，到有了人力车和畜力车，第一次工业革命之后出现了蒸汽机车，第二次工业革命之后出现了内燃机，现在我们又开始推广新能源汽车……我们的出行速度越来越快，出行方式也越来越简便了。

　　若是说到出行速度的快，就不能不提一提高铁。想来有不少同学的生活都因高铁发生了变化，过去坐火车需要十余个小时的路程，现在只需要三个多小时，过去需要六七个小时的路程，现在只需要两个小时，高铁的发展大大方便了我们的生活。

　　有些变化看得见、感受得到。比如高铁成为越来越多人出行的首选，缩短了出行时间，改变了人们的时空观念。而有些影响，虽不显而易见，却深刻地影响着社会。

　　过去我国中西部地区发展长期落后于东部地区，交通不便是重要瓶颈之一。交通受限在很大程度上导致中西部许多地方很难与外界便捷地开展"互通有无"，各地的比较优势难以充分发挥。在中西部地区加快发展高速铁路，有望使这些地区的人流、物流、信息流加速流通，使中西部地区内部的沟通更加便利，这对于促进区域经济协调发展、提高当地群众生活水平都具有重要意义。发展高铁也有助于优化中西部地区的经济结构，中西部地区的高铁投资，有利于为当地钢铁、水泥等行业创造市场需求，有利于化解产能过剩问题。更重要的是，高铁发展起来以后，将带动物流、旅游等服务业的发展，帮助中西部地区减少对重化工业的依赖，逐步优化经济结构。

　　交通的发展不仅改变了我们的出行方式，也方便了地区间的交流，可以说，交通事业的发展正是新中国发展的缩影，而中国高速铁路则象征着中国改革开放的中国速度。

　　目前我国是世界上高速铁路运行里程最长、规模最大的国家。中国高铁已经成为展示中国速度、中国创造、中国智慧、中国力量、中国骄傲、中国精神的文化标志。高铁已经成为名副其实的助推中国外交发力的快车，在"一带一路"中发挥了不可或缺的作用。

任务分组

学生任务分配表见表 6-3-2。

表 6-3-2　学生任务分配表

班级		组号		指导老师	
组长		学号			
组员角色分配					
信息员		学号			
操作员		学号			
记录员		学号			
安全员		学号			
任务分工					

（就组织讨论、工具准备、数据采集、数据记录、安全监督、成果展示等工作内容进行任务分工）

工作计划

按照前面所了解的知识内容和小组内部讨论的结果，制定工作方案，落实各项工作负责人，如任务实施前的准备工作、实施中主要操作及协助支持工作、实施过程中相关要点及数据的记录工作等。工作计划表见表 6-3-3。

表 6-3-3　工作计划表

步骤	工作内容	负责人
1		
2		
3		
4		
5		
6		
7		
8		

进行决策

1. 各组派代表阐述资料查询结果。
2. 各组就各自的查询结果进行交流，并分享技巧。
3. 教师对各组的计划方案进行点评。
4. 各组长对组内成员进行任务分工，教师确认分工是否合理。

任务实施

引导问题 4

扫描二维码观看视频，了解如何进行动力电池的标定，并简述操作要点。

_____
_____
_____

【微课】动力电池标定（秦 EV）

参考操作视频，按照规范作业要求完成动力电池标定的操作步骤，完成数据采集并记录。实训准备见表 6-3-4，动力电池标定见表 6-3-5。

表 6-3-4　实训准备

序号	设备及工具名称	数量	设备及工具是否完好
1	比亚迪秦 EV	1 辆	□是□否
2	工位防护套装	1 套	□是□否
3	人员防护套装	1 套	□是□否
4	数字式交直流万用表	1 个	□是□否
5	道通 908E 汽车专用解码仪	1 个	□是□否
6	万用接线盒	1 个	□是□否
质检意见	原因：		□是□否

表 6-3-5　动力电池标定

序号	步骤	记录	完成情况
1	仪表显示"EV 功能受限"，无法行驶		已完成□ 未完成□
2	连接道通 908E 汽车专用诊断仪，选择比亚迪秦车型		已完成□ 未完成□

（续）

序号	步骤	记录	完成情况
3	进入电池管理器模块，单击特殊功能，选择电池包实际标定，先进行电池包实际 SOC 标定，将实际 SOC 输入到诊断仪，单击下一步，再将电池包实际容量标定为"120A·h"，单击下一步，查看仪表 SOC 是否和输入的一致，如一致，SOC 标定完成		已完成□ 未完成□
总结 提升			已完成□ 未完成□
质检 意见	原因：		已完成□ 未完成□

评价反馈

1. 各组代表展示汇报 PPT，介绍任务的完成过程。

2. 请以小组为单位，对各组的操作过程与操作结果进行自评和互评，并将结果填入表 6-3-6 中的小组评价部分。

3. 教师对学生工作过程与工作结果进行评价，并将评价结果填入表 6-3-6 中的教师评价部分。

表 6-3-6 综合评价表

班级		组别		姓名		学号	
实训任务							
评价项目			评价标准			分值	得分
小组评价	计划决策		制定工作方案的合理可行，小组成员分工明确			10	
	任务实施		能够正确检查并设置实训工位			5	
			能够准备和规范使用工具设备			5	
			能够正确的通过充电柜对车辆进行放电并标定 SOC			20	
			能够正确使用诊断仪标定秦 EV 动力电池的容量和 SOC			20	
			能够规范填写任务工单			10	
	任务达成		能按照工作方案操作，按计划完成工作任务			10	
	工作态度		认真严谨，积极主动，安全生产，文明施工			10	
	团队合作		小组组员积极配合，主动交流，协调工作			5	
	6S 管理		完成竣工检验，现场恢复			5	
			小计			100	

（续）

评价项目		评价标准	分值	得分
教师评价	实训纪律	不出现无故迟到、早退、旷课现象，不违反课堂纪律	10	
	方案实施	严格按照工作方案完成任务实施	20	
	团队协作	任务实施过程互相配合，协作度高	20	
	工作质量	能准确完成动力电池标定的任务	20	
	工作规范	操作规范，三不落地，无意外事故发生	10	
	汇报展示	能准确表达，总结到位，改进措施可行	20	
		小计	100	
综合评分		小组评价分 ×50%+ 教师评价分 ×50%		
总结与反思				

（如：学习过程中遇到什么问题→如何解决的/解决不了的原因→心得体会）

新能源汽车动力电池及管理系统检修

能力模块七

废旧动力电池梯次利用与资源化

任务一 了解废旧动力电池梯次利用与资源化

学习目标

- 了解废旧动力电池回收企业的运行管理体系。
- 了解废旧动力电池回收与拆解的注意事项。
- 掌握国家出台的动力电池回收相关政策对动力电池回收体系的影响。
- 具备多途径检索知识及整合信息的能力,以组为单位制作介绍废旧动力电池回收相关政策的PPT。
- 学习两山精神,了解发展新能源汽车产业的重要性。

知识索引

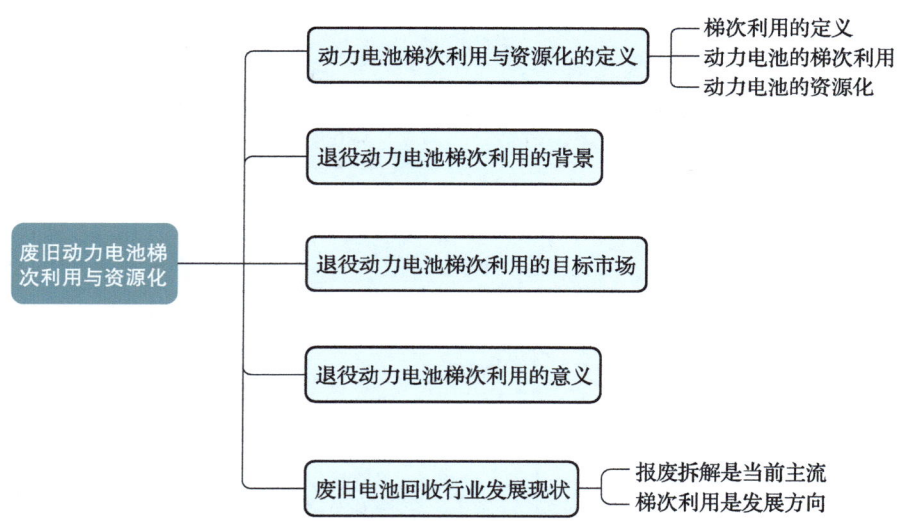

情境导入

某位顾客听了你对电动汽车的介绍,向你咨询退役之后的动力电池是否会污染环境。作为4S店的销售工程师,请你向该顾客介绍废旧动力电池的梯次利用与资源化的相关知识。

获取信息

❓ 引导问题 1

请查阅相关资料，简述什么是动力电池的梯次利用。

_____
_____

动力电池梯次利用与资源化的定义

（一）梯次利用的定义

梯次利用是指某一个已经使用过的产品已经达到原生设计寿命，再通过其他方法使其功能全部或部分恢复继续使用的过程，该过程属于基本同级或降级应用的方式。"梯次利用"与"梯度利用、阶梯利用、降级使用"在概念上是基本一致的，但不能视为翻新使用。梯次利用的核心是需要对原生产品进行一系列复杂的检测和分析，科学地判断其生命周期价值以及可再使用性，从而设计出符合该产品的梯次等级和应用领域。

（二）动力电池的梯次利用

动力电池的梯次利用针对的是因为容量降低无法满足电动汽车正常运行的需要，但是本身又没有报废的动力电池。这样的动力电池从电动汽车上退役，在进行必要的检验检测、分类、拆解、电池修复或重组后成为梯次产品之后，仍然可以应用至其他领域，例如用于电力储能、通信基站、后备电源等，这个过程被称为动力电池的梯次利用。废旧电池梯次利用流程如图 7-1-1 所示。

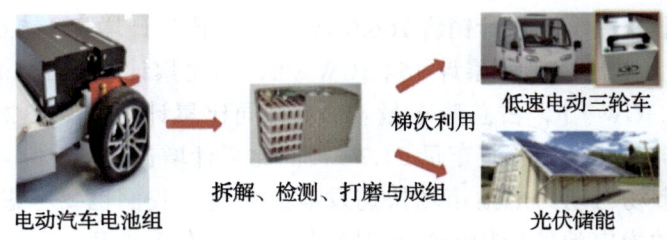

图 7-1-1　废旧电池梯次利用流程

（三）动力电池的资源化

当退役的动力电池无法进行梯次利用时，则需进行拆解回收，将电极材料、电解液、隔膜和外壳包装等进行资源化分类处理，返回到生产企业进行材料再制造，如图 7-1-2 所示。

引导问题 2

请查阅相关资料，写出磷酸铁锂动力电池和三元材料动力电池的平均寿命。

_____
_____

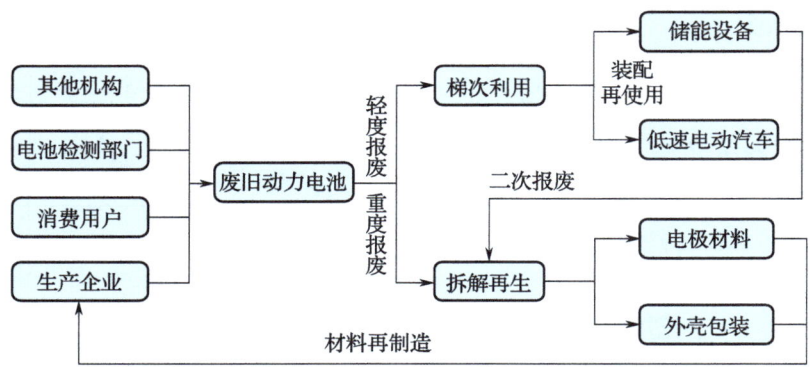

图 7-1-2　废旧电池梯次利用与资源化流程

退役动力电池梯次利用的背景

2021 年，我国新能源汽车成为汽车行业最大亮点，连续 7 年销量全球领先。中国汽车工业协会数据显示，2021 年全年，我国新能源汽车产销分别完成 354.5 万辆和 352.1 万辆，同比均增长 1.6 倍，市场占有率达到 13.4%，高于上年 8 个百分点。2022 年 1—5 月，新能源汽车产销分别完成 207.1 万辆和 200.3 万辆，同比均增长 1.1 倍。

作为新能源汽车的上游行业，动力电池产业的发展势头也十分迅猛。中国汽车动力电池产业创新联盟数据显示，产量方面，2021 年，我国动力电池产量累计 219.7GW·h，同比累计增长 163.4%。其中三元电池产量累计 93.9GW·h，占总产量 42.7%，同比累计增长 93.6%；磷酸铁锂电池产量累计 125.4GW·h，占总产量 57.1%，同比累计增长 262.9%。销量方面，2021 年，我国动力电池累计销量达 186.0GW·h，同比累计增长 182.3%。其中三元电池累计销售 79.6GW·h，同比累计增长 128.9%；磷酸铁锂电池累计销售 106.0GW·h，同比累计增长 245.0%。装车量方面，2021 年，我国动力电池装车量累计 154.5GW·h，同比累计增长 142.8%。其中三元电池装车量累计 74.3GW·h，占总装车量 48.1%，同比累计增长 91.3%；磷酸铁锂电池装车量累计 79.8GW·h，占总装车量 51.7%，同比累计增长 227.4%。

在电动汽车市场与动力电池市场快速发展的同时，我们也要考虑退役的动力电池应当如何处理。动力电池的使用寿命相对较长，因此在未来几年内，我们可能不会面临严重的废旧动力电池的处理问题。然而，我们应该预见到在不久的将来大量的废旧动力电池对资源节约和环境保护的影响，并意识到现在就应该采取行动来处理废旧动力电池。

从电动汽车上退役的动力电池通常具有占初始容量 60%~80% 的剩余容量，并且仍具有一定的使用寿命。磷酸铁锂动力电池平均寿命为 4~6 年，三元材料动力电池则为 2~4 年，而我国新能源车于 2014 年开始普遍应用，因此在 2018 年迎来首个动力电池退役潮，预计到 2025 年我国动力电池退役量将达到 93GW·h，如图 7-1-3 所示。随着动力电池退役潮的临近，退役动力电池回收及梯次利用将会成为下一个"蓝海"。

从电动汽车上退役下来的动力电池，经过测试、筛选、重组等环节，完全可以继续满足分布式发电、微网、移动电源、应急电源、后备电源等中小型储能设备和大型商业储能及电网储能市场的使用。当退役的动力电池无法进行梯次利用时，则需要进行拆解回收，进行资源化处理。

如果退役动力电池梯次利用技术提高、经济成本下降，在梯次利用领域，动力电池全生命周期（图 7-1-4）、使用价值将会得到充分利用，可以缓解大批量退役动力电池进入回收阶段的压力，同时有效减少国家相应资源的消耗量，提高资源的使用效率。

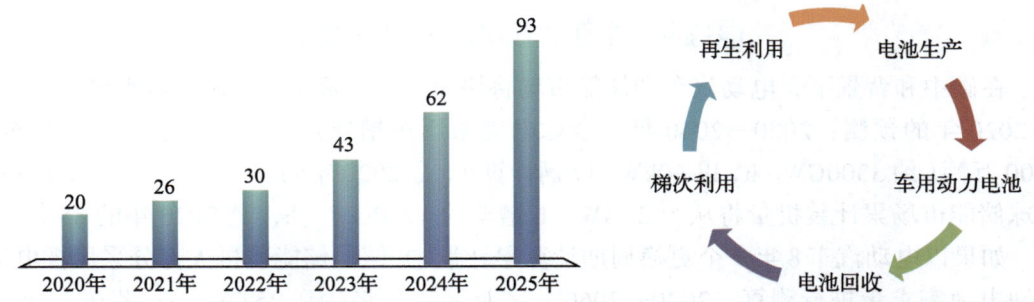

图 7-1-3　未来几年我国动力电池退役量分析（单位：GW·h）　　图 7-1-4　动力电池全生命周期

> **引导问题 3**
>
> 请查阅相关资料，简述退役动力电池梯次利用的目标市场。
> _____
> _____

退役动力电池梯次利用的目标市场

目前，当动力电池到了国家规定的使用寿命之后，便可以进行梯次利用，比如用于供家庭、移动电源、后备电源、应急电源等的储能，退役动力电池梯次利用目标市场（图 7-1-5）如下：

电力储能　　备用电源　　低速电动汽车　　家用储能　　电动自行车

图 7-1-5　退役动力电池梯次利用目标市场

1）48V 通信备份动力电池，这是目前铁塔公司主导的模式。

2）太阳能分布储能电池，退役电池一定程度的梯次利用有益于解决分布式发电随机性波动所面临的一系列并网和调度难题。

3）直流充电站的蓄能电池，可以满足平滑直流充电站的功率需求。

4）不间断电源（UPS）储能电池，这个领域与铅酸动力电池存在竞争，胜算不大。

5）低速电动工具市场。低速电动汽车与电动自行车主要采用铅酸动力电池，虽然铅酸动力电池价格便宜，但环境污染大。如果采用退役的锂动力电池，可以在价格、行驶里程和寿命之间有更好的平衡，能快速地推动锂动力电池在低速车市场的应用。

新能源汽车动力电池及管理系统检修　　姓名　　　班级　　　日期

> **引导问题 4**
> 请查阅相关资料，简述退役动力电池的梯次利用和回收有什么意义。
> _____
> _____

退役动力电池梯次利用的意义

在碳中和背景下，电动汽车和储能市场将快速扩展。根据彭博新能源财经（BNEF）在 2020 年的预测：2020—2040 年，全球电动乘用车销售量将从 200 余万辆增加至约 5500 万辆（约 3300GW·h，以 60kW·h/辆计算），是 2020 年的 27.5 倍。2020—2050 年，全球储能市场累计装机量将从约 20GW·h 增至约 1700GW·h，是 2020 年的 85 倍。

如果以电动汽车 8 年一个更换周期计算累计量，并假设储能装机大部分采用锂电池，对锂电池需求量进行测算，2020—2060 年累计装机量将达到 25TW·h；若按 1GW·h 电池对应碳酸锂需求约 600t 计算，则碳酸锂需求将达为 1500 万 t。

从世界锂资源的勘探量来看，我们并不需要担心锂资源不够用，但我们依然需要关注区域上的资源存量，主要原因如下：

1）资源量较高的是盐湖中的锂，如果提高改进提纯技术、降低生产成本，那么问题将能够较好地解决。

2）中国优质的锂资源较世界其他地区少，考虑我国是锂电中游产业链以及下游应用市场核心，因此需要考虑资源掣肘。

3）从锂盐产能、成本分布和锂价趋势看，不同资源禀赋、地区政策导致开采难度和投资、成本不同，未来不同时间、不同区域供需有一定的错配，锂价格大幅波动也在所难免。若锂价大幅上涨，将不利于实现碳中和的愿景。

退役动力电池的梯次利用和回收的意义主要基于环境保护、资源节省、有利可图三个方面：

1）环境保护。动力电池的正极材料里包含镍、钴、锰等重金属元素，这些重金属元素会对环境、水资源等造成污染；负极材料里面的碳材、石墨等会造成粉尘污染；此外，动力电池的电解液中含有有毒的化学成分，也会造成环境污染。

2）资源节省。动力电池中含有大量的金属元素，镍、石墨等资源在我国储量较丰富，但是像钴之类的金属元素是我国稀缺的；我国的锂资源绝对含量很多，但是开采难度比较大，一般都分布在西藏、青海、四川等条件比较艰苦的矿山；盐湖中的镁和锂含量比较高，但锂的提取难度也很大。

3）有利可图。退役动力电池的梯次利用及资源化回收可形成商业化，因为最近几年汽车大量转入电动化，动力电池需求量增加，所以上游的金属材料价格非常高。2021 年下半年，国际动力电池市场的锂、镍、钴等原材料价格上涨，动力电池正极、负极内的原材料价格快速上升。与 2021 年初相比，这些原材料的价格已经涨了一倍甚至更多。截至 2021 年 10 月，锂电池的主要原材料价格持续走高。新能源汽车动力电池制造商对原材料的大幅需求，导致碳酸锂和氢氧化锂的价格均上涨 5% 左右，磷酸铁锂的价格环比涨幅近一成。根据高工产研锂电研究所估算，电芯材料和制造成本均上涨三成；电池企业实际增加的成本为 20%~25%。再介入材料供应商与制造商的长期合作、与下游企业议价能力、需求量等因素，最终传递到整车厂端电池的采购实际价格可能增加一至两成。2022 年初，金属钴价格为 55 万元 /t，金属镍价格为 18 万元 /t，碳酸锂价格为 40 万元 /t，金属锂价格为 217 万元 /t。

因此，综合考虑环保、资源约束、价格因素，对使用过的废旧动力电池进行回收是一项必要的工作。

> **引导问题 5**
>
> 请查阅相关资料，简述阻碍梯次利用发展的技术问题是什么。

废旧电池回收行业发展现状

动力电池的回收市场非常广阔，国际市场研究机构 Technavio 发布报告称，2021—2025 年期间，全球电池回收市场规模预计将增长 62.8 亿美元，期间年复合增长率达到 9.44%。国际能源署预计，2030 年左右，全球锂离子电池回收市场将增长到 200 亿欧元。电动汽车退役动力电池的梯次利用和回收将是大势所趋。

（一）报废拆解是当前主流

目前，动力电池的拆解回收主要集中在对正极材料的回收上，见表 7-1-1。

表 7-1-1　动力电池正极材料回收方法对比

处理方法	内　容	优　点	缺　点
干法回收	使用机械分选法和高温热解法直接实现各类电池材料或者有价金属的回收	可回收汞、镍、锌等重金属	易造成二次污染而且能耗高，不符合国家节能减排的环保政策
湿法回收	对锂电池进行破碎分选-溶解浸出-分离回收的处理过程。主要包括湿法冶金、化学萃取以及离子交换三种方式	产品纯度高，化学反应选择多，对操作和设备要求低	反应速度慢，工艺复杂，成本偏高
生物回收	利用微生物浸出，将体系的有用组分转化为可溶化合物并选择性地溶解出来，实现目标组分与杂质组分分离，最终回收锂、钴、镍等有价金属	成本低，污染小，能源消耗低，微生物可重复利用	微生物菌类培养困难，浸出环境要求高

根据电池种类不同，工艺流程也会有所不同，但无论任何工艺，如果每一步、每一个细节处理不当，都可能会涉及电池安全和处理中的二次污染问题。国外部分企业目前已经实现了工业化处理废旧动力电池，它们采用不同的技术手段，回收的材料以锂、钴、镍等金属为主，见表 7-1-2。我国动力电池回收企业如格林美、邦普循环等在资源再生领域深耕多年，工艺水平已经达到国际水准，见表 7-1-3。

表 7-1-2　国外主要废旧电池回收企业

国家	企业名称	回收工艺	回收材料
比利时	Umicore	高温热解	钴、镍等
美国	Retriev Technolongies	低温球磨－湿法冶金	锂、镍、钴等
法国	Recupyl	拆解－湿法；浸出－净化	铝、钴、镍、不锈钢等
日本	住友金属矿山	基于原有镍、铜冶炼工艺	镍、铜
德国	IME	高温热解－湿法工艺	铁、镍、钴合金、碳酸锂
日本	Mitsubishi	冷冻－高温热解－干法	铁、铜箔、碳酸锂等
瑞士	Batrec	破碎－高温热解	镍、钴、氧化锰等

表 7-1-3　我国代表企业回收工艺情况

企业名称	重要工序	主要产出
格林美	液相合成和高温合成	球状钴粉
邦普循环	定向循环和逆向产品定位	镍钴锰酸锂、电池级四氧化三钴
赣锋锂业	电解法和纯碱净压法	碳酸锂和电池级氧化锂

（二）梯次利用是发展方向

目前，阻碍梯次利用发展主要有两个技术问题，即离散整合技术和寿命检测技术。动力电池发展至今，不同厂商电池的一致性较低，这阻碍了我们对电池更有效地进行梯次利用。同时，电池的容量、电压等在梯次利用时，会在很少的循环次数下形成断崖式下跌，内阻急剧升高，对后期使用维护造成极大困难。整体来看，梯次利用的投入成本仍高于采购新电池的成本，因此目前国内的退役动力电池梯次利用仍处在试点阶段。

中国铁塔有着庞大的基站、储能布局，能足够承接退役磷酸铁锂动力电池规模。政府鼓励电池企业和车企与铁塔合作，开展动力电池梯次利用试点。2018 年 7 月 25 日，工信部等七部门联合发布《关于组织开展新能源汽车动力蓄电池回收利用试点工作的通知》，扩大梯次利用试点范围，以 17 个省市和地区以及中国铁塔股份有限公司为试点，做好新能源汽车动力电池回收利用试点工作，见表 7-1-4。

表 7-1-4　我国企业梯次利用试点项目

国内企业	相关项目
中国铁塔	首批试点有 57 个基站，运行状况良好。2017 年，进一步扩大试点规模，在 5 个省建立了总计 0.3GW·h 的梯次利用基站；2018 年 1 月，中国铁塔还与桑德集团等 16 家企业签订新能源汽车动力电池回收利用战略合作伙伴协议
煦达新能源	2017 年 9 月，国内首套 MW·h 级工商业梯级电池储能系统项目在江苏投运，储能系统成本低于 1 元/W·h，通过削峰填谷每天可生产 625 元的峰谷价差收益，预计 5 年即可收回投资成本
中航锂电	梯次利用电池已应用于中国铁塔公司通信基站，并在其园区实施了太阳能储能示范项目

（续）

国内企业	相关项目
宁德时代	与宇通、上汽、北汽、吉利等车企展开合作回收废旧动力电池，将其改造用于储能
比亚迪	委托授权经销商将废旧动力电池运到宝龙工厂进行梯级利用，废电池运送到惠州材料工厂拆解回收

国外企业梯次利用的项目情况见表 7-1-5。

表 7-1-5　国外企业梯次利用项目

国外企业	相关项目
日产聆风（日本）	日产聆风电动汽车的二次电池为 JohanCrui jff 竞技场供电。该公司安装了一个巨大的储能系统，由 148 个日产聆风电池组组成，每小时能产生 2.8MW 能量，并从安装于体育场屋顶的 4200 多块太阳能电池板中获取能量
FreeWire（美国）	美国的 FreeWire 公司推出了一款叫作 Mobi 的电动汽车移动充电站。这款产品是由废旧电动车电池制成，能贮存 48kW·h 的电量，超过目前市面上大部分电动汽车的电池容量
4R Energy（日本）	此企业是日产汽车与住友商事株式会社在 2010 年合资成立的，致力于实现日产聆风的锂电池二次商业化利用。公司回收日本和美国市场中聆风汽车的废旧电池用于住宅及商用的储能设备，目前已经推出两款储能电池产品
Younicos（欧洲）	在欧洲，Younicos 回收电池用以建立组合分布式能源的虚拟电池，并会参与一次调频市场的电价制定。德国博世集团利用宝马的 ActiveE 和 i3 纯电动汽车报废的电池制造了 2MW/2MW·h 的大型光伏电站储能系统
Tesla（美国）	特斯拉也在开发电网级储能应用，针对家用储能墙、太阳能储能等业务做了部署。这些未来也都是潜在梯次利用的场景

拓展阅读

2005 年 8 月，时任浙江省委书记的习近平在浙江省湖州市安吉县余村考察时，首次提出**"绿水青山就是金山银山"**的重要论断。在"两山论"的指引下，当地实现了从"靠山吃山"向"养山富山"的转变，探索出一条实现经济与生态互融共生、互促共进的新路子。

传统的燃油车有尾气污染的问题。尾气污染是由汽车排放的废气造成的环境污染，主要污染物为一氧化碳、碳氢化合物、氮氧化合物、二氧化硫、含铅化合物、苯并芘及固体颗粒物，能引起光化学烟雾、温室效应、酸雨等环境问题。

发展新能源汽车产业正是降低环境污染的有效途径。电动汽车在本质上是一种零排放汽车，一般无直接排放污染物，间接的污染物主要产生于发电环节以及电池废弃物。如果从发电环节来看，风能、水能、核能的大力发展均可以给我们带来可观的清洁能源。单从污染严重的火力发电来看，其对大气污染的控制难度也大大低于燃油汽车。对于电池废弃物，目前回收技术日益成熟，并且也逐渐开发出了污染低、安全性好的新型蓄电池。因此无论是从直接还是间接污染来看，电动汽车都是现阶段最理想的"清洁车辆"，发展新能源汽车产业正是践行绿色发展理念的重要途径。

绿水青山既是自然财富、生态财富，又是社会财富、经济财富。上海杨浦滨江从"工业锈带"变为"生活秀带"，昔日老工业企业集聚地成为居民后花园；宁夏贺兰山砂石矿区整治修复后成为葡萄酒庄，产业转型带来了丰厚回报；云南大理白族自治州古生村沿湖的鱼塘、耕地已退塘退耕，秀丽风光吸引的游客越来越多……事实证明，保护生态环境就是保护自然价值和增值自然资本，就是保护经济社会发展潜力和后劲。

任务分组

学生任务分配表见表 7-1-6。

表 7-1-6　学生任务分配表

班级		组号		指导老师	
组长		学号			
组员角色分配					
信息员		学号			
操作员		学号			
记录员		学号			
安全员		学号			
任务分工					
（就组织讨论、工具准备、数据采集、数据记录、安全监督、成果展示等工作内容进行任务分工）					

工作计划

按照前面所了解的知识内容和小组内部讨论的结果，制定工作方案，落实各项工作负责人，如任务实施前的准备工作、实施中主要操作及协助支持工作、实施过程中相关要点及数据的记录工作等。工作计划表见表 7-1-7。

表 7-1-7　工作计划表

步骤	工作内容	负责人
1		
2		
3		
4		
5		
6		
7		
8		

进行决策

1. 各组派代表阐述资料查询结果。
2. 各组就各自的查询结果进行交流，并分享技巧。
3. 教师对各组的计划方案进行点评。
4. 各组长对组内成员进行任务分工，教师确认分工是否合理。

评价反馈

1. 各组代表展示汇报 PPT，介绍任务的完成过程。
2. 请以小组为单位，对各组的操作过程与操作结果进行自评和互评，并将结果填入表 7-1-8 中的小组评价部分。
3. 教师对学生工作过程与工作结果进行评价，并将评价结果填入表 7-1-8 中的教师评价部分。

表 7-1-8　综合评价表

班级		组别		姓名		学号	
实训任务							
	评价项目		评价标准			分值	得分
小组评价	计划决策		制定工作方案的合理可行，小组成员分工明确			10	
	任务实施		能够正确检查并设置实训工位			5	
			能够准备和规范使用工具设备			5	
			能够分工查找资料，正确地了解相关信息及行业前沿资讯			20	
			能够正确地整合信息，制作 PPT，展示劳动成果			20	
			能够规范填写任务工单			10	
	任务达成		能按照工作方案操作，按计划完成工作任务			10	
	工作态度		认真严谨，积极主动，安全生产，文明施工			10	
	团队合作		小组组员积极配合，主动交流，协调工作			5	
	6S 管理		完成竣工检验，现场恢复			5	
	小计					100	
教师评价	实训纪律		不出现无故迟到、早退、旷课现象，不违反课堂纪律			10	
	方案实施		严格按照工作方案完成任务实施			20	
	团队协作		任务实施过程互相配合，协作度高			20	
	工作质量		能准确完成调查废旧动力电池去向的任务			20	
	工作规范		操作规范，三不落地，无意外事故发生			10	
	汇报展示		能准确表达，总结到位，改进措施可行			20	
	小计					100	
综合评分			小组评价分 ×50%+ 教师评价分 ×50%				
总结与反思							
（如：学习过程中遇到什么问题→如何解决的 / 解决不了的原因→心得体会）							

任务二　了解废旧动力电池的回收、拆解与相关政策

学习目标

- 了解动力电池梯次利用与资源化的定义。
- 了解退役动力电池梯次利用的背景与目标市场。
- 了解废旧电池回收行业的发展现状。
- 具备多途径检索知识及整合信息的能力，以组为单位制作介绍废旧动力电池去向的PPT。
- 了解政策对新能源汽车发展的影响，树立"四个自信"。

知识索引

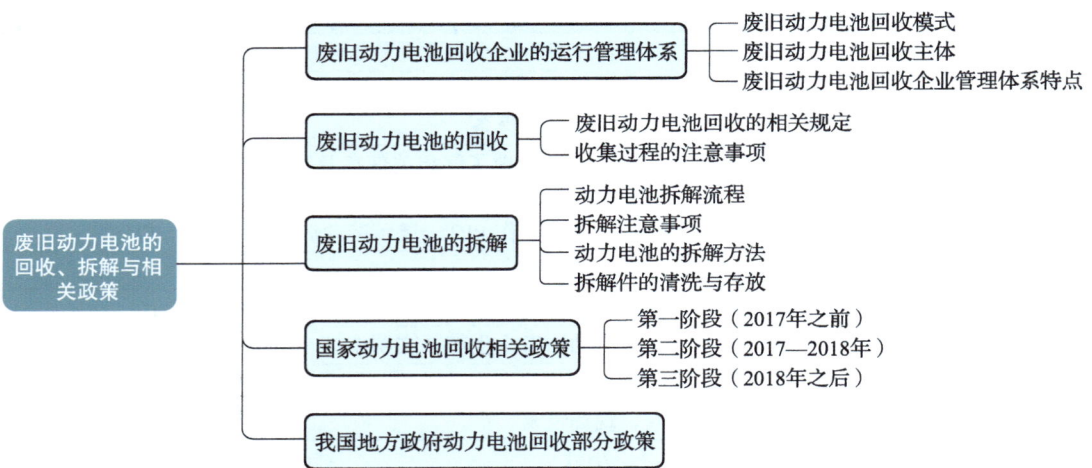

情境导入

大量退役的动力蓄电池如处置不当，既给社会带来环境和安全隐患，也会造成资源浪费，同时制约新能源汽车产业健康可持续发展。国务院高度重视新能源汽车退役动力电池回收利用，并召开专题会议进行研究部署，出台了许多相关的政策，主管要求你向新同事介绍废旧电池的回收与相关政策。

姓名　　班级　　日期　　　　　　能力模块七　废旧动力电池梯次利用与资源化

获取信息

> **引导问题 1**
>
> 请查阅相关资料，简述废旧动力电池的回收模式。
>
> _____
>
> _____

废旧动力电池回收企业的运行管理体系

2021 年，国家发展改革委发布关于印发《"十四五"循环经济发展规划》的通知（下称《通知》）指出，推动废旧动力电池循环利用行动，加强新能源汽车动力电池溯源管理平台建设，完善新能源汽车动力电池回收利用溯源管理体系。从事废旧动力电池回收业务的企业应按照 GB/T 19001—2016、GB/T 24001—2016、GB/T 45001—2020 等标准建立并运行管理体系。当前，我国已初步形成以整车厂、电池企业、材料企业、第三方回收企业等多方共建的回收体系。

（一）废旧动力电池回收模式

按相关规定，车企要承担废旧动力电池回收的主体责任，但目前新能源汽车市场仍未达到足够大的规模，不少整车厂还在做售前的工作，对于废旧动力电池回收利用这样的新课题，相关的布局动作并不多，仅有少数"先试先行"的代表。目前的废旧动力电池回收模式主要有两种。

1. 以动力电池生产商为主体的回收模式

动力电池生产商利用电动汽车生产商的销售网络，依托其销售渠道建立逆向回收网点，通过临储、转运和仓储等方式对废旧动力电池进行集中管理，并实施网点登记，以逆向物流的方式回收废旧动力电池。消费者将废旧动力电池交回附近的电动汽车销售服务网点，依据动力电池生产商和电动汽车生产商的合作协议，电动汽车生产商以协议价格转运给动力电池生产企业，由其进行专业化的回收处理，动力电池生产商可以继续利用回收的金属材料生产新动力电池，如图 7-2-1 所示。

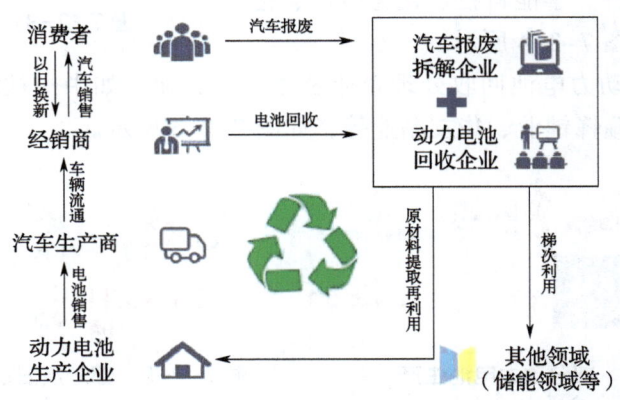

图 7-2-1　废旧动力电池生产商回收模式

265

2. 以废旧动力电池回收企业为主体的回收模式

国家鼓励动力电池骨干生产企业和电池规范利用企业之间通过股权合作、商业协作等方式"强强联手"，发展合作伙伴关系。第三方通过自建回收网络和物流体系，负责回收委托企业售后市场的废旧动力电池，然后运回回收处理中心，进行专业化的回收处理。同时，在电动汽车最终报废进入汽车拆解企业后，汽车拆解企业也可以将废旧动力电池销售给第三方回收企业，流程如图7-2-2所示。

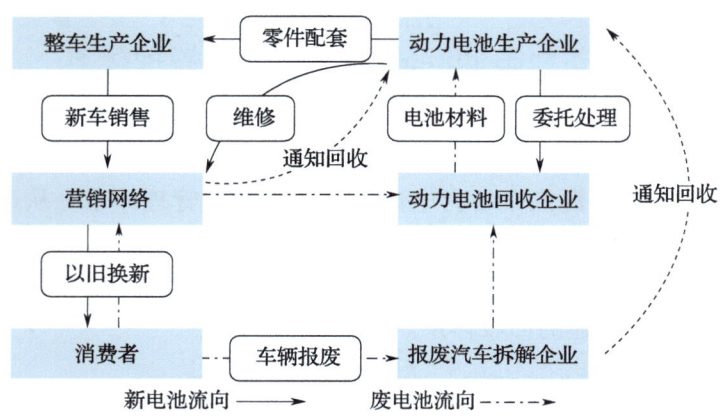

图 7-2-2　动力电池回收企业回收流程

（二）废旧动力电池回收主体

我国当前倡导废旧动力电池先梯次利用，再回收拆解的原则，并且要求整车企业承担动力电池回收主要责任。但是，由于整车企业大多只是电动汽车的"组装厂"，而动力电池则由专门的动力电池生产企业提供，这就出现了废旧动力电池回收三类主体并存的现象。

第一类是整车企业，如一汽、东风、比亚迪、长城汽车、长安汽车、五菱汽车、丰田、特斯拉等，如图7-2-3所示。

图 7-2-3　部分整车企业 logo

第二类是动力电池生产企业，如宁德时代、比亚迪、国轩高科、力神、孚能科技、比克电池、亿纬锂能、欣旺达等，如图7-2-4所示。

第三类是废旧动力电池回收处理企业及原材料企业，如中国铁塔、邦普循环、格林美、光华科技、赣锋锂业、华友钴业等，如图7-2-5所示。

图 7-2-4　部分动力电池生产企业 logo　　　图 7-2-5　部分废旧动力电池回收处理企业及原材料企业 logo

（三）废旧动力电池回收企业管理体系特点

目前，国内废旧动力电池回收与管理体系有如下几个特点：

1）责任延伸机制。强调生产者责任延伸制度，将生产者环境责任延伸到包含设计、流通、回收、废物处置等在内的全生命周期范围。

2）回收智能网联。车企负责建立回收网点，鼓励产业链上下游共周期管理机制。

3）电池综合利用。遵循先梯次利用后再生利用的总体原则。

4）行业管理规范。通过技术政策、行业标准引导行业规范化发展，逐步提高行业准入标准。

5）政府推动扶持。重点围绕京津冀、长三角、珠三角等集聚区域试点；"重点扶持领跑者企业"，支持行业共性技术研发。

> **引导问题 2**
>
> 请查阅相关资料，简述废旧动力电池回收应当遵循哪些规定开展。
> _____
> _____

废旧动力电池的回收

（一）废旧动力电池回收的相关规定

根据 WB/T 1061—2016《废蓄电池回收管理规范》和 GB/T 37281—2019《废铅酸电池回收技术规范》的要求开展废旧动力电池收集工作，相关规定如下：

1）废电池回收经营者应设立具有显著标识的废电池分类设施。

2）参照 GB/T 36576—2018 对废电池进行分类，见表 7-2-1。不同种类的废电池要分开进行收集，如图 7-2-6 所示。

锂电池

镍镉电池
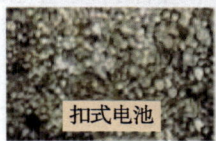
扣式电池

铅酸电池

图 7-2-6 废电池分类收集

表 7-2-1 废电池分类

类别	名称
使用过程、流通及回收处理领域产生的废电池	废旧锌锰电池、废旧锂电池、废旧锂离子电池、废旧锌银电池、废旧锌汞电池、废旧铅酸电池、废旧镍电池、废旧镉电池、废旧燃料电池、废旧太阳能电池、其他废旧电池
生产工序产生的电池废料废件	废正极片料、废负极片料、废电池壳、废隔膜、废电池正极料、废电池负极料、废镍料、废镉料、其他电池废料废件
其他类	—

3）废电池应处于独立状态，带有连接线（条）的应将连接线（条）拆除。

4）废电池应按以下方法进行鉴别和分类：

①铅酸电池的鉴别：按废电池外壳上的回收标志鉴别或确认为铅酸电池。其额定电压值通常为 2 的倍数，如 2V、6V、12V 等。铅酸电池的回收标志如图 7-2-7 所示。

图 7-2-7 铅酸电池的回收标志

②完整废电池和破损废电池的鉴别：目测法检查电池外观，无外壳破损、端子破裂和电解液渗漏的为完整废电池；若存在外壳破损、端子破裂或电解液渗漏问题的应鉴定为破损废电池。

5）装有废电池的装置应按照 GB 18597—2013《危险废物贮存污染控制标准》的要求粘贴危险废物标签（图 7-2-8）。

6）收集电池后，采集相关信息并及时上传"新能源汽车国家监测与动力电池回收利用溯源综合管理平台"（以下简称溯源管理平台），如图 7-2-9 所示。根据电池特性对其进行分类、贮存、包装及运输；编制相关管理文件，如作业指导手册、安全环保应急预案等，开展定期自查并及时整改存在的问题。

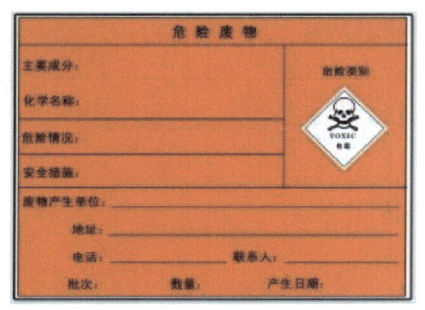

图 7-2-8 危险废物标签

图 7-2-9 溯源管理平台

（二）收集过程的注意事项

1）收集过程中应保持废电池的结构和外形完整，严禁私自拆解废电池，已破损的废电池应单独存放。

2）收集过程中不同类别的废电池宜分类，不宜相互混合。废电池不宜混放在密封容器。废电池不应混有医疗废物、带有放射性物品等杂物。禁止杂乱摆放，如图 7-2-10 所示。

3）收集过程中禁止去除电池原有编码、铭牌、标签、标志等。

图 7-2-10 不同废电池杂乱摆放

4）收集时发现外壳破损并有电解液流出的废旧动力电池，应采用绝缘、防泄漏、耐腐蚀的容器盛装；发现有安全隐患的废旧动力电池，经安全处理后，采用防爆箱盛装。

5）收集过程中若涉及废旧动力电池的包装、运输，应依据包装要求及运输要求，规范包装运输至回收服务网点。

6）废旧铅酸电池的收集人员应配备必要的个人防护装备，如耐酸工作服、专用眼镜、耐酸手套等，防止收集过程中对人体健康可能产生的潜在伤害。废旧铅酸电池收集过程应以环境无害化的方式运行，应在收集过程中采取以下防范措施：

①废旧铅酸电池运输前,生产者应当自行或者委托有关单位进行合理包装,防止运输过程出现泄漏。不得擅自倾倒、丢弃废旧铅酸电池中的电解液。

②废旧铅酸电池有电解液渗漏的,其渗漏液应贮存在耐酸容器中。

③拆装后的铅材料应包装后收集。收集者不应大量贮存废旧铅酸电池。

 引导问题 3

请查阅相关资料,简述废旧动力电池的拆解步骤。

废旧动力电池的拆解

(一)动力电池拆解流程

1. 预处理

退役动力电池包的预处理包含以下步骤:对退役电池包进行初步评估,室温下进行容量检测、倍率检测、内阻检测、电压检测等,筛选出可梯次利用的退役电池包。不满足梯次利用的电池包进行分类拆解。

2. 拆解流程

将不满足梯次利用的退役动力电池包进一步拆解成动力电池模块,然后对多个单元模块进行性能测试,根据测试结果对退役电池包中多个单元模块进行分级。最后,筛选出动力电池外观保存完好、没有破损、各功能元件有效的单元模块进行梯次利用。不能梯次利用的电池模块进一步拆解为单体电池。电池总成的拆解流程如图 7-2-11 所示。

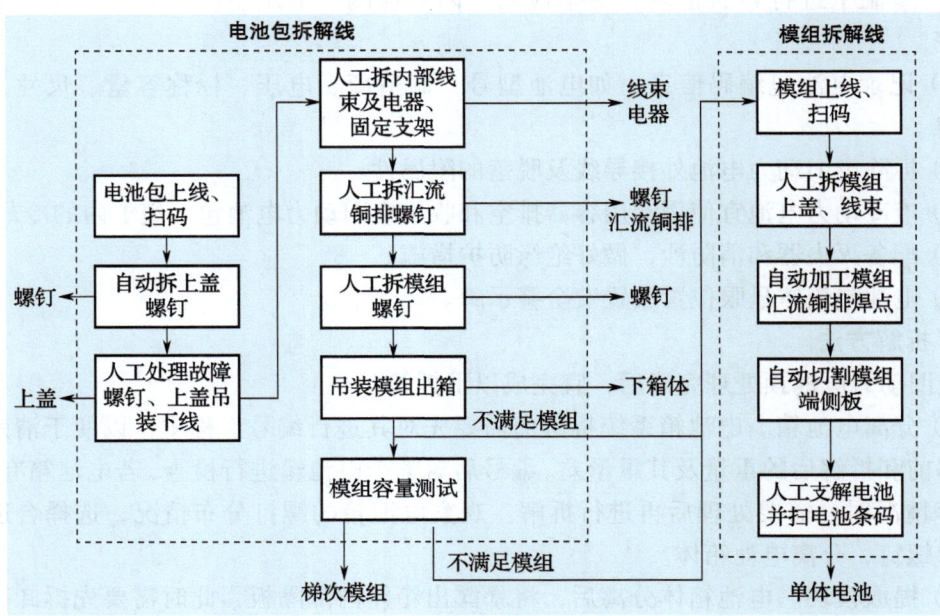

图 7-2-11 电池总成的拆解流程

(二)拆解注意事项

动力电池属于高压危险产品,维修人员拆装过程需注意以下事项:

1)禁止非专业人员拆卸动力电池,严格按照拆解作业指导书的拆解顺序拆解,如果不遵照拆解顺序正确操作,可能会引起危及生命的严重事故,所以一定要正确进行操作。

2)拆解电池包时必须远离火源。

3)拆解操作前必须熟悉消防沙及灭火器使用方法。

4)拆解过程中禁止撞击单体电池以免破损漏液。

5)拆卸下的零部件禁止放在电池上,以免造成短路起火。

6)不要非法丢弃单体电池,否则会导致严重环境污染或人员伤亡。

7)动力电池黄线连接部分或贴有高压标识的零部件在拆卸时应严格注意安全操作规范。

8)拆解电池包旁必须配备灭火器及消防沙,以备拆解过程中造成短路起火时能及时扑灭。

9)触碰任何未绝缘的高压端子前,务必要戴好绝缘手套,并用万用表确认该端子的电压为0V。

10)在动力电池拆解过程中禁止暴力拆解、跌落、碰撞、模块倾斜、重压模块、采样线过度拉扯、人为短路等非正常工作行为。部分零部件具有锁紧功能,不要使用蛮力破坏。

(三)动力电池的拆解方法

1. 拆解前预处理

在电池包正式拆解前,需对电池包进行预处理:

1)室温下进行容量检测、倍率检测、内阻检测、电压检测,并将多余电量处理释放完。

2)记录电池包编码信息,如电池型号、制造商、电压、标称容量、尺寸及重量等信息。

3)拆除废旧动力电池外接导线及脱落的附属件。

4)液冷动力电池宜使用专用容器排空和收集废旧动力电池包(组)内的冷却液。

5)配备灭火器和消防沙,做好绝缘防护措施。

6)电池包箱体显眼位置放置安全警示牌。

2. 拆解方法

废旧动力电池预处理完毕后,宜完成以下拆解:

1)分离电池箱。电池箱系统拆解前需要先对其进行编号、称重,以便于清楚电池箱拆解前和拆解后的重量及其重量差。编号后对整个电池箱进行检查,若电池箱有破损、漏液等情况时,需要处理后再进行拆解。观察电池箱的螺钉分布情况,选择合适的工具拆卸螺钉,分离电池箱体。

2)提取模块。电池箱体分离后,将暴露出箱体内部隔板,此时需要先拆卸高压线束以确保拆解人员的安全。高压线束拆卸后,再对低压线束、电池管理单元、电池管理系统、高压安全盒等部件进行拆卸。内部隔板将电池模块和电池管理系统隔离，观察固定隔板的螺钉分布，选择合适的螺丝刀和套筒等工具拆卸固定螺钉，分离移除隔板后，暴露出高压线束连接的电池模块，拆卸高压线束，取出电池模块，拆解水冷板等冷却部件。

3）提取单体。电池模块分离后，首先采用适当的方法对铝合金模块外壳进行拆解，然后取出模块内部的绝缘塑料隔板及其电路板，最后拆卸电池单体端子连接件，得到单体电池。

（四）拆解件的清洗与存放

在拆解过程中，应将拆解的各部件分门别类存放在塑料周转箱里，贴上标签，记录附件名称、数量。同时对于金属和塑料等部件应进行清洗，并应清洗至无污染或基本不含污渍后方可进一步回收利用。所收集的废液如涉及危险废物，应按照危险废物管理办法执行。拆解所得的零部件、材料、废弃物应分类贮存在适当的容器内，并清楚地标识含有害物质的部件，应标明有害物质的种类，按照危险废物特性分类进行收集、贮存。容器和装置应能防泄露、防遗撒，并对其进行日常性检查。

引导问题 4

请查阅相关资料，简述国家动力电池回收相关政策经历了哪些阶段。
_____
_____
_____

国家动力电池回收相关政策

废旧动力电池作为一种危险废弃物，对环境和人类健康有潜在威胁，如果处理不当不仅会污染环境，还会影响到人和动植物的健康。虽然推广应用的动力电池中不包含汞、镉、铅等毒害性较大的重金属元素，但也会带来环境污染。例如，废旧动力电池电极材料一旦进入环境中，动力电池正极的金属离子、负极的炭粉尘、电解质中的强碱和重金属离子都可能造成环境污染，包括提升土壤的 pH 值、因处理不当产生有毒气体等。此外，废旧动力电池中的金属元素和有机电解液会危害人体健康，如钴元素可能会引起人体肠道紊乱、耳聋、心肌缺血等症状。有鉴于此，国家一直在积极鼓励动力电池的梯次利用，也颁布过许多相关的政策，主要可分为三个阶段。

（一）第一阶段（2017 年之前）

2017 年之前，市场上的废旧动力电池和动力电池回收企业都极少，相关技术规范尚不完善，回收利用体系还未建立，此时出台的政策为鼓励性政策，具体回收要求不是很明确，缺乏动力电池回收惩罚机制。随着废旧动力电池数量增多、回收经济价值日益显著，大量电池回收企业如雨后春笋般涌现。但是也出现了一些设备简陋、工艺落后的小作坊式企业，从事粗放的电池回收业务，造成了一定的资源浪费和环境污染。

我国 2017 年之前相关政策见表 7-2-2。

表 7-2-2　我国 2017 年之前相关政策

发布时间	政策名称	内容摘要
2006 年 2 月	《汽车产品回收利用技术政策》	提出了电动汽车企业负责回收处理其销售的电动汽车电池
2012 年 6 月	《节能与新能源汽车产业发展规划（2012—2020 年）》	制定动力电池回收利用管理办法，建立动力电池梯次利用和回收管理体系
2014 年 7 月	《关于加快新能源汽车推广应用的指导意见》	研究制定动力电池回收政策，探索利用基金、押金、强制回收等方式促进动力电池回收
2016 年 1 月	《电动汽车动力蓄电池回收利用技术政策（2015 年版）》	指导企业合理开展电动汽车动力蓄电池的设计、生产及回收利用工作
2016 年 12 月	《废电池污染防治技术政策》	逐步建立废铅蓄电池、废新能源汽车动力蓄电池等的收集、运输、贮存、利用、处理过程的信息化监管体系

（二）第二阶段（2017—2018 年）

2017—2018 年，政策开始出现变化，逐渐降低了财政补贴的力度，转而制定较为严格的技术和环保政策，明确责任主体，建立惩罚机制，引导和规范行业发展，动力电池回收体系在此基础上得以建立。相关政策明确了汽车企业、电池企业、综合利用企业未按要求进行回收的罚则办法。我国 2017—2018 年相关政策见表 7-2-3。

表 7-2-3　我国 2017—2018 年相关政策

发布时间	政策名称	内容摘要
2017 年 1 月	《生产者责任延伸制度推行方案》	建立电动汽车动力电池回收利用体系
2017 年 1 月	《新能源汽车生产企业及产品准入管理规则》	实施新能源汽车动力电池溯源信息，管理、跟踪、记录动力电池回收利用情况
2017 年 1 月	《关于加快推进再生资源产业发展的指导意见》	开展新能源汽车动力电池回收利用试点，建立完善废旧动力电池资源化利用标准体系
2017 年 3 月	《促进汽车动力电池产业发展行动方案》	适时发布动力电池回收利用管理办法，逐步建立完善动力电池回收利用管理体系
2017 年 5 月	《车用动力电池回收利用拆解规范》	对废旧动力电池回收利用的安全性、作业程序、贮存和管理等方面进行了严格要求
2017 年 7 月	《电动汽车用动力蓄电池产品规格尺寸》	要求动力电池单体、模组和电池包的规格尺寸统一，降低动力电池回收自动化拆解难度

（三）第三阶段（2018 年之后）

自 2018 年以来，动力电池回收利用规范性管理政策的颁布实施进入快车道。如 2018 年 1 月，工业和信息化部（以下简称工信部）、科学技术部、环境保护部（现为"生态环境部"）、交通运输部、商务部、国家质量监督检验检疫总局、国家能源局联合印发《新能源汽车动力蓄电池回收利用管理暂行办法》,明确要求汽车生产企业承担动力蓄电池回收的主体责任。同年,工业和信息化部发布了第一批符合《新能源汽车废旧动力蓄电池综合利用行业规范条件》的企业名单。

2019年9月20日,工信部出台了《新能源汽车废旧动力蓄电池综合利用行业规范条件(2019年版)》以及《新能源汽车废旧动力蓄电池综合利用行业规范公告管理暂行办法》的修订征求意见稿,进一步明确了梯次利用企业及综合利用企业相关建设要求,其中梯次利用企业要求包括:具有符合国家标准的检测设备和检测技术;能够对不同类型电池进行检测以及再成组;具备废旧动力蓄电池机械化或自动化拆解设备等。

2018年之后,随着新政策的陆续出台,动力电池回收体系也在逐渐完善,相关政策见表7-2-4。

表7-2-4 我国2018年后相关政策

发布时间	政策名称	内容摘要
2018年1月	《新能源汽车动力蓄电池回收利用管理暂行办法》	对在生产、使用、利用、贮存及运输过程中产生的废旧动力电池回收处理方法进行规定
2018年3月	《新能源汽车动力蓄电池回收利用试点实施方案》	完善动力电池回收利用体系,探索形成动力电池回收利用创新商业合作模式
2018年7月	《新能源汽车动力蓄电池回收利用溯源管理暂行规定》	对动力蓄电池生产、销售、使用、报废、回收、利用等全过程进行信息采集,对各环节主体履行回收利用责任情况实施监测
2018年12月	《汽车产业投资管理规定》	动力电池回收利用领域重点发展动力电池高效回收利用技术和专用装备
2019年10月	《新能源汽车动力蓄电池回收服务网点建设和运营指南》	提出了新能源汽车废旧动力蓄电池以及报废的梯次利用电池回收服务网点建设、作业以及安全环保要求
2019年12月	《新能源汽车废旧动力蓄电池综合利用行业规范条件(2019年本)》	对新能源电池企业在布局和项目选址、技术装备和工艺、资源综合利用及能耗、环境保护要求、产品质量和职业教育以及安全生产、人身健康和社会责任等方面做出具体解释和原则要求
2020年4月	《中华人民共和国固体废物污染环境防治法(2020年修订)》	车用动力电池的生产者应当按照规定以自建或者委托等方式建立与产品销售量相匹配的废旧产品回收体系,并向社会公开实现有效回收和利用
2020年10月	《新能源汽车动力蓄电池梯次利用管理办法(征求意见稿)》	加强新能源汽车动力蓄电池梯次利用管理,提升资源综合利用水平,保障梯次利用电池产品的质量,保护生态环境

引导问题5

请查阅相关资料,简述国家发布政策与地方出台政策的侧重点有什么不同。

_____
_____

我国地方政府动力电池回收部分政策

国家发布的废旧电池回收产业政策主要是对动力电池回收整体进行统筹规划。各地方政府部门则根据国家政策出台了各种具体补贴措施见表 7-2-5。

表 7-2-5　我国各地方政府废旧动力电池回收利用产业部分政策及法律法规

发布时间	政策名称	内容摘要
2014 年 5 月	《上海市鼓励购买和使用新能源汽车暂行办法》	要求车企回收动力电池，政府给予 1000 元/套的奖励
2014 年 11 月	《广州市人民政府办公厅关于印发广州市新能源汽车推广应用管理暂行办法的通知》	提出广州市建立车用动力电池回收渠道，按照相关要求对动力电池进行回收处理
2015 年 1 月	《深圳市人民政府关于印发深圳市新能源汽车推广应用若干政策措施的通知》	要求制定动力电池回收利用政策，由整车制造企业负责动力电池强制回收，并由整车制造企业按照每千瓦时 20 元专项计提动力电池回收处理资金，地方政府财政按照经审计的计提资金额给予不超过 50% 比例的补贴
2016 年 3 月	《上海市鼓励购买和使用新能源汽车暂行办法（2016 年修订）》	新能源汽车生产厂商应承担新能源汽车废旧动力电池回收的主体责任
2016 年 3 月	《广东省人民政府办公厅关于加快新能源汽车推广应用的实施意见》	加快售后服务体系建设。研究制定动力电池回收利用政策，探索利用基金、押金、强制回收等方式促进废旧动力电池回收，建立健全废旧动力电池循环利用体系
2016 年 9 月	《深圳市 2016 年新能源汽车推广应用财政支持政策》	新规要求新能源汽车生产企业应负责动力电池回收应用。对在深圳市备案销售新能源汽车的企业应照每千瓦时 20 元专项计提动力电池回收处理资金，地方政府财政按照经审计的计提资金额给予 50% 比例的补贴，补贴资金应专项用于动力电池回收
2017 年 5 月	《合肥市人民政府办公厅关于调整新能源汽车推广应用政策通知》	实行电池回收奖励政策。对整车、电池生产企业建立废旧动力电池系统并回收利用，按电池容量给予每千瓦时 10 元奖励
2017 年 7 月	《北京市推广应用新能源商用车管理办法》	建立完善的废旧动力电池回收体系，提供具备可行性的废旧动力电池回收方案
2018 年 2 月	《北京市推广应用新能源汽车管理办法》	北京市经济和信息化委员会同相关部门督促生产企业落实废旧动力电池回收主体责任
2018 年 3 月	《深圳市开展国家新能源汽车动力电池监管回收利用体系建设试点工作方案（2018—2020 年）》	实现对纳入国家和地方购置补贴范围新能源汽车动力电池的全生命周期监管，动力电池生产、使用、贮运、回收、利用各环节规范有序，建立起较为完备的动力电池监管回收利用示范体系，形成在全国可复制、可推广的动力电池监管回收利用经验
2018 年 9 月	《广东省新能源汽车动力蓄电池回收利用试点实施方案》	广东省基本建立动力电池回收利用体系，建成一批梯次利用和再生利用示范项目

（续）

发布时间	政策名称	内容摘要
2018年10月	《天津市新能源产业发展三年行动计划（2018—2020年）》	推进电池检测与回收。加快动力电池编码化追溯体系建设，与回收利用企业合作，开展动力电池回收利用技术开发与回收网络建设，率先建成覆盖全市、体系完善的动力电池回收、交易、拆解、梯次利用网络
2018年12月	《京津冀地区新能源汽车动力蓄电池回收利用试点实施方案》	结合京津冀地区新能源汽车及动力电池回收利用产业发展实际和各自优势，制定本试点实施方案
2019年3月	《四川省新能源汽车动力蓄电池回收利用试点工作方案》	根据《关于做好新能源汽车动力蓄电池回收利用试点工作的通知》，特制定新能源汽车动力电池回收利用试点工作方案
2019年4月	《湖南省新能源汽车动力蓄电池回收利用试点实施方案》	强化新能源汽车动力电池回收主体责任。鼓励共建共享的回收网络体系

拓展阅读

2022年7月29日，国务院召开常务会议。会议明确提出，延续免征新能源汽车购置税政策。这是我国第三次对免征新能源汽车购置税政策进行延长。2014年，我国首次实施免征新能源汽车购置税政策，随后，该政策在2017年和2020年两次得到延长。

毋庸置疑，免征新能源汽车购置税等政策在推广普及新能源汽车、扩大新能源汽车市场规模的过程中发挥了重要作用。随着新能源汽车进入规模化快速发展阶段，而今，稳定和扩大新能源汽车消费成为保障汽车产业平稳发展的一个重要途径。此次继续免征新能源汽车购置税，政策着眼的正是持续扩大消费、进一步培育新增长点、促进新能源汽车消费、相关产业升级、绿色低碳发展。

继续免征新能源汽车购置税政策，利好的不仅是车企和消费者。扩大新能源汽车消费还将进一步推进产业升级，带动配套产业发展。有分析认为，在新能源汽车赛道热度持续的背景下，资本、技术不断涌入，产业链有望迎来更多技术迭代，产品供给质量有望进一步提升。随着新能源汽车保有量的不断提升，在强烈的市场需求驱动下，充电、换电、售后、维修、保养以及动力电池回收等新能源汽车配套产业发展步伐也将加快。有机构预测，这一市场未来将呈爆发式增长，预计到2030年产值规模将达1000亿元。

新能源汽车是汽车行业未来的发展方向，国家出台了许多政策来帮助新能源汽车产业发展，同学们要对行业的发展有信心，对自己的未来有信心，对中国特色社会主义制度有自信，要坚持"四个自信"。近年来的产业升级等事件反映了社会主义制度的优越性和党的强大执行力，同学们是社会主义事业的建设者和接班人，是推动中国特色社会主义建设的重要力量，是中国大国工匠精神的根基，希望大家能以昂扬的姿态投入中华民族伟大复兴的建设中去。

新能源汽车动力电池及管理系统检修　　姓名　　　　班级　　　　日期

任务分组

学生任务分配表见表 7-2-6。

表 7-2-6　学生任务分配表

班级		组号		指导老师	
组长		学号			
组员角色分配					
信息员		学号			
操作员		学号			
记录员		学号			
安全员		学号			
任务分工					
（就组织讨论、工具准备、数据采集、数据记录、安全监督、成果展示等工作内容进行任务分工）					

工作计划

按照前面所了解的知识内容和小组内部讨论的结果，制定工作方案，落实各项工作负责人，如任务实施前的准备工作、实施中主要操作及协助支持工作、实施过程中相关要点及数据的记录工作等。工作计划表见表 7-2-7。

表 7-2-7　工作计划表

步骤	工作内容	负责人
1		
2		
3		
4		
5		
6		
7		
8		

进行决策

1. 各组派代表阐述资料查询结果。
2. 各组就各自的查询结果进行交流，并分享技巧。
3. 教师对各组的计划方案进行点评。
4. 各组长对组内成员进行任务分工，教师确认分工是否合理。

| 姓名 | | 班级 | | 日期 | |

📝 评价反馈

1. 各组代表展示汇报 PPT，介绍任务的完成过程。

2. 请以小组为单位，对各组的操作过程与操作结果进行自评和互评，并将结果填入表 7-2-8 中的小组评价部分。

3. 教师对学生工作过程与工作结果进行评价，并将评价结果填入表 7-2-8 中的教师评价部分。

表 7-2-8　综合评价表

班级			组别		姓名		学号	
实训任务								
评价项目			评价标准				分值	得分
小组评价	计划决策		制定工作方案的合理可行，小组成员分工明确				10	
	任务实施		能够正确检查并设置实训工位				5	
			能够准备和规范使用工具设备				5	
			能够分工查找资料，正确地了解相关信息及行业前沿资讯				20	
			能够正确地整合信息，制作 PPT，展示劳动成果				20	
			能够规范填写任务工单				10	
	任务达成		能按照工作方案操作，按计划完成工作任务				10	
	工作态度		认真严谨，积极主动，安全生产，文明施工				10	
	团队合作		小组组员积极配合，主动交流，协调工作				5	
	6S 管理		完成竣工检验，现场恢复				5	
	小计						100	
教师评价	实训纪律		不出现无故迟到、早退、旷课现象，不违反课堂纪律				10	
	方案实施		严格按照工作方案完成任务实施				20	
	团队协作		任务实施过程互相配合，协作度高				20	
	工作质量		能准确完成调查废旧动力电池回收相关政策的任务				20	
	工作规范		操作规范，三不落地，无意外事故发生				10	
	汇报展示		能准确表达，总结到位，改进措施可行				20	
	小计						100	
综合评分			小组评价分 ×50%+ 教师评价分 ×50%					
总结与反思								

（如：学习过程中遇到什么问题→如何解决的 / 解决不了的原因→心得体会）

参 考 文 献

[1] 谭婷，李健平. 新能源汽车电池及管理系统检修 [M]. 北京：机械工业出版社，2019.
[2] 沃纳. 锂离子电池组设计手册 电池体系、部件、类型和术语 [M]. 王莉，何向明，赵云，等译. 北京：清华大学出版社，2019.
[3] 王鸿波，谢敬武. 新能源汽车构造与检修 [M]. 北京：机械工业出版社，2018.
[4] 胡信国，王殿龙，戴长松. 动力蓄电池材料 [M]. 北京：化学工业出版社，2013.
[5] 徐晓明，胡东海. 动力蓄电池系统设计 [M]. 北京：机械工业出版社，2019.